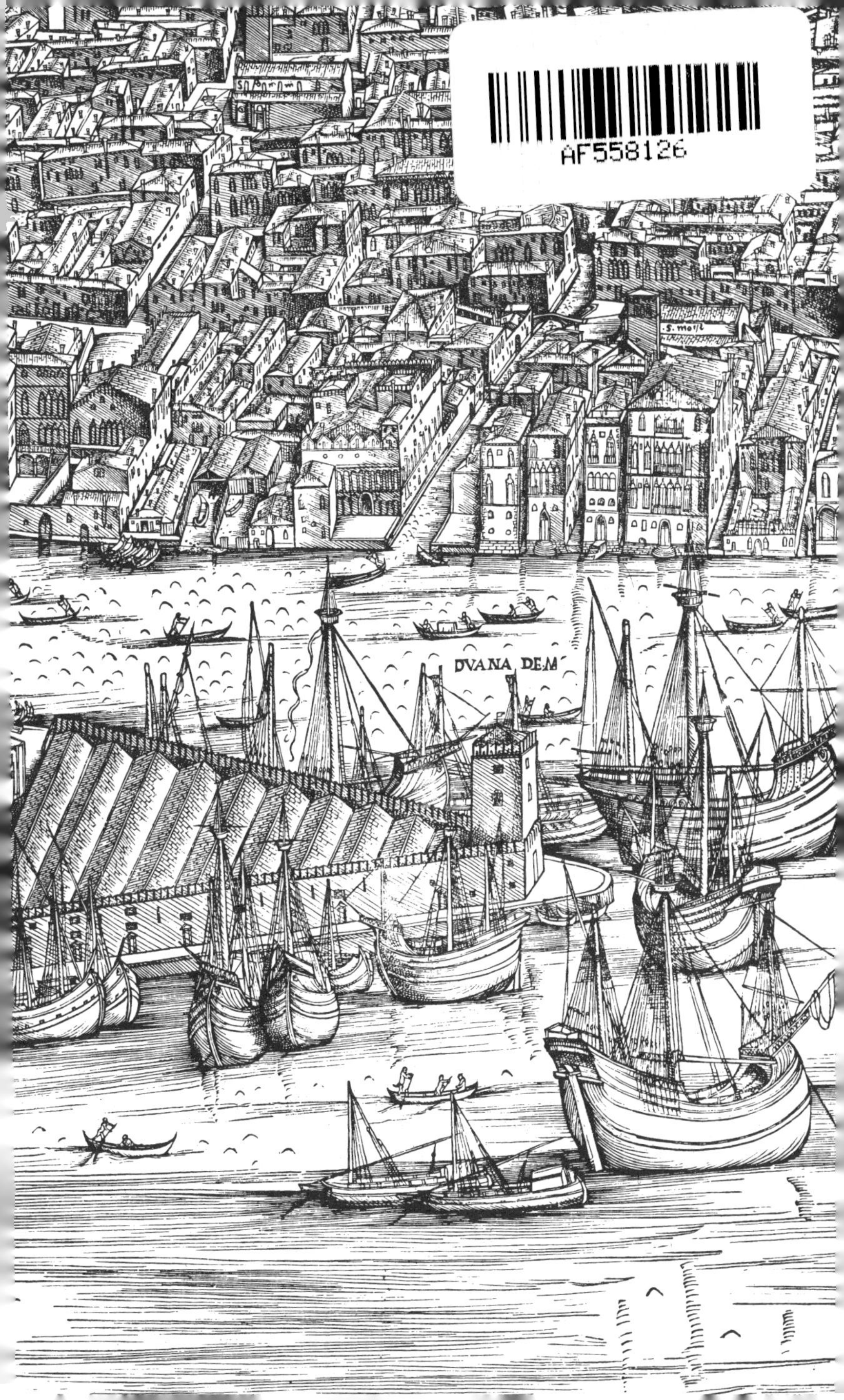
DVANA DE·M

beck'sche reihe

bsr

Norbert Huse erzählt in diesem Buch von den Herausforderungen, die eine Stadt im Wasser an Architekten und Bauherren stellt. Er beschreibt dabei, wie Venedig mit seinen bedeutenden Palästen, Brücken und Plätzen die Gestalt angenommen hat, die wir heute sehen. Der Überblick über die Entwicklung der Stadt seit der Renaissance führt den Leser an weltberühmte Orte wie den Markusplatz und die Rialtobrücke, zu den Adelspalästen am Canal Grande und den zahlreichen Plätzen Venedigs. Das Stadtbild ist nicht nur von künstlerischem Ehrgeiz geprägt, sondern auch Ausdruck gesellschaftlicher Ambitionen und Konflikte und das Resultat der einzigartigen Symbiose von Stadt und Lagune. Der Interaktion von Natur und Geschichte verdankt Venedig seine Entstehung und Blüte, aber auch seine heutige Gefährdung. Das großzügig illustrierte Buch bietet die Möglichkeit, Venedig und seine Bauten auf eine neue Art sehen zu lernen.

Norbert Huse war Professor für Kunstgeschichte an der Technischen Universität München. Zu den Schwerpunkten seiner Forschung gehörten die Architekturgeschichte und die Denkmalpflege. Bei C.H. Beck sind von ihm u. a. erschienen: *Venedig. Die Kunst der Renaissance* (zusammen mit Wolfgang Wolters, [2]1996), *Denkmalpflege* ([3]2006), *Kleine Kunstgeschichte Münchens* ([4]2009) und *Geschichte der Architektur im 20. Jahrhundert* (2008).

Norbert Huse

VENEDIG

Von der Kunst, eine Stadt im Wasser zu bauen

Verlag C. H. Beck

Mit 96 Abbildungen, davon 30 in Farbe

Dieses Buch erschien erstmals 2005
in gebundener Form im Verlag C. H. Beck.

1. Auflage in der Beck'schen Reihe 2008

2. Auflage in der Beck'schen Reihe. 2013

Satz: Kösel, Krugzell
Druck und Bindung: Druckerei C. H. Beck, Nördlingen
Umschlagabbildung: Ignazio Danti (1536–1586),
Panorama-Ansicht von Venedig,
Vatikan, Galleria delle Carte Geografiche,

Umschlaggestaltung: malsyteufel, Willich
Printed in Germany
ISBN 978 3 406 54821 5

www.beck.de

Inhalt

Dank: Auch für schmale Bücher braucht der Autor Unterstützung. Stellvertretend für viele andere danke ich Karin Beth, Gabriele Diem, Karin Gerstacker, Doris Klaiber, Viviana Pfannenstiel, Irene Ring, Jan Rössler, Manuela Schönecker, Alexandra Schumacher, Sandra Spindler, Gerhard Weiß und, last but not least, Wolfgang Wolters, dem dieser Versuch gewidmet ist.

München, im November 2004

I. Eine Stadt im Wasser

Der corpo di Venezia: Im Oktober des Jahres 1500 – Venedig war damals nach eigener Zählung bereits über 1000 Jahre alt – hatte es die Signoria mit einem ungewöhnlichen Antrag zu tun. Anton Kolb, Kaufmann aus Nürnberg, bat um Zuschuß, freie Ausfuhr und Urheberschutz für ein Projekt, das es so noch nie gegeben hatte: auf sechs Druckstöcken (je 0,68 × 0,91 m) hatte er eine Stadtansicht aus der Vogelperspektive schnitzen lassen, die zu den größten Holzschnitten ihrer Zeit gehörte (Abb. 1, 2, 3, 5, 9, 18, 47, 56). Im Museo Correr in Venedig ist sie allgemein zugänglich. Stolz konnte Kolb darauf verweisen, daß der Ruhm der Stadt nun auch im Druck verkündet werde, in einem Medium also, das an keinen Ort gebunden war und jeden Winkel der Welt erreichen konnte.

Für keine andere Stadt gibt es in einer einzigen Ansicht eine bildliche Interpretation von vergleichbarer Klarheit und Tiefe. Wer der Spiritus rector dieses Meisterwerkes war, ist unbekannt. Jacopo de'Barbari, unter dessen Namen es heute geführt wird, hat den graphischen Stil geprägt, als Konzeptor oder Organisator der vielen Schritte, die zu seiner Erarbeitung notwendig waren, kommt er aber nicht in Betracht. Die ältere Literatur nennt gelegentlich den Namen Albrecht Dürer, was die Höhe der Leistung trifft, aber sicherlich nicht den Autor, der Vorstellungskraft und graphisches Können mit einem Verständnis der Stadt verband, das so profund eigentlich nur einem Einheimischen zuzutrauen ist.

Im figuralen Rahmenprogramm erinnern acht pausbäckige Putten an die Winde, die die Stadt aus allen Richtungen mit gesunder Luft versorgen. Im Zentrum, und zwar in einer Achse mit S. Marco und dem Palazzo

Pubblico, erkennt man Merkur und Neptun, den Gott des Meeres und den Schutzherren des Handels, aber keine Venezia, keine Iustitia, keinen heiligen Markus, keinen Erlöser, ja nicht einmal eine Gottesmutter. Die Königin der Meere zeigt sich als Hafen- und Handelsstadt. Krieg und Politik bleiben ausgespart. Man sieht ein blühendes und friedliches Venedig, scheinbar unberührt vom Vordringen der Türken in das westliche Mittelmeer und der Entdeckung der Seewege nach Indien durch die Portugiesen. Die großen Schiffe im Hafenbereich gehören alle zur Handelsflotte. Nur im Arsenal, der Waffenschmiede der Republik, deuten zwei in Arbeit befindliche Galeeren an, daß dieser Staat sich notfalls auch zu wehren wüßte. Das Wasser um die Stadt – graphisch ein Bravourstück – ist leicht bewegt. Die Inseln sind nur in Abbreviatur gegeben, mit Ausnahme von Murano, das idealtypisch eine frühere Entwicklungsstufe Venedigs vor Augen stellt, in der die Kanäle eher trennen als verbinden und die Teilgebiete stärker sind als der urbanistische Zusammenhang (Abb. 1). An Venedig dagegen wird gerade dieser Zusammenhang betont. Die körperhafte Geschlossenheit, mit der die Stadt sich präsentiert, ist Ausdruck des zentralen Leitbildes der mittelalterlichen Venedigplaner, die die Stadt als einen Körper sahen, in dem alle Teile in lebendiger Weise zusammenwirken und den Kanälen die Funktion von Blutbahnen zukommt. Von Trockenlegungen «sowohl im Körper als in den Außenbezirken» ist in Stadtbeschreibungen und Urkunden die Rede, vom Canal Grande heißt es, er teile die Stadt «in der Mitte ihres Körpers», von der vorgelagerten langgezogenen Insel Giudecca, sie liege «außerhalb des Körpers von Venedig»; Gebäude können ihren Ort «in den Augen der Stadt» haben, aber auch in deren «Eingeweiden» oder deren «Nabel».

Der Plan bietet eine Bilanz, aber auch eine Vision, und zwar im übertragenen wie im wörtlichen Sinne, konnte doch um 1500 niemand die Stadt so sehen, wie der Plan sie zeigt. Quelle und Kunstwerk zugleich, ist er allen modernen Luftaufnahmen überlegen, die die Freiheit nicht haben, Kanäle und Wege auch einmal breiter zu geben als sie in Wirklichkeit sind, wenn nur so die Strukturen der Stadt begreifbar werden, oder

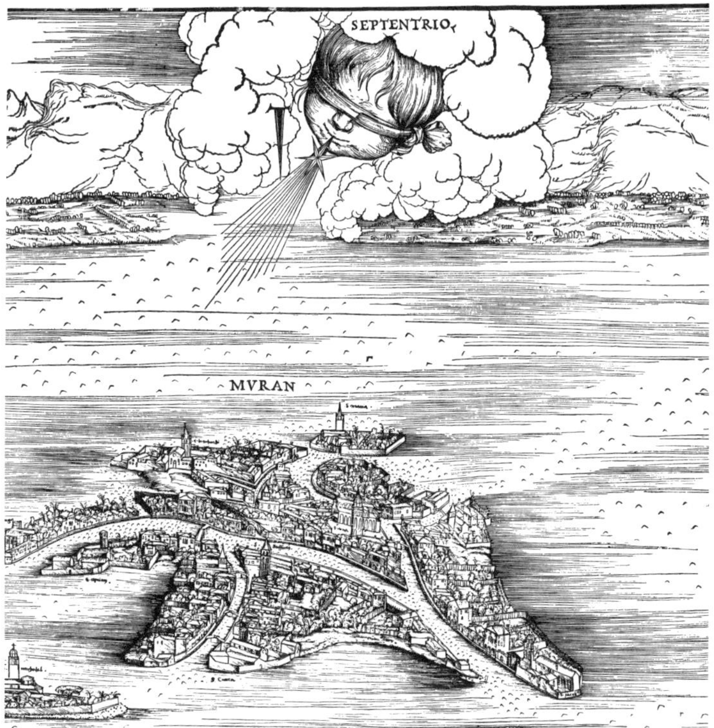

1 *Jacopo de'Barbari, Stadtansicht, 1500, Ausschnitt, Murano*

Gebäude leicht zu verändern, wenn Kontext und Bedeutung dies nahelegen. Das Venedig des Barbaroplanes ist ein Gefüge, zu dem die Freiräume nicht weniger gehören als das Gebaute. Eine kunstvolle Lichtregie suggeriert Frühe und Sonntag. Sie belebt auch die Zwischenräume, und die Linien, die alle fast – aber eben nicht ganz – gerade sind, sorgen für durchgängige Lebendigkeit.

Die Prozesse, als deren Ergebnis das Venedig von 1500 sich darstellt, waren langfristig und nicht ohne innere Widersprüche und Konflikte. Einen Masterplan hat es ebensowenig gegeben wie eine Zeichenstube, in der Stadtgestalter am Aussehen der Stadt gearbeitet hätten. Wie auch sonst im Mittelalter sagten die Vorschriften den Bauherren und ihren

Architekten nur, was verboten war, nicht aber, wie gebaut werden sollte. Die Quellen geben in der Nahsicht ein oft verwirrendes, im Überblick aber dann doch relativ konsistentes Bild. Die Lücken sind sicher größer als der Bestand, und wahrscheinlich ist auch im alten Venedig nicht weniger beschönigt und manipuliert worden als im heutigen, denn sonst hätte nicht so viel verboten und bestraft werden müssen.

Waren Landnahme und Bautätigkeit im 11. und 12. Jahrhundert im wesentlichen von der jeweiligen Interessenlage des Bauherren und den Besonderheiten seines Bauplatzes bestimmt, so werden seit dem 13. Jahrhundert immer stärker auch allgemeinere Interessen erkennbar. Diese zu sichern, war die primäre Aufgabe der zahlreichen Institutionen, die sich dem Planen und Bauen zuzuwenden begannen. Zum Glück für die Stadt beruhte das venezianische Recht weniger auf Einzelvorschriften als auf Präzedenzfällen und der Berufung auf die Vorfahren, was Kontinuität sicherte und zugleich die Flexibilität ermöglichte, die in Venedig schon der Topographie wegen überlebensnotwendig war. Die Einrichtung solcher Institutionen setzt voraus, daß sich ein zunehmend verpflichtender Begriff von Stadtraum herausbildete, in dem die öffentlichen Rechte und Notwendigkeiten den Vorrang haben vor den privaten. Besonders konfliktträchtig war das Wegerecht, denn selbst so zentrale und für die heutige Stadt ganz selbstverständliche Landverbindungen wie die von S. Marco nach S. Stefano und von dort zum Rialto mußten erst gegen Partikularinteressen durchgesetzt werden. Das Wasser einschließlich der Sümpfe galt als öffentlicher Besitz, während alles feste Land auch in privater Hand sein konnte, dann aber auch privat unterhalten werden mußte, was meist nur zögernd und widerwillig geschah. Da die Rechtssicherheit in Venedig groß war, konnte der Staat nicht einfach erzwingen, so daß die Behörden immer neu überzeugen, aber auch nötigen und drohen mußten, um einen Ausgleich der Interessen zu sichern. Bauliches Dokument dieses Ringens sind die vielen Durchgänge unter Häusern, die *sottoportici* (vgl. Abb. 19), ohne die ein gesamtstädtischer Landverkehr an vielen Stellen überhaupt nicht möglich geworden wäre.

Städte in der Stadt: Wer immer der geistige Vater des Barbaroplanes war, er hatte ein tiefes und sympathetisches Verständnis für diese – seine? – Stadt, und dieses Verständnis war nicht nur ein phänomenologisches, sondern auch ein genetisches. Er begriff Venedig als das Ergebnis von Entwicklungen, die 1500 zum Teil abgeschlossen, zum Teil aber auch gerade erst in Gang gekommen waren. Immer hat er genau hingesehen, aber nie die Verwerfungen und Brüche herausgestrichen. Dies gilt selbst für die gotischen Großkirchen der Stadt, S. Maria dei Servi (im 19. Jahrhundert weitgehend zerstört), S. Maria dei Frari und SS. Giovanni e Paolo, deren Maße alle sonst in Venedig üblichen Dimensionen sprengten (Abb. 2). Der Autor des Planes wird gewußt haben, daß die Regierung die Bettelorden, neben den Franziskanern, den Dominikanern und den Serviten auch die Augustiner und die Karmeliten, in den Dienst der Stadtentwicklung genommen hatte. In einem Ring um die alten Siedlungskerne wurde ihnen im 13. Jahrhundert sumpfiges, immer wieder überschwemmtes Land geschenkt, damit sie dort städtebauliche Brük-

2 *Jacopo de'Barbari, Stadtansicht, 1500, Ausschnitt, SS. Giovanni e Paolo*

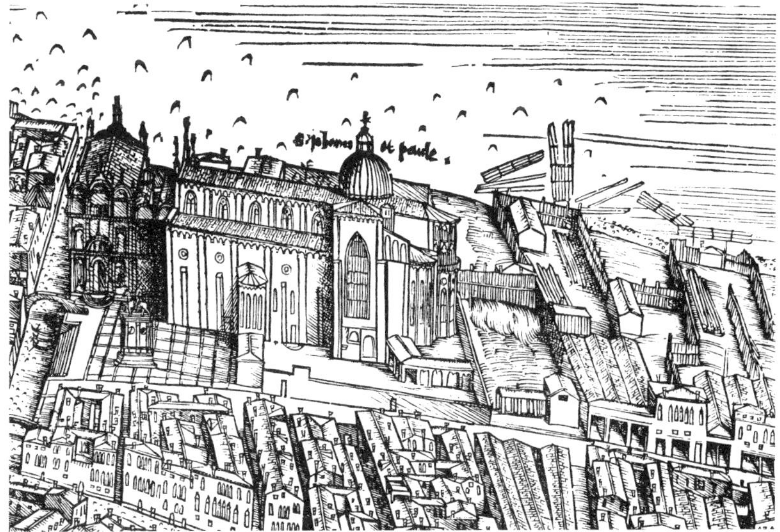

 kenköpfe bilden konnten. Um 1500 standen bereits die riesigen, im vierten Jahrzehnt des 14. Jahrhunderts begonnenen Neubauten von S. Maria dei Frari und SS. Giovanni e Paolo, die wir heute kennen. Um beide herum ist im Barbaroplan auch etwas von ihrer Vorgeschichte zu erkennen, denn um 1500 gab es dort noch Gärten und unbebautes Gelände, und auch die Floßländen und Holzmagazine hinter SS. Giovanni e Paolo werden nicht vergessen, während der Plan in seiner Skepsis gegenüber den Neuerungen der Renaissance die gerade fertig gewordene Fassade der Scuola Grande di S. Marco im Dunkel läßt.

Auch am Canal Grande zeigt Barbaro sich nicht als Modernist (Abb. 3). Seine Helden sind die ganz alten Paläste und die der gerade zu Ende gegangenen Gotik. Der Canal Grande war für ihn ganz und gar ein Teil der Stadt, nicht der Lagune. Die Ausgänge sind ausdrücklich nicht betont, um so mehr aber die Doppelrolle des Kanals als Trennungselement und Rückgrat nicht nur für die dicht besiedelten Teile der Stadt an den Biegungen des Kanals, sondern auch für die im Entstehen begriffe-

3 *Jacopo de'Barbari, Stadtansicht, 1500, Ausschnitt, Canal Grande bei S. Moisè*

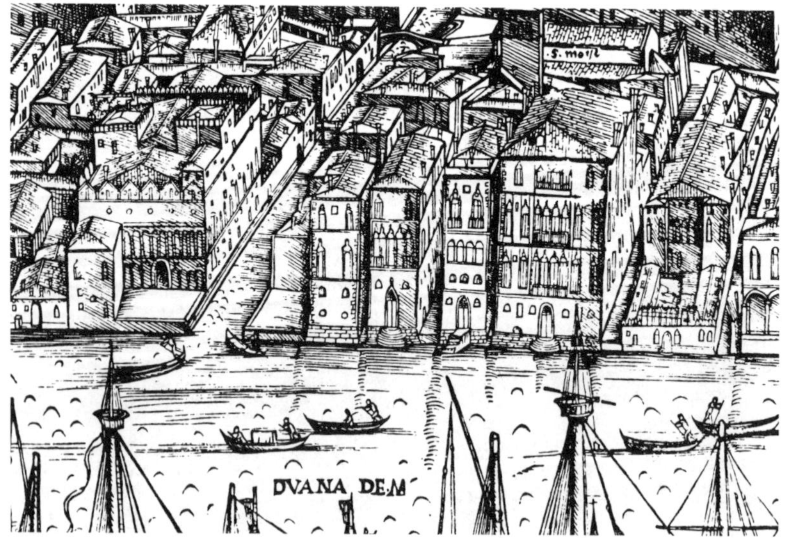

nen Neubaugebiete an der Peripherie. An einigen Stellen lockert die Darstellung die Bebauung optisch so weit auf, daß die einzelnen Paläste in ihrem Beieinander stärker zur Geltung kommen als die Kontinuität des Kanals. Der Canal Grande von 1500 war ohnehin sehr viel kontrastreicher als der von heute. Zwischen den Großbauten gab es auch ganz Unansehnliches, sogar Bootswerften sind zu erkennen. Außerdem existierten noch sehr viel mehr Beispiele aus der Frühzeit des venezianischen Palastbaus im 12. und 13. Jahrhundert. Diese Paläste waren meist breiter als hoch, in der Regel zweigeschossig, und so gut wie alle warteten mit Arkaden im Erdgeschoß und Hauptgeschoß auf und waren damit enge Verwandte der Prokuratien an der Piazza S. Marco. Nicht wenige waren vom Ufer zurückgesetzt und durch Vorhöfe und sogar durch Mauern vom Kanal getrennt. Sie waren Solitäre. Erst die gotischen Paläste rückten nach vorne, erst sie haben den wichtigsten Eingang am Canal Grande. So wurde dieser endgültig von einem Teil der Lagune zu einem geschlossenen Stadtraum und zum Laufsteg gesellschaftlicher und architektonischer Ambitionen, zugleich aber auch zu dem Bereich der Stadt, in dem neben der anschaulichen Gegenwart der Lagune auch deren indirekte Präsenz wirksam wird. Positiv wie negativ kann sich die Lage der Stadt im Wasser aber auch da noch bemerkbar machen, wo von Wasser gar nichts mehr zu sehen ist. Bei den schiefen Türmen wie dem im 19. Jahrhundert mühsam stabilisierten Campanile von S. Stefano wird man sich des schwachen Untergrundes vielleicht noch erinnern, bei gekappten Türmen, wie denen von S. Margherita oder S. Boldo (vgl. Abb. 17), schon weniger, und von den eingestürzten Türmen berichten nur noch die Quellen. Dabei wird es vor allem mit der Lagune zusammenhängen, daß die schweren Türme in Venedig baulich meist viel älter sind als die zugehörigen leichteren Kirchen. In einer Stadt, in der nicht einmal das in allen anderen Städten Selbstverständliche – fester Boden unter den Füßen – gesichert war, mußte man froh sein über jeden der Ziegelpfeiler, der stehen blieb.

Die Methoden der Landgewinnung und der Gründung der Gebäude haben sich über die Jahrhunderte kaum geändert. Sie leben von den Anfängen bis heute vom Holz, dem einzigen Werkstoff, der diejenige Elastizität und Dauerhaftigkeit bietet, ohne die in der Lagune nicht gebaut werden kann. Abermillionen Bäume wurden benötigt, bei S. Maria della Salute allein sollen es 1 156 650 gewesen sein. Ganze Landstriche mußten dafür abgeholzt werden, weshalb auch die Karstlandschaften im Friaul, in Istrien und in Dalmatien zur Geschichte des venezianischen Bauens gehören. Besonders die Paläste wurden im Laufe des Mittelalters zu einem Langzeitlabor in Sachen Leichtbau, ohne den die Lücken zwischen den wenigen festen Stellen der Stadt gar nicht hätten geschlossen werden können. Um Holz zu sparen, hat man meist nur Außenwände und tragende Innenwände auf Pfähle gegründet. Aber auch bei den Decken war man auf Holz angewiesen, und mit dem Terrazzo entwickelte man einen Boden aus gemahlenem Bruchstein und Kalk, der elastisch auf die Bewegungen des Gebäudes reagiert und einfach zu unterhalten ist. Hinzu kommt – für das Stadtbild von prägender Bedeutung – die größtmögliche Offenheit der Fassaden, bei der es nicht um erhöhte Zugänglichkeit ging, sondern darum, möglichst viel Gewicht zu sparen. Die ideale Paarung des so entstandenen Palasttypus mit den aktuellen Architekturformen brachte die Gotik. Während die riesigen Backsteinburgen von S. Maria dei Frari oder SS. Giovanni e Paolo ihre Verwandten auf dem Festland haben und eine dort entstandene Architektur nach Venedig tragen, sind die Paläste Hervorbringungen einer endogenen Baukunst, in der Form und Konstruktion sich aufs Engste verbanden. Lange sollte diese Symbiose allerdings auch in Venedig nicht halten, denn die Fassaden der großen Renaissance-Paläste sind, ganz anders als die vom Maßwerk der Gotik bestimmten, nicht mehr integraler Bestandteil der Konstruktion. Künstlerischer Individualität ließ aber auch die Gotik durchaus Raum, denn man konnte die Grundkonzeption zu kapriziös exaltierter Leichtigkeit nutzen wie bei der Cà d'Oro, aber auch zu einem so gelassenen und abgeklärten Zusammenspiel von Mauern, Stützen und Öffnungen, wie die Cà Bernarda in der Nähe von S. Polo es zeigt (Abb. 4).

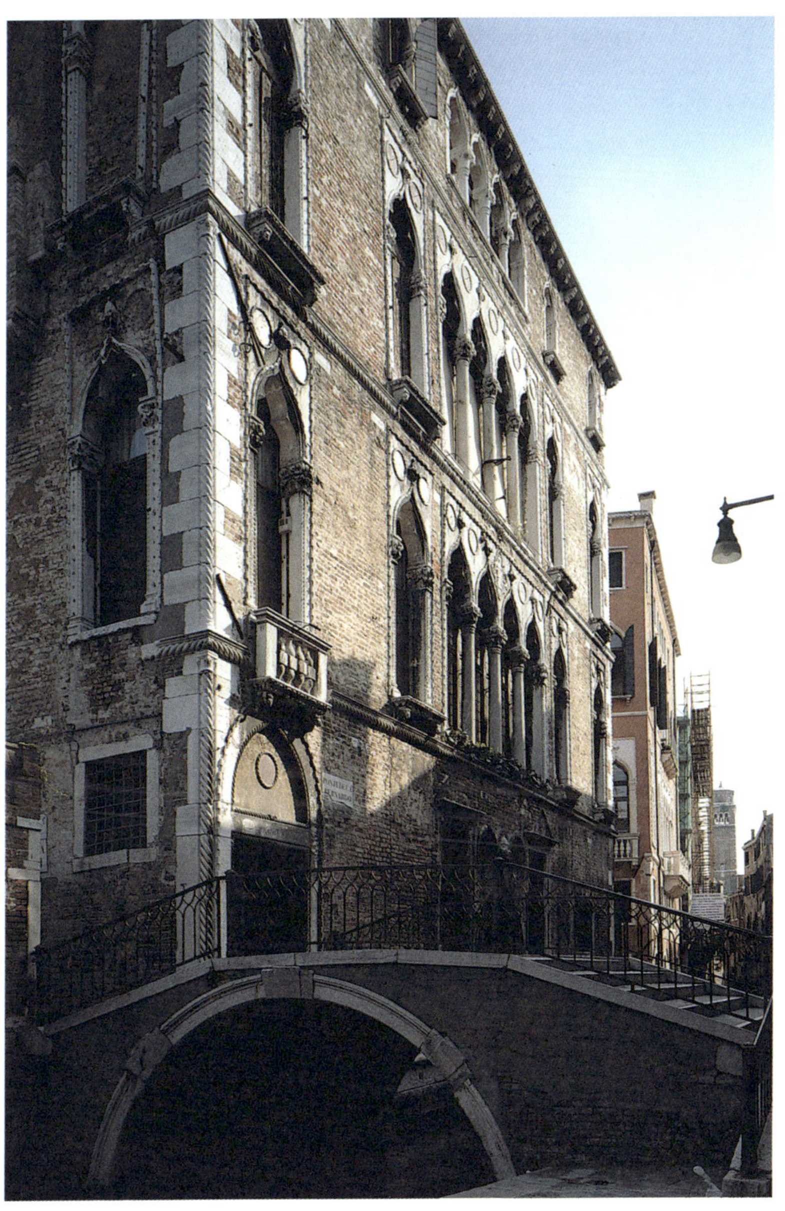

4 *Cà Bernarda, Rio Bernarda, Sestiere S. Polo*

16 An den Rändern der Stadt: Ganz andere Probleme ergaben sich aus der Lage Venedigs für die Ränder der Stadt. Auch darüber berichtet die Stadtansicht von 1500. Im Osten, bei S. Antonio di Castello, besonders aber im Westen zwischen S. Andrea della Zirada und S. Maria Maggiore, zeigt der Barbaroplan Venedig als eine Stadt im Werden (Abb. 5). Für S. Andrea war kurz zuvor, 1496, beschlossen worden, die todbringenden Dämpfe aus den Sümpfen durch Trockenlegung und anschließende Bebauung zu bekämpfen. Der Plan zeigt eine Situation, die an die Frühzeit Venedigs erinnert: mehrere Inselkirchen nahe beieinander, aber nur notdürftig miteinander verbunden, dazwischen Sumpf und erste Drainagen. Am Gegenpol der Stadt, bei S. Antonio, kann man viel über die Schwierigkeit und Technik der Landgewinnung erfahren. So sieht man Palisaden und wieder Drainagen, aber auch Terrain, das die

5 *Jacopo de' Barbari, Stadtansicht, 1500, Gebiet um den heutigen Bahnhof*

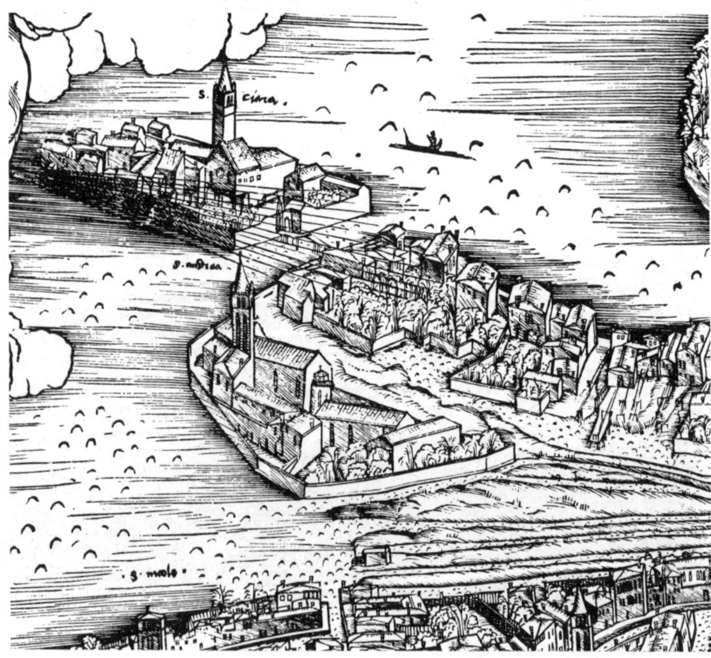

Lagune sich wieder zurückholt – ein Verhältnis von Wasser und Land, das bis in kleinste Parzellen hinein ein immer wieder neu zu definierendes war.

Seit den dreißiger Jahren des 16. Jahrhunderts richteten sich die urbanistischen Energien wieder auf die monumentalen Zentren, vor allem auf die Piazza. Die Stadt im ganzen, so schien es, hatte ihre endgültige Größe erreicht. Diese galt es allerdings dauerhaft zu sichern, und das mußte auch von außen her geschehen. Ein Zeugnis dieses Perspektivwechsels sind die Überlegungen, die 1557 der Lagunenexperte Cristoforo Sabbadino anstellte. Seine Vorschläge, handfest und vernünftig, aber auch eindimensional, hat er zur Vorlage beim Senat mit einem künstlerisch wenig inspirierten, aber aufschlußreichen Plan illustriert. Der Grundgedanke war ein schlichter: Die Erschließung bei S. Maria Maggiore sollte abgeschlossen, die Giudecca nach Süden hin noch einmal erweitert werden. Der Aushub der neu zu schaffenden oder wieder auszubaggernden Kanäle wäre zu Aufschüttungen genutzt worden, durch die das Stadtgebiet auch im Westen und Norden einen annähernd runden Umriß gewonnen hätte. Nachdem Venedig dadurch noch einmal um gut ein Zehntel gewachsen wäre, sollte es definitive Grenzen bekommen. Steinerne Fondamente rings um die ganze Stadt herum hätten die anliegenden Quartiere erschlossen und den Schiffen Anlegestellen geboten, an denen das schneller fließende Wasser die gefürchteten Verlandungen verhindert hätte.

Überlegungen wie die von Sabbadino erscheinen heute vielen als unvenezianisch, aber das waren sie nur zum Teil. Zwar wollte er die jahrhundertelange Praxis eines prozeßhaften Vorgehens durch eine Lösung ein für allemal ersetzen, andererseits aber gab es mit dem südlichen Uferweg der Giudecca und mit der Riva degli Schiavoni durchaus innerstädtische Vorbilder, und im Sestiere Dorsoduro hatte man seit 1519 mit einer Neugestaltung des Ufers, der Zattere, begonnen, dem die Glasöfen und Werften, die der Barbaroplan hier noch zeigt, bereits zum Opfer gefallen waren. Heute ist der neue Uferweg, die Zattere, vor allem im westlichen Teil eine beliebte Promenade, aber dazu wurde er erst im 19. Jahrhundert, als hier im Vorfeld des neu errichteten Passagierhafens ein von historistischer Architektur geprägtes Ensemble entstand, das die Gäste Venedigs festlich empfangen sollte (vgl. Abb. 81). Von der ursprünglich auch an den Zattere sehr viel nüchterneren Situation geben die Fondamente Nove auf der Gegenseite der Stadt einen Begriff. Mit gut 900 Meter Länge sind sie das größte Stück öffentlichen Wegebaus, das im alten Venedig realisiert werden konnte. Sie waren Teil einer politischen und städtebaulichen Erneuerungskampagne, die auch den Rialto und die Piazza S. Marco erfaßte. Die Neuerungen lagen mehr im Funktionalen als im Formalen. Nicht die *magnificenza*, die Großartigkeit der Jahrhundertmitte, war jetzt das Thema der Selbstdarstellung, sondern der Rekurs auf Bescheidenheit und Geschlossenheit des Stadtkörpers. 1587 beschlossen, verwirklichten die Fondamente Nove einen bemerkenswerten Teil von Sabbadinos Konzept. So wurde die Stadtgrenze an einigen Stellen erheblich herausgeschoben, Terrains wie die der Pfarreien von S. Giustina, S. Marina, S. Cassiano, SS. Apostoli oder S. Felice wuchsen um etwa ein Fünftel. Das von den Fondamenta eingedeichte Land wurde in regelmäßig geschnittene Parzellen aufgeteilt und schrittweise (um die Grundstückspreise hoch zu halten) versteigert.

Streit um die Lagune: Die Festigung der Ränder sollte nicht nur der Stadt helfen, sondern auch der Lagune. Das eine war im alten Venedig nicht ohne das andere zu denken, denn die Lage der Stadt im Wasser, heute den meisten etwas Kurioses und für viele schlicht ein verkehrstechnisches Ärgernis, galt früheren Jahrhunderten als eines der Wunder dieser Welt (Abb. 6). Und zwar nicht so sehr ästhetisch oder geographisch, sondern vor allem politisch. Venedig, so heißt es 1581, liege inmitten von Salzwasser, im Osten von einem Lido verteidigt, der an sieben Stellen Durchlaß gewähre. In dessen Rücken erstreckten sich tiefe Sümpfe, die zum Teil durch das Geröll der Flüsse erzeugt würden, zum Teil durch die Gezeiten des Meeres. Im Westen schütze das Festland. Daß es nie einen Venezianer gegeben habe, der nicht in Freiheit geboren und in Freiheit gestorben sei, sei der Weisheit der Regierung der Republik zu verdanken, deren Langlebigkeit wiederum die einzigartige Lage der Stadt

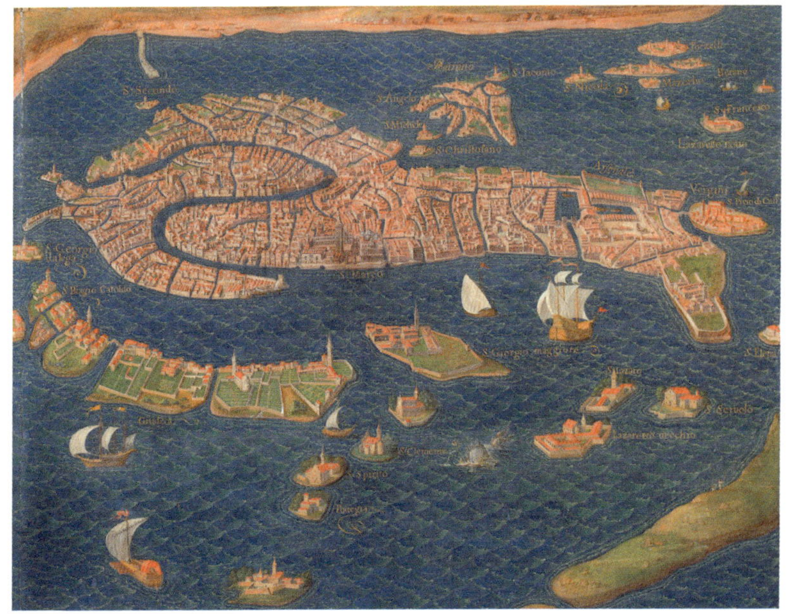

6 Fresko von Ignazio Danti, Vatikanische Bibliothek, Rom

zur Voraussetzung habe. Auch andere Städte lägen schön, auch andere Städte hätten reiche und große Gebäude, keine aber verbinde die Annehmlichkeiten des Wassers mit den Freuden des Landes. Sicher vor Angriffen vom Lande, aber auch vor denen vom Meer, könne Venedig die Türme und Mauern entbehren, mit denen alle anderen Städte ihren Bürgern Schutz zu geben versuchten.

Das in Venedig übliche Kürzel für diesen Sachverhalt war «muri salati», Mauern aus dem Salzwasser des Meeres. Sie waren ein so existentieller Teil des Staatsverständnisses, daß ihnen zuliebe auch bei ganz unerwarteten Gelegenheiten Kompromisse geschlossen wurden. Als in den schwierigen dreißiger Jahren des 16. Jahrhunderts etwas gebaut werden sollte, das Venedig offiziell eigentlich gar nicht brauchte, zwei Festungen nämlich, die die verfallenen Bollwerke bei S. Niccolò al Lido und auf der Insel S. Andrea ersetzen sollten, kam 1536 von dem als Obergutachter herangezogenen Capitano General Francesco Maria della Rovere ein listiger Vorschlag. Da die Reputation der so freiheitsstolzen Republik sonst Schaden nehmen würde, möge man vorerst von der Festung S. Andrea nur die Fundamente legen und die ganze Anlage nach hinten, also der Stadt und ihren Bürgern gegenüber, offen halten.

Die Grundpfeiler der venezianischen Sicherheit bestanden nicht in Festungen, sondern in einer funktionierenden Lagune. Die aber war zwar, so die Staatstheorie, ein Gottesgeschenk, aber auch eines, das intensivster Pflege bedurfte. Wie dies zu geschehen habe, war immer wieder Gegenstand ausgedehnten Streites. Die literarischen Spuren der oft heftigen Debatten ergeben, wie so vieles in Venedig, ein ambivalentes Bild. Auf der einen Seite findet man einen Reichtum an Gesichtspunkten und Erfahrungen, den man bei heutigen Diskussionen oft schmerzlich vermißt. Auf der anderen Seite ergibt sich der Eindruck, daß die Probleme schon damals übermächtig waren und die Einzelvorschläge gerade dann besonders unzulänglich ausfielen, wenn sie sich eindeutig und endgültig gaben. Die immer wieder beschworene Harmonie zwischen der Stadt und ihrem Habitat war alles andere als ein ungefährdeter Besitz.

Von den Kombattanten des 16. Jahrhunderts haben zwei besondere Prominenz gewonnen. Der eine, Alvise Cornaro, kam aus Padua, der andere, Antonio Sabbadino, aus Chioggia. Cornaro sah die Lage Venedigs mehr aus einer festländischen Perspektive, also von außen, Sabbadino hingegen dachte von innen her. In einem etwas ungelenken Vergleich hat er Venedig und die Lagune mit einem Körper gleichgesetzt, bei dem das Herz Venedig sei, der Kopf die nördliche Lagune, die Durchlässe in den Lidi die Arme; die Beine, die den Körper aufrecht erhalten, seien die Rückstände des Salzwassers, die Leber liege an der linken Seite bei Chioggia, die Lunge bei Burano, Torcello und Mazzorbo, die Nerven seien die Kanäle. Nahrung bringe das Meerwasser, das dieser Körper alle sechs Stunden empfange und wieder abgebe. Um ihn lebendig, schön und rüstig zu halten, müsse man ihn in allen seinen Teilen bewahren, kontinuierlich nähren und ihm den Atem frei halten. Noch 1709, als die gefährlichsten Flüsse, der Etsch im Süden und der Tagliamento im Norden, bereits um die Lagune herumgeleitet waren, wußte ein Kartograph die Macht der Flüsse im Hinterland Venedigs eindringlich zu veranschaulichen.

Der Gefahren waren viele. Die größte und anschaulichste kam von den Flüssen – Tagliamento und Bacchiglione, Cimento und Piave, dazu Etsch und Po wurden immer wieder genannt – die mit ihrem Geröll einen Weg durch die Lagune zum Meer suchten. Die Kartographie, die damals – ebenfalls ein Zeichen steigender Bewußtheit – in Venedig eine Blüte erlebte, stellte die Macht und Bedrohlichkeit der Zuflüsse eindrucksvoll dar (Abb. 7). Hätten die Flüsse die Oberhand gewonnen, dann hätte auch Venedig das Schicksal Ravennas erlitten, das von der Hauptstadt eines Weltreiches zu einer Provinzstadt mehrere Kilometer vom Meer entfernt geworden war. Alvise Cornaro mahnte deshalb in eindringlichen Worten zur Umkehr. Wichtigste Voraussetzung zum Überleben einer Stadt sei die Wahl eines Ortes mit guter Luft, Sicherheit und Lebensmöglichkeiten für das Volk. Bei Venedig sei das 1500 Jahre lang der Fall gewesen. Die Lagune habe stark und gesund gemacht, die Wege über das Meer hätten den Lebensunterhalt gesichert. Die alles verzehrende Zeit jedoch habe die Lagune so verändert, daß die Luft oft schlecht sei und viele Gärten und Vororte entvölkert lägen. Torcello und die vielen verlassenen Kirchen und Klöster dokumentierten die Gefahr. Wäre die Stadt aber erst einmal unbewohnbar, dann brauche man sich über Verteidigung nicht mehr den Kopf zu zerbrechen. Cornaro plädierte für klare Verhältnisse mit chirurgischen Eingriffen, die den Ambivalenzen einer Jahrhunderte währenden Praxis des Abwägens und Ausprobierens ein für allemal ein Ende gesetzt hätte. Fragile Balancen und temporäre Kompromisse wollte er durch überschaubare und effizient zu administrierende Lösungen ersetzen. Zum Beispiel dadurch, die Lagune in Segmente zu zerlegen, die, durch Dämme getrennt, leichter handhabbar wären. Die Sümpfe wollte er trocken legen, um Land für den Anbau von Getreide zu schaffen, dessen Import die Republik jedes Jahr so viel Geld kostete, und schließlich sollten

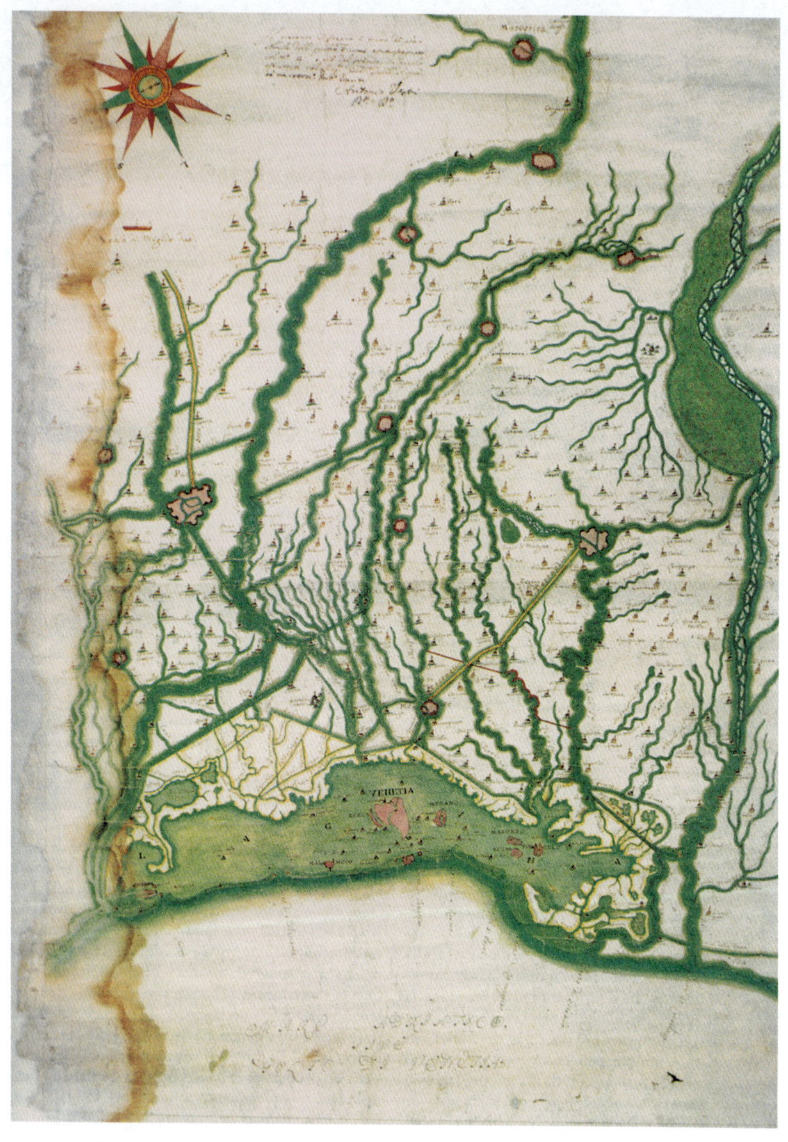

7 Karte, um 1710, mit dem Hinterland der Lagune (Mitte links Padua), Staatsarchiv, Venedig

breitere und tiefere Kanäle dafür sorgen, daß auch größere Schiffe wieder S. Marco erreichen könnten und nicht schon in Malamocco entladen werden müßten.

Der Anwalt der Tradition war Antonio Sabbadino. Mit seinem Antipoden war er sich einig in der Sorge um das Ende der Lagune und damit in der Angst vor dem Ende Venedigs. Wie Cornaro rekurrierte auch Sabbadino auf eine Idee des Fra Giocondo, der 1506 vorgeschlagen hatte, die Flüsse aus der Lagune herauszunehmen und um diese herum direkt ins Meer zu führen. Im übrigen waren die Gemeinsamkeiten gering. Vor allem die Grundhaltung hätte verschiedener kaum sein können, denn manche, so Sabbadino in einem Seitenhieb, wüßten zwar, wie man Flüsse begradigen, Mühlen und Brunnen zu errichten habe, aber das bedeute nicht, daß sie etwas von der Lagune verstünden. Zu deren größten Feinden zählte Sabbadino, und darin war er sich mit Cornaro wieder einig, nicht nur das Geröll der Flüsse und die Wellen des Meeres, sondern auch die Menschen. Und unter diesen nicht die Feinde der Republik, sondern die Venezianer selber, die einzelnen Herren, die «signori particolari», im besonderen aber auch, und das ist ein Seitenhieb auf Cornaro, die technischen Fachleute, die «inzegneri». Während die einen ihre persönlichen ökonomischen Interessen über die der Allgemeinheit stellten, schadeten die anderen durch einseitige Maßnahmen.

Explizite und implizite Diskurse über die Lagune begleiten die venezianische Geschichte seit dem Mittelalter und werden auch in Zukunft zu führen sein. Sie reichen von den Bauvorschriften des Wegerechts bis zu Anweisungen zum Schutz der Landzungen an den Lidi, wie sie schon seit dem 14. Jahrhundert überliefert sind, als z. B. verboten wurde, Pinien zu schlagen oder Gras abzubrennen, Vieh über Deiche zu treiben, Schilf auszureißen, Sand abzutransportieren oder zur Reparatur der Dämme bestimmtes Material an die Inselbewohner zu verkaufen. Immer wieder gab es Anläufe, die Probleme zumindest administrativ und juristisch in den Griff zu bekommen, etwa durch die Errichtung des noch heute mächtigen *Magistrato alle acque* 1505, die wie alle Institutionalisierungen Entwicklungen bündelte und abschloß, zugleich aber auch neue Entwicklungen ermöglichte, ja erzwang. Die neue Behörde, zu deren Unterstützung alle in der Verwaltung vorhandenen Akten zusammengeführt wurden, trat mit ungezählten Strafandrohungen und Appellen hervor, die in ihrer Summe ebenso eindrucksvoll wie ohnmächtig wirken. Ohne Unterlaß wird gemahnt, der Verantwortung für das Vaterland gerecht zu werden, den privaten Nutzen hintanzustellen. Ohne Ansehen der Person, ob weltlich oder geistlich, sei den Sündern unter Androhung hoher Strafen klarzumachen, daß es verboten sei, irgendwo, gleichgültig ob in der Stadt oder in der Lagune, Land aufzuschütten. Eine Inschrift in den Amtsräumen drohte, wer den Gewässern Schaden zufüge, werde als Staatsfeind zur Verantwortung gezogen: «Venedig, auf göttliches Geheiß in den Fluten gegründet, von Wasser umgeben, von Mauern aus Wasser geschützt. Wer immer es wagen sollte, diesem Gut der Allgemeinheit Schaden zuzufügen, soll nicht geringer bestraft werden, als der, der die Mauern der Vaterstadt beschädigt. Dieses Edikt hat ewige Gültigkeit.»

Vollkommenheit haben auch die alten Venezianer nicht erreichen können. Ihre planerische und bauliche Praxis aber erweist sich jedem Idealkonzept gegenüber bis heute als überlegen. Wie alle komplexen urbanistisch-ökologischen Konfigurationen ist auch das alte Venedig ebensosehr Zustand wie Prozeß. Hoch empfindlich, ist es auf Dauer einer Fürsorge und nachhaltigen Pflege bedürftig, die auf Probleme nicht nur reagiert, sondern ihnen präventiv zu begegnen sucht. Dabei bedarf es gelegentlich auch der Großchirurgie, andererseits aber auch der in jahrhundertelanger Erfahrung gründenden Kunst des Gewährenlassens. Man müsse, so eine späte, aber wichtige Stimme, mit äußerster Vorsicht vorgehen, weil man Hand an Dinge lege, die das innere Gleichgewicht der Wasserbewegung stören könnten, besonders jener, die von der Natur selbst in ein System gefügt worden seien. Schließlich sei die Natur klüger als der Mensch, wie groß dessen theoretische und praktische Erkenntnisse auch sein möchten. Die Mahnung kam von Bernadino Zendrini, seines Zeichens Mathematiker der Republik, Briefpartner von Leibniz und einer der führenden Geister des Jahrhunderts, der in seiner großen Quellensammlung zur Geschichte der Lagune, den *Memorie storiche dello stato antico e moderno delle lagune di Venezia*, auf 700 Seiten zusammengetragen hat, was die Ahnen über die Lagune beschlossen hatten. Als das Buch 1814 endlich erschien, regierte in Venedig bereits Napoleon; es wurde zum Dokument einer untergegangenen Welt.

Zendrini war auch die treibende Kraft hinter den gewaltigen Uferbefestigungen, den *murazzi*, in denen sich jahrhundertelange Erfahrung, technische Fantasie und aufgeklärte Politik zu einem Projekt zusammenfanden, das zu den größten – und unbekanntesten – Leistungen der Serenissima gehört (Abb. 8). Gegen 1740 begonnen und kurz vor dem Ende der Republik vollendet, sicherten die *murazzi* auf 5500 Metern zwischen Malamocco, S. Piero in Volta, Pellestrina und Chioggia die Lagune vor den Angriffen des Meeres. Anstoß für ihre Errichtung waren die Nöte beim Unterhalt der traditionellen Uferbefestigungen durch Holzpalisaden, die alle fünf Jahre erneuert werden mußten. Dies verlangte Geld, Personal und, dies vor allem, ein Material, das immer seltener und teurer wurde, das Holz. Der Schiffsbau, die Fundierung der Kirchen und Paläste und die Befestigungen der Ufer hatten die Wälder der Serenissima verschwinden lassen. Durch die Erosion entstand Venedig allerdings erheblicher neuer Schaden, denn die Berge konnten das Wasser nicht mehr zurückhalten, das sich nun ungehemmt in die Lagune ergoß und immer mehr von seiner gefürchteten Last aus Ästen, Stämmen und Geröll mit sich brachte.

Ohne neue Ressourcen war das Problem nicht zu lösen. Bereits um 1700 wurde deshalb vorgeschlagen, die hölzernen Palisaden durch steinerne zu ersetzen, obwohl man wußte, daß der zur Verfügung stehende istrische Kalkstein dem Salzwasser auf Dauer nicht standhalten kann. Die Lösung brachte ein in Venedig vergessenes Material, die Pozzuolanerde. Bernadino Zendrini, seit 1720 auch Superintendent der Gewässer, Flüsse und Lagunen des venezianischen Staates, hatte sie auf einer Dienstreise zu den Häfen der Toskana und Kampaniens kennen gelernt. Die ersten Versuche bei Malamocco ergaben sensationelle

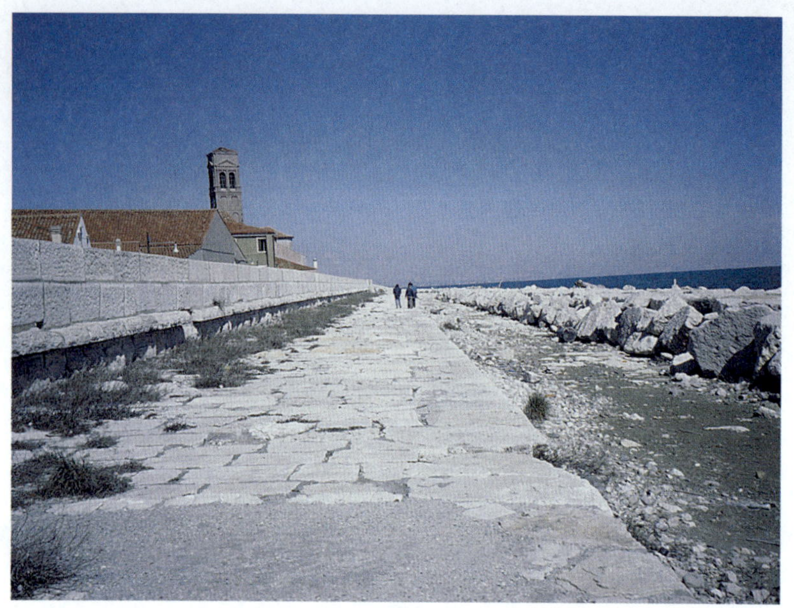

8 Murazzi *vor Pellestrina (Zustand 1999)*

Ergebnisse: «Dieser Zement bindet derart gut», so heißt es in einem offiziellen Bericht, «und er ist so widerstandsfähig, das keine Kraft ihn trennen kann, und viel bemerkenswerter noch ist, daß diese Mischung im Wasser in kürzester Zeit ähnlich hart wird wie Stein.» Die Wellen treffen bei den *murazzi* zuerst auf etwa zwei Meter hohe künstliche Klippen, werden dann über zwei flach ansteigende, je etwa sechs Meter lange Steinflächen zu einer etwa vier Meter hohen Mauer geschickt, die aus istrischem Stein besteht und von Pozzuolanerde zusammengehalten wird. Auch dieses so endgültig wirkende Bollwerk kam aber ohne Pflege nicht aus. Daß die *murazzi* bei der großen Flut vom November 1966 an einigen Stellen nachgaben, hatte nicht nur mit den Naturgewalten zu tun, sondern auch mit den Menschen. Seit Jahrzehnten, so wurde damals in Pellestrina erzählt, habe man keinen der «Sassanti» mehr gesehen, der Arbeiter, die damit beauftragt waren, mit

Hilfe von Restmaterial aus istrischen Steinbrüchen (im Jahr angeblich etwa 1500 Tonnen) die Lücken zu schließen, die das Wasser zu reißen pflegte.

Kanäle und Brücken: Das Verhältnis von Wasser und Land wechselt in der Lagune wie in der Stadt von Jahrhundert zu Jahrhundert, aber auch von Stunde zu Stunde. Städtisches Leben jedoch braucht stabile Verhältnisse. Anfangs, als es nur darum ging, in der Lagune Zuflucht zu finden, war sicherlich genug festes oder leicht zu befestigendes Land vorhanden. Als aus den Inseln aber eine Stadt wurde und die Venezianer zusammenrücken mußten, wurden sorgfältiges Planen, verbindliche Spielregeln und eine starke Hand bei deren Durchsetzung unausweichlich, denn öffentliches und privates Interesse gerieten immer wieder in Konflikt. Das Wasser gehörte dem Staat, die Ufer hingegen waren privat, was bedeutete, daß ihre Befestigung auch Privatleuten oblag, die die von ihnen zu tragenden hohen Kosten scheuten. Wo die Befestigungen vernachlässigt wurden, entstanden die gefürchteten Sandablagerungen, die *spiaggie*, die selbst am Canal Grande den Fluß des Wassers und des Verkehrs behindern konnten. Ohne ein intaktes Kanalwesen aber war und ist die Stadt nicht lebensfähig. Art und Qualität der Bemühungen um die Kanäle sind deshalb bis heute für die Blüte der Lagune wie der Stadt von entscheidender Bedeutung. Denn anders als das so beliebte Bild von der Stadt als ein Körper suggeriert, sind die Adern des Stadtorganismus Venedig kein geschlossenes, von einem Zentrum aus gesteuertes System, sondern ein offenes. Der Wechsel der Gezeiten, mit dem sich das Meer mehrfach täglich in Erinnerung bringt, ist nicht nur ein Naturphänomen, sondern auch die Voraussetzung für die Hygiene einer Stadt, die bis heute weder über eine Kanalisation noch über eine Kläranlage verfügt.

Kanalpflege ist einfach und kompliziert zugleich. Eindeutig ist das Ziel; die Durchführung hingegen hat viele Seiten. So wurden zwischen 1492 und 1797 nicht weniger als 100 technische Patente beantragt, von denen jedes versprach, die Probleme der Kanalreinigung ein für allemal aus der Welt zu schaffen. Das Ziel einer Mindesttiefe von 1,70 m scheint allerdings nie dauerhaft erreicht worden zu sein.

Die Aktivitäten der Verwaltung haben sich in Tausenden von Dokumenten niedergeschlagen. Bereits im 13. Jahrhundert versuchte der Große Rat Abhilfe zu schaffen. Abfälle in die Kanäle zu werfen wurde ebenso verboten wie Verkaufsstände an den Ufern; Handwerker, besonders die Steinmetze, wurden gehalten, Reste ihres Arbeitsmaterials nicht in den Kanal zu entsorgen. Als 1516 die Nachlässigkeiten wieder einmal überhandnahmen und selbst Adelsfamilien sich angewöhnt hatten, ihre Abfälle vor aller Augen in den nächsten Kanal zu werfen, wurde über jeden Ertappten eine Strafe von fünf Dukaten, ersatzweise die öffentliche Auspeitschung, verhängt. Sehr effizient scheinen die zahllosen, zum Teil sehr martialisch formulierten Verordnungen allerdings nicht gewesen zu sein, denn wieder und wieder ergingen Beschlüsse, wie der von 1565: «Da unser Collegio alle acque zur Erhaltung der Lagune kein anderes sicheres Mittel kennt als ständiges Ausbaggern ohne Rücksicht auf Kosten oder andere Nachteile, um die schwerwiegenden Folgen abzuwenden, die diese Verlandung für die Stadt hätte, wurde beschlossen, 3000 Männer vom Festland kommen zu lassen, um auszubaggern und die Untiefen abzutragen.»

Insgesamt sind die venezianischen Kanäle etwa 37 Kilometer lang. Es gibt große, vor allem in den Sestieri Cannaregio, Castello und Dorsoduro, andere sind kaum länger als fünfzig und nicht breiter als vier oder fünf Meter. Die meisten werden direkt von der Lagune gespeist, andere aber auch mittelbar, zum Beispiel vom Canal Grande. Keiner der venezianischen Kanäle ist wie der andere. Sie variieren nach Länge und Breite, Bebauung und Vitalität. Im Zentrum der Stadt sind sie oft dunkel und eng, in den Planungsgebieten des späten Mittelalters dagegen hell und regelmäßig. Wie viele von ihnen auf alte Wasserläufe zurückgehen und wie viele eigens angelegt wurden, ist mit Sicherheit nicht zu sagen. Anfangs werden auch neue Kanäle primär Erschließungswege zu privaten Liegenschaften gewesen sein, nicht Teile des gesamtstädtischen Netzes, das seit der Mitte des 14. Jahrhunderts als Vision erkenn-

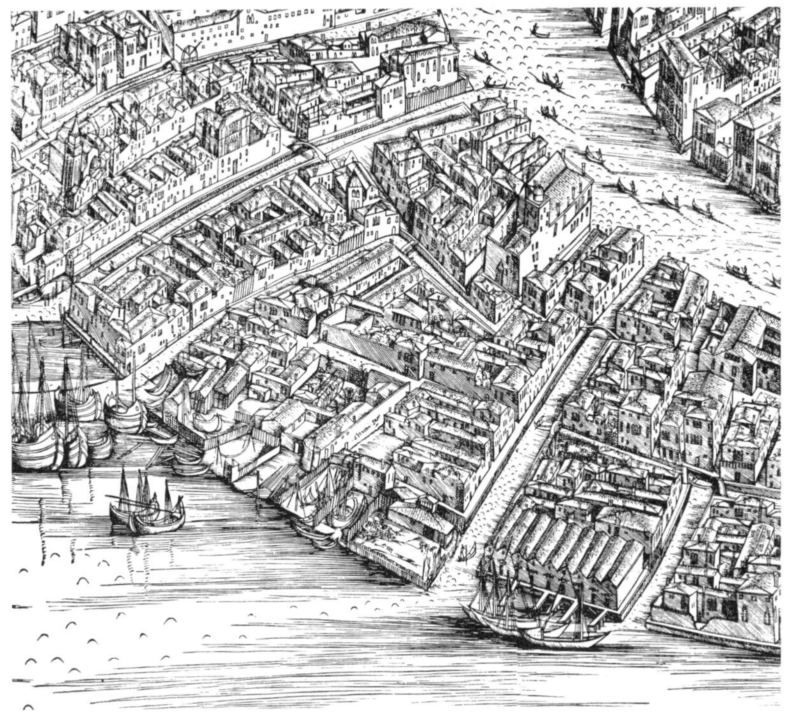

9 *Jacopo de'Barbari, 1500, Stadtansicht, Ausschnitt, Dorsoduro*

bar wird. Auch diese Veränderungen der Stadt finden im Barbaroplan Aufmerksamkeit, besonders die, die gerade neu entwickelt worden waren. Für das abgebildete Gebiet im Sestiere Dorsoduro (Abb. 9) ist zwar schon um 1100 von Erschließungsmaßnahmen die Rede, eine verstärkte Anstrengung zeigen aber erst die Quellen des 15. Jahrhunderts: 1454 wird der Stichkanal von S. Vio am Canal Grande zum Canale della Giudecca in Auftrag gegeben, 1478 der Rio S. Gregorio, nahe bei S. Maria della Salute. Beide sind Exempla der genial einfachen Idee der mittelalterlichen Stadtarchitekten, Landweg und Kanal zusammenzulegen (Abb. 10), deren Verwirklichung es besonders in den neuen Planungsgebieten des Dorsoduro und des Cannaregio noch heute großräumig zu

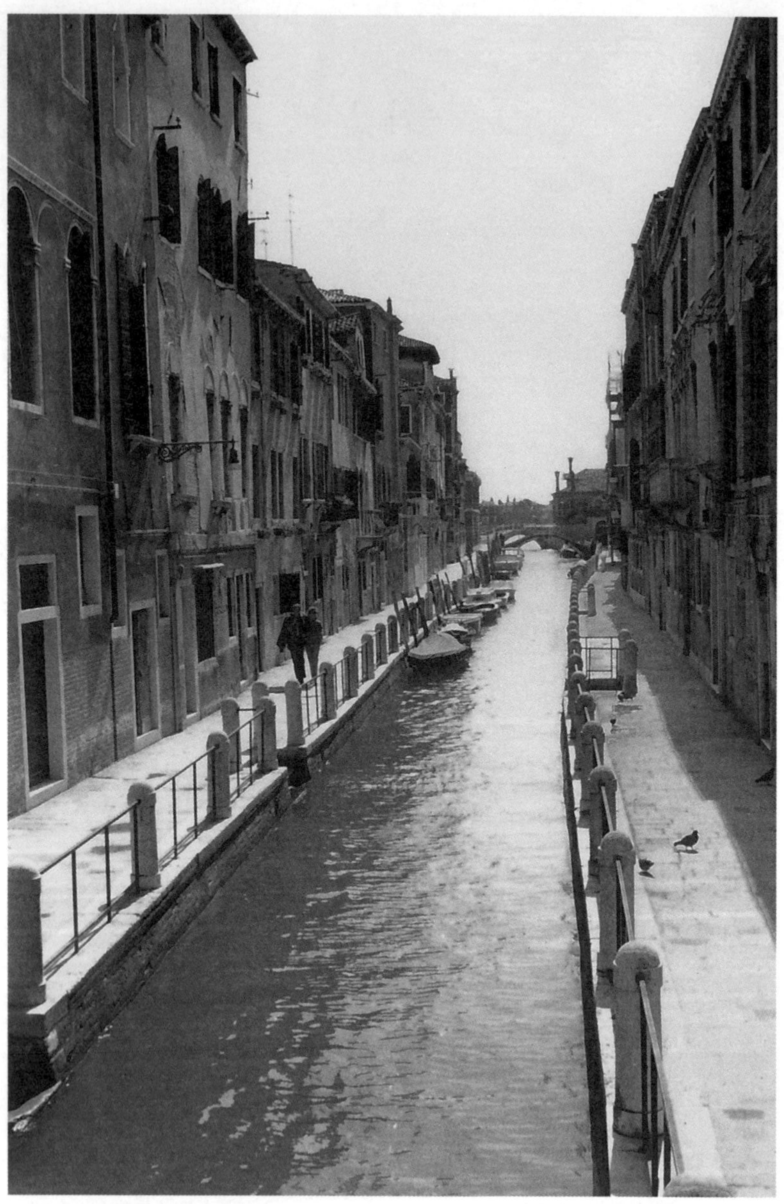

10 *Rio della Fornace, Sestiere Dorsoduro*

besichtigen ist. Dominant sind die langen, etwa parallel zum Canale di Cannaregio von Nordwest nach Südost geführten Kanäle, die zeigen, daß sich dieses Gebiet zum Stadtkern tangential verhält, nicht radial. Romantische Stadtbilder hatte im venezianischen Mittelalter niemand im Sinn. Wenn von Schönheit die Rede war, dann meinte man Klarheit, Weite und Regelmäßigkeit. Dies alles aber mit Augenmaß, denn bis ins Detail waltet Gelassenheit, nicht geometrische Beckmesserei. Die Schnur, mit der auch in Venedig die Baulinien festgelegt wurden, war nicht so straff gespannt, daß sie nicht kleinere Abweichungen zuließe. Oft sind es nur zehn oder zwanzig Zentimeter, aber in der Summe sorgten bereits sie dafür, daß sich die Randbebauung der Kanäle nie zu starren Fronten verhärtet.

Wo die Wege so geordnet sind wie in den neuen Gebieten, bedurfte es nur weniger Brücken. Da sie den Landverkehr erschweren, werden sie den mittelalterlichen Planern ohnehin eher ein Ärgernis gewesen sein. Andererseits war nur mit ihrer Hilfe der Übergang von der Agglomeration zur Stadt möglich. Es ist deshalb kein Zufall, daß eine moderne Statistik, die für den Zeitraum von 1088 bis 1362 immerhin 258 Brücken ermittelt hat, deutliche Häufungen für das späte 13. und die Mitte des 14. Jahrhunderts feststellen konnte, Zeiten also, in denen das Ziel einer einheitlichen Stadt mit besonderem Nachdruck verfolgt wurde. Am Ende des 16. Jahrhunderts ist von mehr als 400 Brücken die Rede. Im einzelnen oft unspektakulär, gehören sie zu den charakteristischsten Bausteinen der Stadt und in ihrer Gesamtheit zu den Meisterwerken venezianischer Architektur. Die meisten sind eher klein, trotzdem waren die Probleme ihrer Erbauer oft groß: Die Steinbögen brauchten Halt, die Boote ungehindert Durchfahrt, die Fußgänger bequemen Anstieg. Zu den Erfordernissen der Funktionalität, des *comodo*, kamen die der Schönheit, der *bellezza*. Der Ausgleich war nicht einfach, und so ist auch keine Brücke wie die andere. Nicht einmal die am selben Kanal sind gleich, denn die allgemeinen Anforderungen trafen auf ganz unterschiedliche örtliche Voraussetzungen. So mußten die Bögen oft schräg geführt werden, als *ponti storti*, weil die Orte und Plätze, die sie zu verbin-

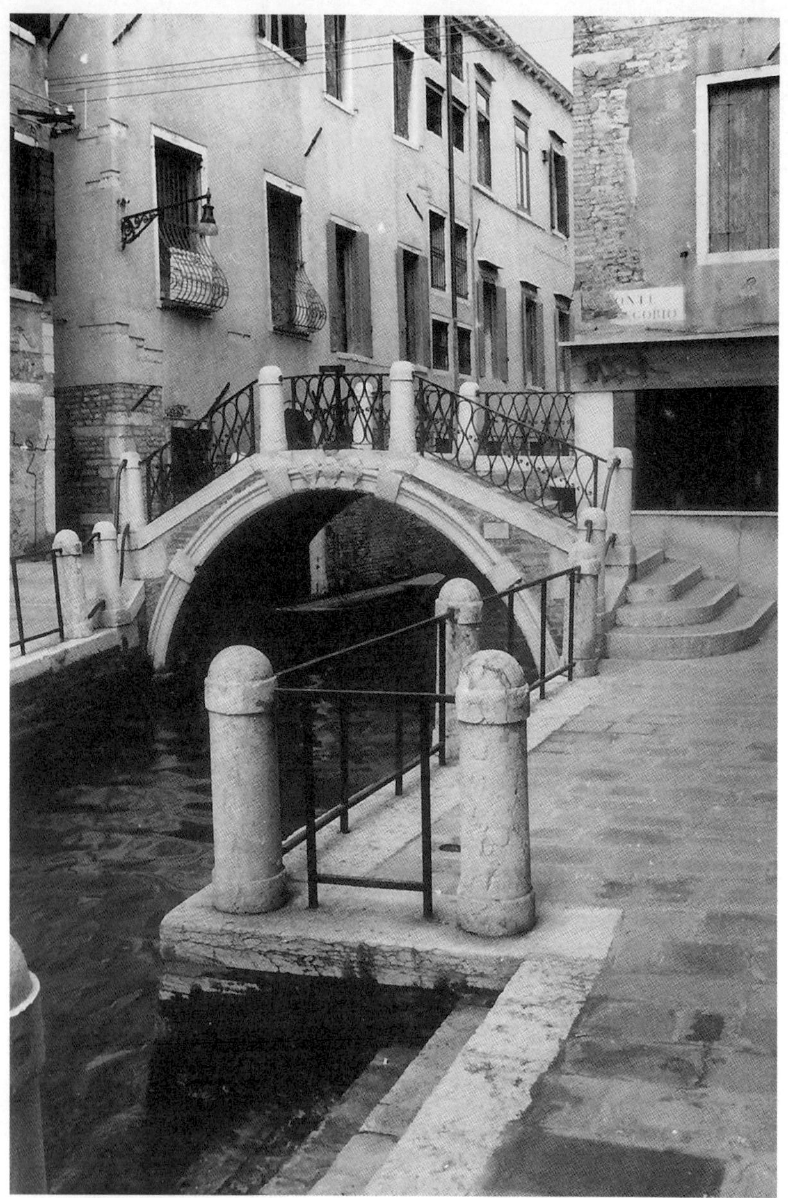

11 *Ponte S. Gregorio, Sestiere Dorsoduro*

den hatten, älter waren als sie selbst und nicht mehr geändert werden konnten.

Nicht selten geschah der Brückenschlag routiniert, nur gelegentlich plump; meist aber verbirgt sich auch hinter scheinbar selbstverständlichen Lösungen ein hohes Maß an konstruktiver und stadtästhetischer Intelligenz. Einigen Lösungen ist das Kopfzerbrechen durchaus noch anzumerken, das sie ihren Erbauern bereiteten. An anderen Stellen aber, so am Ponte S. Gregorio von 1772 (Abb. 11), ist auch eine komplexe Situation so elegant und gelassen gemeistert, als verstünde es sich ganz von selbst, auf engstem Raum gleich mehrere Landwege über eine einzige Brücke zu schicken und über einen kleinen Platz auch noch mit dem Kanal zu verbinden. Anders ist die Situation beim Ponte del Megio in der Nähe des Campo S. Giacomo all'Orio (Abb. 12). Der Auftrag ging 1770 an den Maurermeister Domenico Fabris, und damals dürfte der Aufbau im wesentlichen festgelegt worden sein. Allerdings gab es 1866 eine Überarbeitung. Domenico Fabris hatte drei Landwege aus verschiedenen Richtungen mit zwei Landestellen zu verbinden, und zwar an einer Stelle, an der der Kanal mit seiner Breite auch seine Richtung ändert. Im einzelnen hatte bei dieser Brücke sicherlich das Bemühen um das *comodo* den Vorrang, aber auch die *belezza* kommt zu ihrem Recht, man achte nur auf die Verknappung der Mauermassen, auf Führung und Profil der Rahmungen und auf die Proportionen.

Die Erbauer der Brücken sind bis heute weitgehend anonym. Einer vertiefenden Studie aber gelänge es vielleicht auch hier, Handschriften ausfindig und erkennbar zu machen. Erschwert würde eine solche Suche bei den älteren Brücken allerdings dadurch, daß sie fast alle eine wesentliche Änderung erfahren haben, Treppenwangen nämlich, die seit dem späten 18. Jahrhundert in Stein, im 19. Jahrhundert dann oft in Eisen ausgeführt wurden. Was dies für die Erfahrung der Stadt bedeutet, kann man sich bei einem Lokaltermin am Rio S. Felice vergegenwärtigen (Abb. 13), wo die einzige Brücke in der Stadt erhalten ist, die kein Geländer hat und an der man noch heute erfährt, wie intensiv der Zusammenhang zwischen Land und Wasser für das Erleben der Stadt einmal gewesen sein muß.

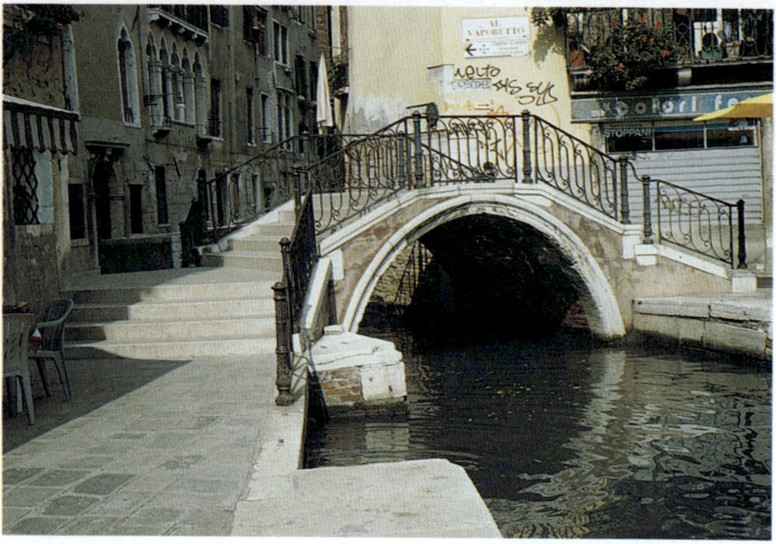

12 Ponte del Megio, Sestiere S. Croce

13 Brücke über den Rio S. Felice, Sestiere Cannaregio

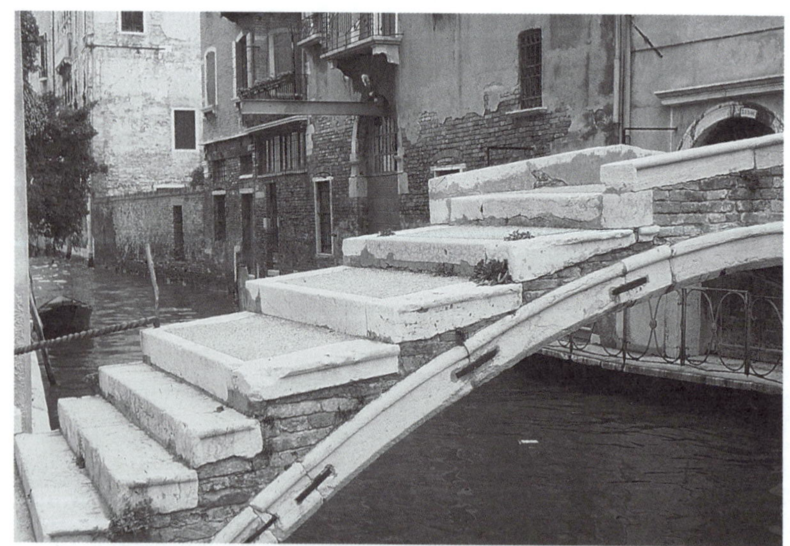

II. Venezianische Plätze

Stadträume: Als die Avantgarde des 20. Jahrhunderts die Stadt neu zu erfinden begann, war Klarheit das oberste Ziel, technisch, organisatorisch und ästhetisch. Klarheit wurde gleichgesetzt mit Übersichtlichkeit, Vorhersehbarkeit, Wiederholbarkeit. Euklid und Descartes waren die Fixsterne, nicht nur bei Le Corbusier. Hatten früher Wohnen, Arbeiten und Erholung auf engstem Raum stattgefunden, oftmals sogar im selben Haus, so wurden nun die Funktionen großräumig entflochten. Vermittelnde Strukturen wie Gasse und Straße, Hof und Platz, die älteren Städten ihre Prägung gegeben hatten, schienen obsolet. Als sich aber statt der erträumten Weite Leere einstellte, als statt Klarheit und Gleichheit Öde und Anonymität Platz griffen, war der Pendelschlag in die andere Richtung fast unvermeidlich. Die alte Stadt, oft schon verloren und überall gefährdet, wurde zum neuen Leitbild, der Blick zurück zur Voraussetzung für den Weg nach vorn. Und dabei fiel auch auf Venedig neues Licht. Eine gelungene Stadt, so hieß es nun, müsse wohlgeformt, ausgeprägt, bemerkenswert sein, Auge und Ohr zu Aufmerksamkeit und Teilnahme anregen, das sinnenmäßige Erfassen, ausdehnen und vertiefen. Eine solche Stadt könne als ein Gefüge von großer Kontinuität mit ausgeprägten und deutlich verbundenen Teilen verstanden werden, in dem neue Eindrücke möglich wären, ohne daß das Grundbild zerstört würde. Man wäre gut orientiert, könne sich mit Leichtigkeit in seiner Umgebung bewegen und wäre sich seiner Umwelt voll bewußt. Als Beispiel für eine derart einprägsame Umgebung, so Kevin Lynch, könne Venedig gelten. Und tatsächlich gibt es ja alles, was die Stadtkritik des späten 20. Jahrhunderts (Gordon Cullen etwa) forderte, im alten Venedig bereits im Überfluß: Struktur und Identität, Bildhaftigkeit und Grenzlinien, Wege, Brennpunkte und Merkzeichen, Dichte und Weite, Richtungsdifferenzen und Wiederholungen, Farbigkeit und ortsspezifische Materialien, Vielschichtigkeit und Bildkraft.

Allerdings ist das, was wir heute bewundern und von dem heute zu lernen wäre, nicht das, was über Jahrhunderte hinweg angestrebt worden ist. Ein Lehrstück dafür sind die öffentlichen und halb-öffentlichen Räume, die von jeher zu den Ruhmestiteln der Stadt gehört haben. Ein besonders komplexes und reiches Bild bietet sich bei ihnen immer dort, wo Maßnahmen nicht ganz gelangen. Besonders also in den zentralen Gebieten der Stadt, die keineswegs so klar und einheitlich strukturiert sind wie die Planer das gerne gesehen hätten. Francesco Sansovino machte aus dieser Not eine Tugend, als er 1581 schrieb, aufmerksamen Beobachtern erscheine Venedig nicht als eine einzige Stadt, sondern als mehrere, zunächst getrennte, dann aber immer wieder neu verbundene Städte. Alle seien durch Kanäle getrennt, durch Brücken aber wieder verbunden, jede habe mehr als eine Kirche, einen Platz mit Brunnen, Höfen, Schuster, Schneider, Obststände, Tischler und alles, was sonst zum Leben notwendig sei, so daß man beim Verlassen der einen Stadt das Gefühl habe, in eine andere zu gelangen: «Dies alles zur unendlichen Freude und Zufriedenheit der Venezianer und zum Staunen der Fremden.»

Schon im Kartenbild oder aus der Luft ist zu erkennen, daß regelmäßig geformte Räume in Venedig entweder Sonderbereiche sind wie die Kreuzgänge der großen Klöster, oder aber Unikate wie die Piazza S. Marco und das Arsenal. Lange, regelmäßige Straßen wie die Via Garibaldi hinter dem Arsenal oder der Weg vom Bahnhof zum Rialto sind strukturfremde Einschnitte des 19. Jahrhunderts. Die wichtigste Regelmäßigkeit altvenezianischer Stadträume besteht in ihrer Unvorhersehbarkeit. Es gibt nicht *den* Platz oder *den* Kanal. Der Plural regiert, nicht der Singular, nicht eine Idee, zu der die Wirklichkeit nur unvollkommene Annäherungen böte, charakterisiert die Stadt, sondern eine reich facettierte Wirklichkeit, der gegenüber jede allgemeine Idee unzulänglich bleiben muß.

Oft konstituieren sich die Räume einer Stadt erst sukzessiv, in der Benutzung, und das geschieht in Venedig, anders als etwa in Rom, in kleinen Dimensionen, auf vergleichsweise engem Raum und damit auch in vergleichsweise kurzer Zeit, oft innerhalb von Minuten. Ein wichtiges Element sind die Brücken, deren Wirkung und Bedeutung weit über ihre praktische Aufgabe und ihre unmittelbare Umgebung hinausreicht. So bestimmen sie mit ihrem Auf und Ab, Venezianern wie Besuchern meist unbewußt, wie kaum ein anderer Faktor die Wahrnehmung und Erfahrung der Stadt. Das Hinauf, der kurze Moment auf dem Scheitel, dann wieder das Hinab gliedern nicht nur räumlich, sondern auch zeitlich. Das Auftauchen der Brücke kündigt den Kanal an, von oben gibt es in aller Regel Blicke nach den Seiten und einen Vorblick auf das nächste, in der Regel kurze Wegstück. Hinzu kommt, besonders bei den «krummen Brücken», den *ponti storti*, der kurzfristig wechselnde Blick auf die Gebäude, an denen man vorübergeht. Man bewegt sich im Zugang zu den Brücken schneller, im Aufstieg langsamer, dann wieder schneller, und das nicht nur einmal, sondern immer wieder. Die Verschränkungen von Zeit und Raum sind in Venedig kurzfristiger und intensiver als in jeder anderen Stadt, und sie werden noch gesteigert durch die vor allem von den Brücken aus sich ergebenden Spiegelbilder, in denen die Architektur, aber auch das Licht und die Schatten in einem jeweils anderen Aggregatzustand erscheinen: das Feste, die Architektur, für einen kurzen Moment flüchtiger, das Flüchtige, Licht und Schatten, wiederum für einen kurzen Moment, fester.

Gegen solche Wechsel setzen die Plätze mit ihrem gleichmäßig hohen Boden einen Kontrapunkt der Ruhe. Sie gehören, anders als die Brücken, zum Venedig der Fußgänger, denn vom Kanal aus kann man in aller Regel zwar die Oberteile der den Platz umstehenden Gebäude sehen und auch die Stufen, die zu diesen hinaufführen, nicht aber den Boden und mit ihm den Platz als einen Stadtraum eigenen Rechtes. Ganz besonders galt dies für das Ghetto, das allerdings einen Sonderfall darstellt, denn es sieht zwar wie ein Platz aus und wird heute auch als solcher besucht und geschätzt, war aber eigentlich etwas ganz anderes: war er doch nicht Teil des städtischen Raum- und Wegezusammenhangs, sondern ein Instrument der Isolierung. «Ghetto» ist dem Namen wie der Sache nach eine venezianische Erfindung. Ursprünglich gedacht als eine Einrichtung zum Schutze der Juden – sonst wäre man in Venedig nicht so stolz auf das Ghetto gewesen – war sein Ort Gegenstand längerer Diskussionen. Die Giudecca wurde vorgeschlagen, die jüdische Gemeinde hätte Murano vorgezogen, 1506 aber kam der Beschluß, «sie alle in das neue Ghetto zu schicken», in das Sestiere Cannaregio also, weit weg von den Zentren der Stadt, auch von dem für die Juden lebenswichtigen Rialto, in dessen Nähe bis dahin die meisten von ihnen gewohnt hatten.

Der Name Ghetto kommt von «gettare», dem Gießen der Kanonen, das hier bis zu seiner Verlagerung in das Arsenal seinen angestammten Platz hatte. Um 1500 stand an der Stelle der Gießerei eine zweigeschossige, rundum geschlossene Wohnanlage, deren Mitte eine kleine Kirche aufnehmen sollte. Dem Aussehen nach gehört das Ghetto in die Nähe der Sozialbauten der Venezia minore, obwohl hier zwangsweise auch Vermögende wohnen mußten. Gänzlich anders als in der Venezia minore aber sind Unregelmäßigkeit und Höhe der Bauten. Fünf, sechs oder sieben Stockwerke würden in Neapel nicht auffallen, in Venedig aber gibt es sie nur im Ghetto (Abb. 14). Das pittoreske Bild, das heute die Touristen anzieht, ist eigentlich ein Zeugnis der Repression, denn Erweiterungen wurden in der Regel nicht genehmigt, so daß nur die Flucht in die Höhe und in den Schwarzbau blieb. Mit oft katastrophalen Folgen, wie Gutachter immer wieder mahnen. Auch sonst war im Ghetto, das den Juden angeblich vorkam wie das Gelobte Land, vieles anders als in der übrigen Stadt. So wurden die Wasserzugänge der Häuser vermauert und diese damit aus den Kommunikationsnetzen herausgenommen. Außerdem gab es hohe Mauern, wie Venedig sie nur vom Arsenal kannte, wo sie sich aber nach außen richteten, Verteidigungsmauern waren, nicht nach innen gerichtete Kerkermauern wie beim Ghetto, dessen Zugang streng bewacht und bis zum Morgenläuten der Marangona vom Campanile di S. Marco für Bewohner wie Besucher geschlossen gehalten wurde.

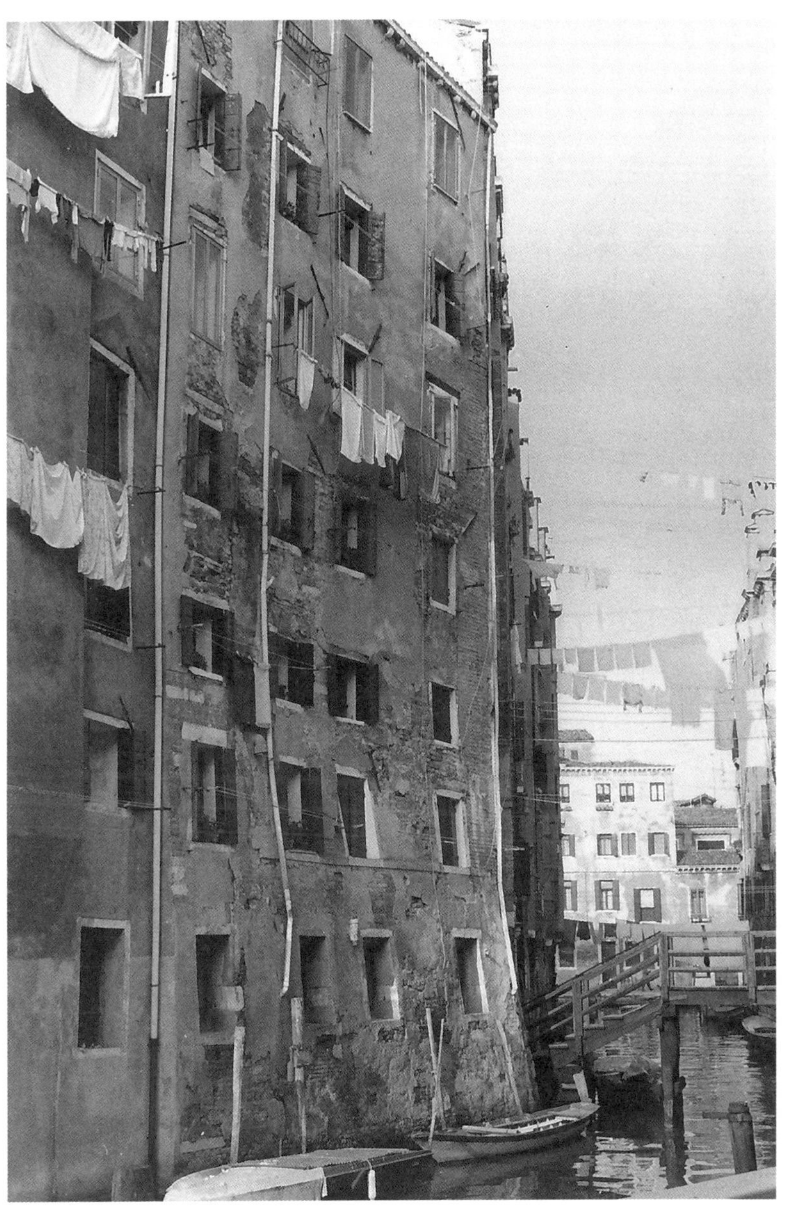

14 *Ghetto Novissimo von außen*

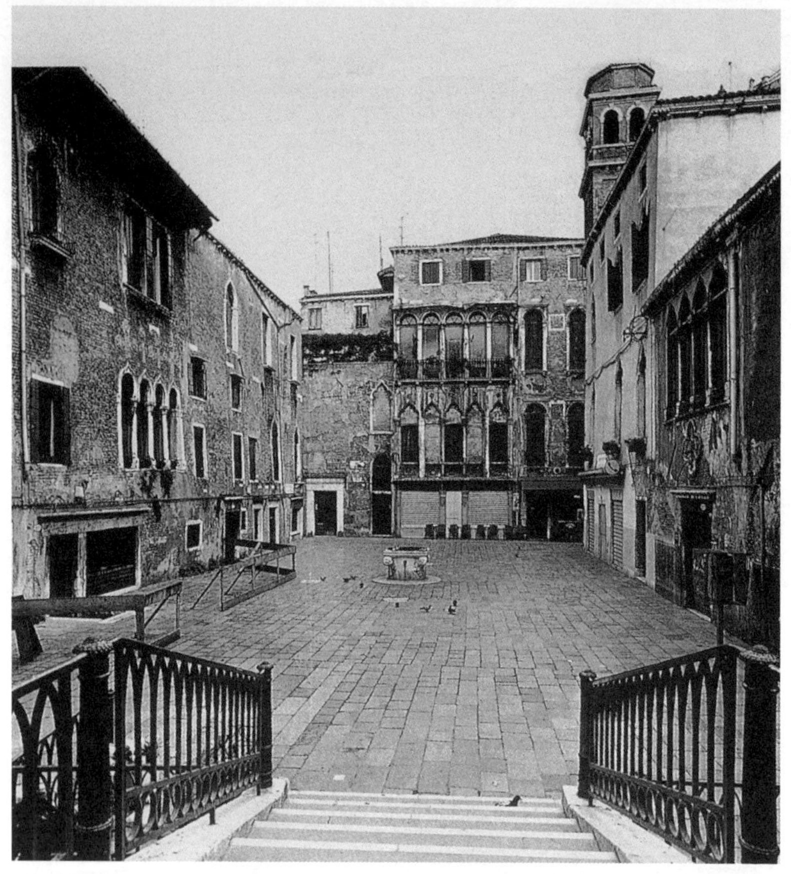

15 *Campo S. Maria Mater Domini*

Campi und corti: Wer heute von venezianischen Plätzen spricht – es gibt etwa hundert – hat meist die großen unter den Kirchplätzen vor Augen, den Campo S. Maria Formosa zum Beispiel, den Campo S. Stefano, den Campo S. Polo, den Campo S. Giacomo all'Orio oder den Campo SS. Giovanni e Paolo. Diese Plätze aber sind in ihrer heutigen Form ein relativ spätes Ergebnis der Stadtentwicklung. Strukturell älter und den Intentionen altvenezianischer Stadtplanung sicherlich ungleich näher sind die kleinen regelmäßigen Plätze, die als Vorplätze für Kirchen dienen können (S. Barnaba, S. Marcuola, S. Stae), aber auch als reine Verkehrsplätze wie der Campo Due Pozzi oder der reizvolle Campo S. Maria Mater Domini (Abb. 15), der an drei Seiten von frühgotischen Palästen eingefaßt wird und damit im baulichen Bestand der älteste Platz der Stadt zu sein scheint.

Das Pendant zu solchen Plätzen waren im alten Venedig die öffentlich zugänglichen Höfe, die «corti». In der idealtypischen Rekonstruktion der frühen Siedlungsgeschichte, die in Venedig eher ein Archipel als eine wirkliche Stadt sieht, wird eine Hofstruktur, ein «tessuto a corti», als konstitutives und generatives Element angenommen. In der Nähe des Rialto geben die Corte del Milion, die Corte Amadei oder die Corte dei Morosini eine gewisse Vorstellung von dem, was einmal war. In den Planungsgebieten des späten Mittelalters dagegen sucht man solche Höfe vergeblich. Die baulichen Komplexe, die sie ursprünglich bedienten, waren vermutlich relativ autarke Gebilde, entstanden in einer Zeit, in der es in der Realität, und vielleicht sogar in der Vorstellung, einen gemeinsamen Stadtraum als Zusammenhang noch gar nicht gegeben hat. Dies gilt auch für eine zweite Gruppe von Höfen, von der sich nur ein Beispiel erhalten hat, die Corte del Remer, ebenfalls in der Nähe des Rialto gelegen.

Im Mittelalter hatten zumindest am Canal Grande viele Paläste einen solchen Vorhof, der auch dem Handel diente. Im 14. und vor allem im 15. Jahrhundert, als die Landwege die Stadt zu durchdringen und zu vernetzen begannen, wurden die Höfe im Gegenzug privat und schlossen sich ab (Abb. 16). Die großen Freitreppen dort sind außen nicht mehr sichtbar, weshalb heute der Besucher der Stadt von einem der Glanzlichter venezianischen Bauens nur eine sehr unvollkommene Vorstellung bekommen kann. Nirgends in Europa aber dürfte es so viele und so verschiedene Treppen gegeben haben wie in Venedig. In den Augen ihrer Erbauer waren Treppen wie die, die schon unter dem Portikus beginnen, weil sie sonst zu steil würden, sicherlich Notbehelfe. Erst die moderne Sensibilität genießt die Kunstfertigkeit, mit der hier auch in der Verti-

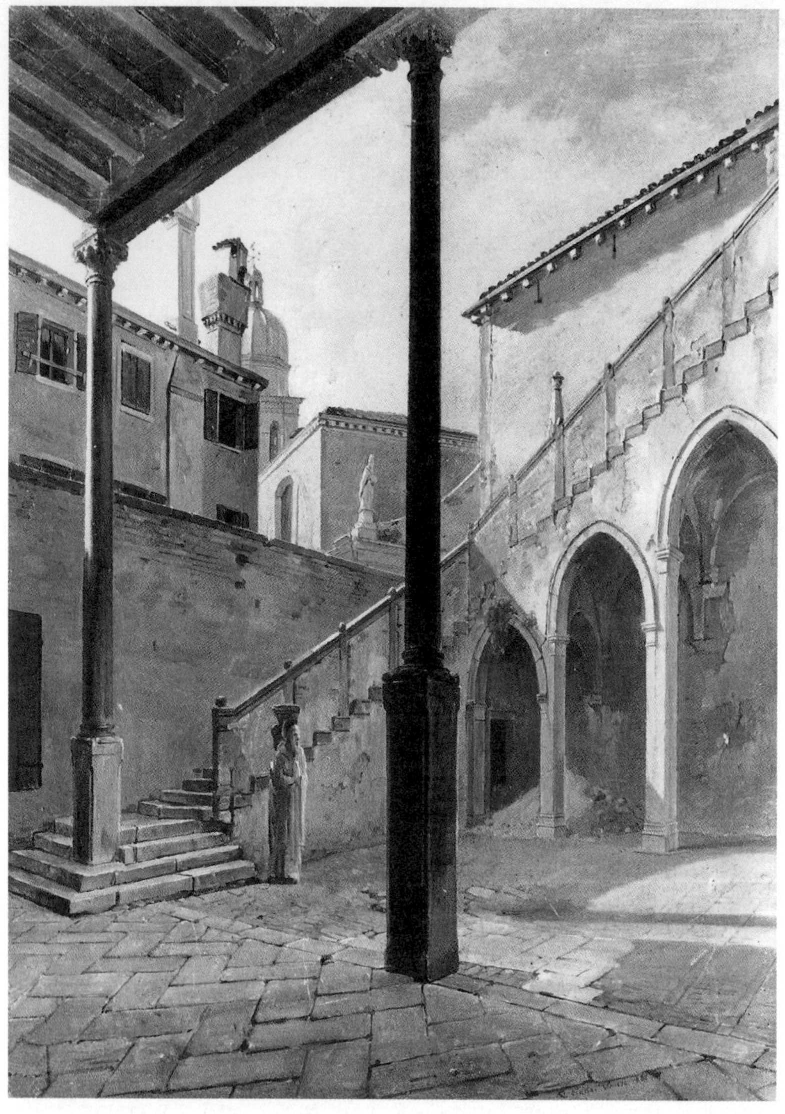

16 *Hof des Palazzo Amadi, Fondamenta Briati, Ansicht des 19. Jahrhunderts*

kalen auf die Komplexität der Grundrisse von Stadt und Haus reagiert wurde. Als mit der Renaissance weitere Regelmäßigkeit ihren Einzug hielt, trennten sich die Treppen auch vom Hof und wanderten endgültig aus dem Stadtraum in das Innere der Häuser.

Ein unverzichtbarer Bestandteil der Campi waren die Brunnen (Abb. 17). Seit der Wasserleitung aus dem 19. Jahrhundert sind sie nur noch ein Requisit der Stadtbildpflege, früher aber waren sie eine der wesentlichsten Voraussetzungen für das Überleben der Stadt. Eine der fundamentalen Paradoxien der «Biberrepublik» (Goethe) Venedig war ja die, daß Venedig zwar im Wasser lag, aber trotzdem kein Wasser hatte, denn Quellen gab es nicht, das Salzwasser der Lagune war nicht trinkbar, und von Leitungen über das Festland konnte man sich schon aus militärischen Gründen nicht abhängig machen. Die oberirdischen Brunneneinfassungen, die «vere da pozzo», von denen 1858 noch 6782 gezählt wurden, ermöglichten den Zugriff auf in artesischen Brunnen gespeichertes Regenwasser, das auf einer meist quadratischen und etwa 100 m² großen gepflasterten Fläche gesammelt und durch vier Abflüsse in ein etwa 3,50 Meter tiefes Kiesbett geleitet wurde, das der Reinigung diente und durch Wände aus Ton isoliert war. Über ein steinernes Rohr stieg das Wasser wieder so weit nach oben, daß es geschöpft werden konnte. Um das Einzugsbecken vor salzigem Hochwasser zu schützen, wurde es nicht selten um etwa 30 Zentimeter über den Platzboden erhöht (beim Campo S. Trovaso zum Beispiel oder beim Campo S. Angelo und in vielen Kreuzgängen). Nachts – die schweren eisernen Deckel sind teilweise erhalten – wurden die Brunnen von Amts wegen geschlossen. Tagsüber waren die Brunnen der Plätze (Klöster und Paläste hatten ihre eigenen) für die Frauen der mittleren und unteren Schichten der wichtigste Treffpunkt außerhalb der Kirche. Oft mehrfach am Tage kam weitere Bewegung in die Campi, wenn die Wasserträger eintrafen, die mit Booten zusätzliches, aus der Brenta geschöpftes Wasser heranschafften, das dem chronischen Mangel abhelfen und verhindern sollte, daß die Tonwände der Brunnen eintrockneten und Risse bekamen.

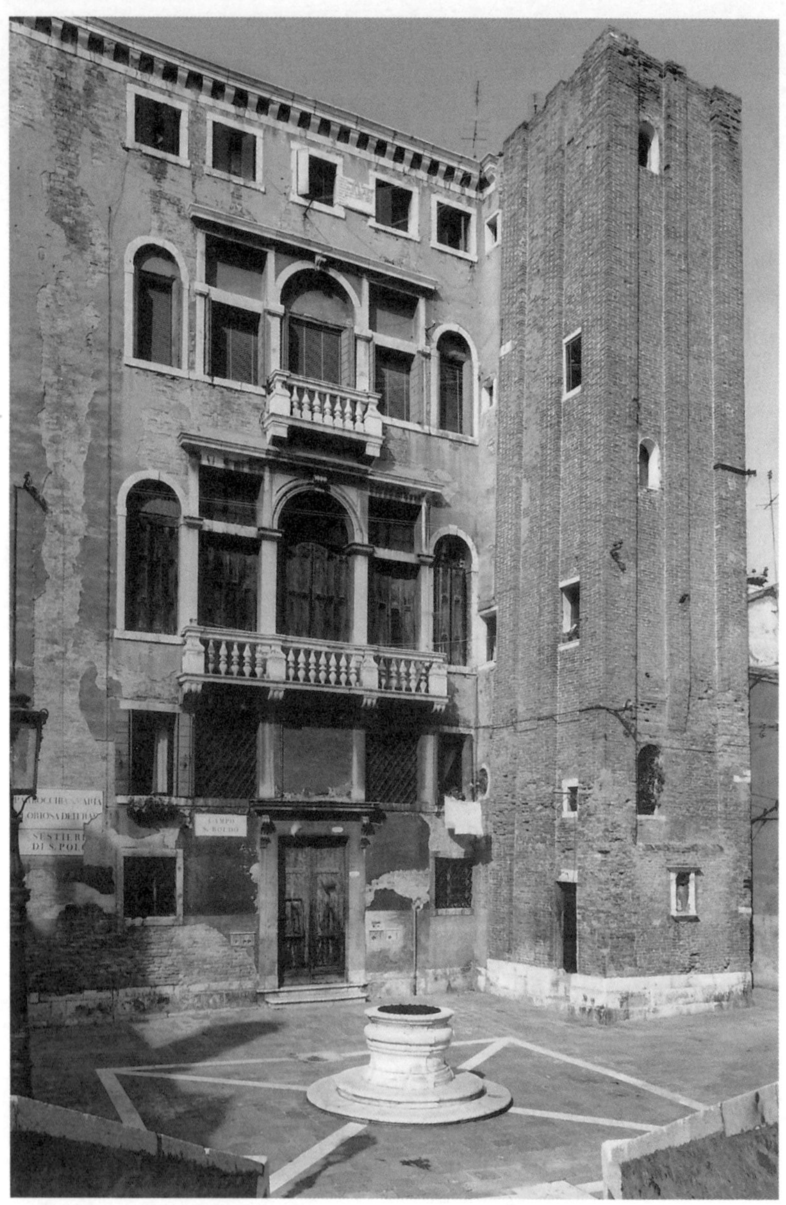

17 *Campo S. Boldo (Turm im 19. Jahrhundert zurückgebaut)*

Die grossen Plätze: Die Kirchplätze im Inneren der Stadt sind nicht das Ergebnis von Gründungsakten, sondern das Resultat oft jahrhundertelanger, an Interessen, Konflikten und Kompromissen reicher Prozesse. Der Name «Campi», Felder, deutet an, daß die Bereiche, aus denen sie entstanden, ursprünglich nicht städtischen Charakters waren. Der katalysatorische Kern der späteren Plätze war in der Regel nicht ein Raum, sondern die Konfiguration von Kirche und Kanal, zu denen meist noch ein Brunnen kam. An den Seiten und im Rücken der Kirche war urbanistisch ursprünglich nicht selten eine Art Niemandsland. Es gab Friedhöfe und Schießstände, Felder und Gärten, Weiden und Sümpfe. Mit Zähigkeit und Entschlossenheit gelang es der Regierung im 14. und 15. Jahrhundert, diese Areale von privaten Nutzungen zu befreien. Eine solche Ausdifferenzierung der Sphären setzte zumindest konzeptionell ein einigermaßen kohärentes Stadtgefüge voraus, auch wenn dabei Räume entstanden, die den Idealen damaliger Stadtplanung nicht entsprechen konnten. Allerdings scheint es bereits um 1500 ein Bewußtsein davon gegeben zu haben, daß Plätze nicht einfach unbebaute Flächen oder gar Bauerwartungsland darstellten, sondern städtebauliche Phänomene eigenen Rechts, die es zu bewahren und weiterzuentwickeln galt. Im späten 16. Jahrhundert war man sogar richtig stolz auf die «Campi». Während die Städte auf dem Festland, bei denen es doch an Grund und Boden nicht mangele, oft nicht einmal eine einzige Piazza Pubblica besäßen, habe in Venedig jede Kirche, wie klein sie auch sei, ihren eigenen Platz: «Und wenn man die Summe der unbebauten Flächen der Stadt zusammenrechnete, entstünde ein riesiger Platz, auf dem man eine weitere große Stadt errichten könnte» (Francesco Sansovino).

Der Barbaroplan zeigt die Plätze bereits als ein wesentliches Element der Stadtstruktur. Jeder besitzt einen eigenen Charakter, aber trotzdem sind sie einander nicht völlig fremd. Sie sind Teil einer Familie, innerhalb derer es freilich neben Ähnlichkeiten auch erhebliche Unterschiede gab. Der Grad ihres Ausbaus war höchst verschieden. Manche sind über den Status eines Feldes noch nicht weit hinausgelangt, andere erstrahlen in einem Glanz, der ihnen inzwischen längst wieder abhanden gekommen ist. Am Rio S. Polo (Abb. 18) kann man zwischen S. Polo unten, S. Agostin (im 19. Jahrhundert abgerissen) in der Mitte und S. Giacomo all'Orio oben die verschiedenen Zustände studieren. Bei S. Giacomo gab es zwar neben der Kirche eine faszinierende städtebauliche Engführung (Abb. 19), auf dem Gelände dahinter aber war noch nicht einmal das Umfeld des zweiten Brunnens gepflastert.

Von S. Giacomo nach S. Polo sind es nur wenige Minuten. Wer sich heute dort umsieht, findet eine Situation, die allen etablierten Normen europäischer Stadtbaukunst Hohn spricht. Die Kirche, eine der ältesten der Stadt, kehrt dem Platz den Rücken zu. Die Bebauung der Ränder könnte kaum heterogener sein, und nicht einmal auf die Dimensionen ist Verlaß, denn die höchsten Bauten sind nicht unbedingt auch die wich-

18 *Jacopo de'Barbari, Stadtansicht, 1500, Ausschnitt, Rio S. Polo*

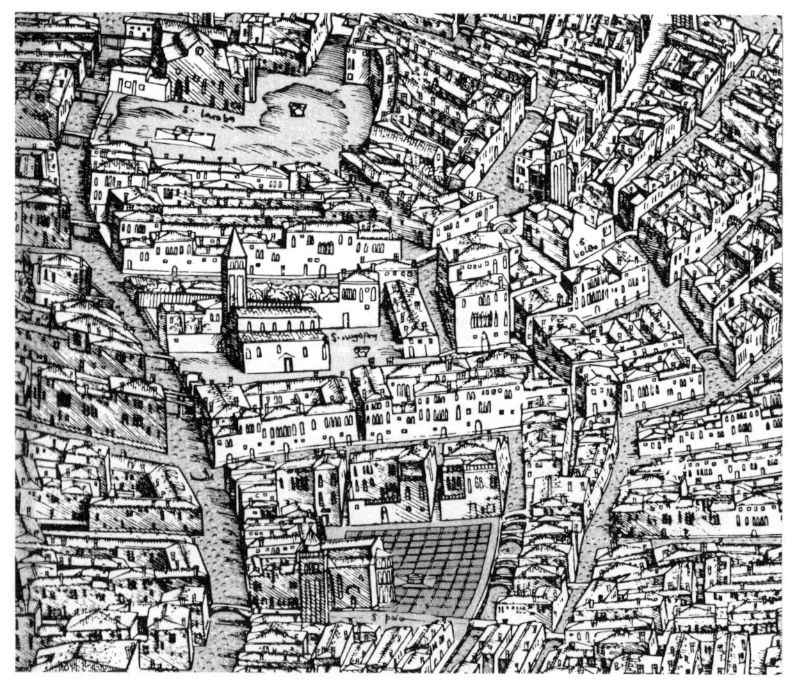

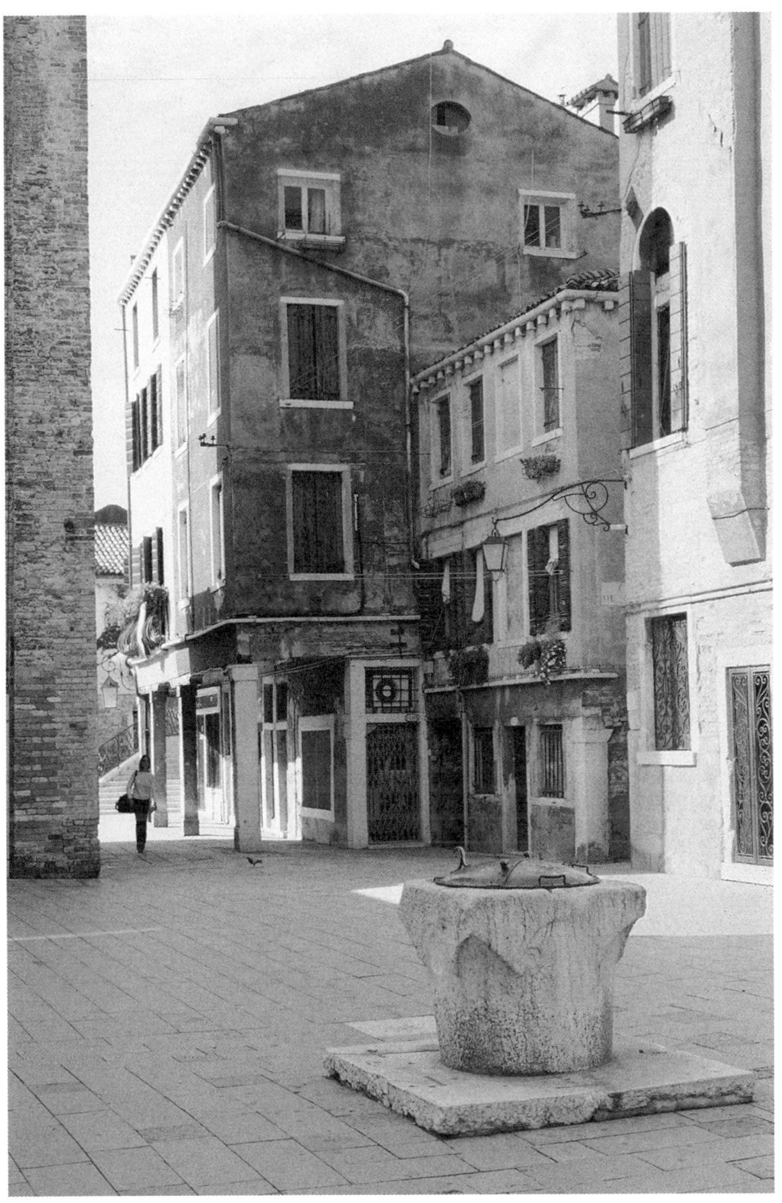

19 *Campo S. Giacomo all'Orio*

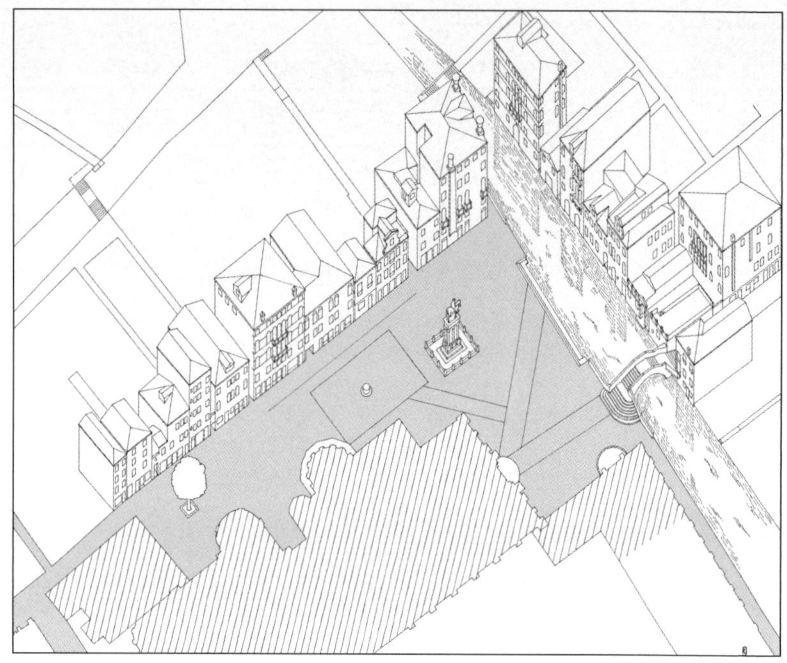

20 Campo SS. Giovanni e Paolo (Zeichnung Irene Ring)

tigsten. Der um 1550 von Michele Sanmicheli errichtete Palazzo Corner erweist dem Platz zwar insofern Reverenz, als er den Nebeneingang architektonisch nicht gänzlich ohne Schmuck läßt, die Hauptfassade aber war ganz selbstverständlich die zum Kanal. Heute ist die Fassade der Kirche zur Gänze hinter einem Haus verschwunden und die ursprünglich so reich gegliederte Apsis durch einen Neubau des 19. Jahrhunderts ersetzt. Überhaupt hat der Campo S. Polo seine besten Zeiten ganz offensichtlich hinter sich. Ein Symptom für den Niedergang ist der gestaltlose und teilweise auch verwahrloste Platzboden, dessen Tristesse selbst die gut gemeinten Bänke und die struppigen Akazien nicht übertönen können, die zu den etwa 10 000 Bäumen gehören, die in den sechziger Jahren des letzten Jahrhunderts in die Stadt gebracht wurden. Die Charakterisierung des Platzes als «nobile, grande, bello, largo e bellissimo», die sich in einer

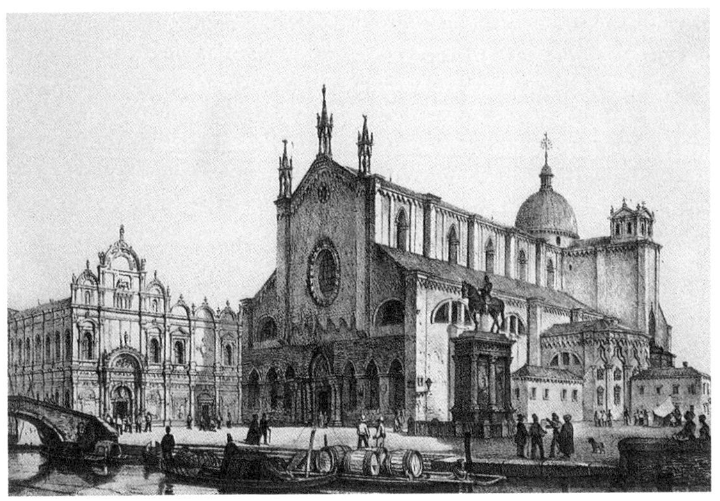

21 *Campo SS. Giovanni e Paolo, Ansicht des 19. Jahrhunderts*

Stadtbeschreibung der Barbaro-Zeit findet, bezieht sich auf einen Zustand, der heute nicht mehr existiert. Der Autor, Marino Sanudo, hatte wohl vor allem die gotischen Paläste auf der Ostseite im Auge, von deren einst glanzvoller Situation der Barbaroplan erzählt: Sie wurden von einem Kanal bedient, der heute zwar noch bis an den Platz reicht, dann aber zugeschüttet ist. Seinen ungefähren Verlauf deutet ein Muster in der Pflasterung an. Jeder Palast hatte ursprünglich seine eigene Brücke, und vor dieser erstreckte sich einer der ganz wenigen um 1500 vollständig gepflasterten Plätze der Stadt. Diese Pflasterung war 1452 von den Besitzern der Paläste ausgegangen, denen 1451 die ehrenvolle Last zuteil geworden war, Kaiser Friedrich III. mit Gefolge zu beherbergen. Als Ausgleich beantragten sie, auf eigene Kosten den Platz pflastern zu dürfen, unter der Voraussetzung freilich, daß der dort etablierte Schießstand aufgehoben würde.

Der Campo von SS. Giovanni e Paolo (Abb. 20, 21, vgl. auch Abb. 2) verdankte die im Barbaroplan gezeigte Pflasterung nicht privater Initiative, sondern dem Staat. Die zu pflasternde Fläche war allerdings auch um einiges kleiner, denn die riesige Kirche, die prächtige Scuola Grande di S. Marco und das Reiterdenkmal des Bartolomeo Colleoni ließen dem Platz nur wenig Raum. Hauptattraktion ist bis heute das Denkmal. Der Heerführer Colleoni hatte der Republik in einer Zeit großer Not ein beträchtliches Vermögen vermacht, diese Stiftung aber an die Bedingung geknüpft, daß ihm auf einer Säule ein Reiterdenkmal errichtet werde und zwar nicht irgendwo, sondern auf dem Platz des Heiligen Markus, «in platea nostri Sanctio Marci». 1492, als das Werk vollendet war und aufgerichtet werden mußte, bedurfte es erheblichen advokatischen Scharfsinns, es vom Markusplatz fernzuhalten und auf den Platz vor der Scuola des Heiligen Markus zu verlegen. Die Scuola war nach einem verheerenden Brand seit 1485 so anspruchsvoll wieder aufgebaut worden, daß das prächtige architektonische Kleid ihrem Status als der ersten unter den Scuole Grandi gerecht wurde. Die Regierung half mit großzügigen Zuwendungen, stand doch nicht nur die Reputation der Scuola auf dem Spiel, sondern auch die von Stadt und Staat. Die Scuola überholte bei diesem Wiederaufbau auch die benachbarten Dominikaner, die ihr in ihren Anfängen Obhut gegeben und ein Grundstück zur Verfügung gestellt hatten. Um sich gegen das Erstarken der Scuola architektonisch zu behaupten, hatten die Dominikaner 1458 Bartolomeo Bon, den führenden Architekten der Stadt, beauftragt, die große Fassade in Angriff zu nehmen, auf die die Kirche seit der Weihe wartete. Bon konnte sein Werk nicht vollenden, das Begonnene aber zeigt, wie sehr er alles damals in Venedig Vorhandene in den Schatten stellen wollte.

Der Campo SS. Giovanni e Paolo ist weniger Kirchplatz als Staatsplatz. Schon den Standort verdanken die Dominikaner dem Staat, der ihnen 1234 ein riesiges Sumpfgebiet am Stadtrand überlassen hatte. In der Folge ließen sich viele Dogen hier begraben, so daß SS. Giovanni e Paolo protokollarisch einer der wichtigsten Orte der Serenissima wurde. Platz und Kirche waren außerdem das Ziel hochrangiger Prozessionen und spielten auch bei Staatsbesuchen eine bedeutende Rolle. Ein Beschluß von 1495 gab dem Campo deshalb bei der Pflasterung Vorrang vor allen anderen Plätzen in der Stadt. Wer gegen 1500, als die Baustelle noch nicht lange zum Stillstand gekommen war, hier eintraf, konnte nur staunen, denn eine solche Konzentration von moderner Pracht und so viel Monumentalität gab es damals höchstens im Eingangsbereich des Dogenpalastes. Wie heute standen an den Rändern des Platzes zwar Wohnbauten unterschiedlicher Größe und unterschiedlichen Ranges, aber kein einziger Palast, der der Kirche, der Scuola oder dem Denkmal hätte den Rang ablaufen können. Früher hatten diese drei sich sogar noch viel stärker in Szene gesetzt als heute, denn der Kanal war um einige Meter breiter, weil die Scuola unmittelbar ans Wasser grenzte. Etwa in der Mitte des heutigen Campo kam mit der Scuola S. Vincenzo bereits der hintere Abschluß. Der Platz nahm also nicht viel mehr Stadtraum in Anspruch als der Innenraum der Kirche und nur etwa doppelt soviel wie die Erdgeschoßhalle der Scuola Grande di S. Marco (Abb. 27). Beide Innenräume, der der Scuola wie der von SS. Giovanni e Paolo, waren funktional mit dem Platzraum auf das Engste verbunden, besonders dann, wenn der Platz offiziell genutzt wurde wie bei den Staatsprozessionen, die ihr Ziel ja nicht auf dem Campo hatten, sondern in der Kirche.

Wer den größten der Nachbarplätze von SS. Giovanni e Paolo aufsuchen will, hat es nicht weit. Schon zwei Gassen und drei Ecken später findet er sich auf dem Campo S. Maria Formosa (Abb. 22) in einer Welt wieder, der nicht Monumente das Gepräge geben, sondern die Verbindung von Wohnbauten mit der Weite des Platzes. Die nächsten Verwandten sind die Campi von S. Polo und S. Giacomo all'Orio. Auch auf dem Campo S. Maria Formosa ist die Kirche, die dem Platz den Namen gibt, eine Pfarrkirche, und wie alle Pfarrkirchen ist sie, zumindest im Vergleich mit den Riesenbauten der Franziskaner und der Dominikaner, sehr bescheiden. Von der Größe her ist sie damit gut in den Platz eingepaßt und in anschaulicher Konvergenz mit dem venezianischen Kirchenrecht, zu dessen Besonderheiten gehörte, daß die Hauseigentümer eines Sprengels ihre Pfarrherren selber bestimmen konnten. Diese werden schon deshalb ihrer Gemeinde und ihrem Platz ungleich enger verbunden gewesen sein als die Mitglieder der überregional agierenden Bettelorden.

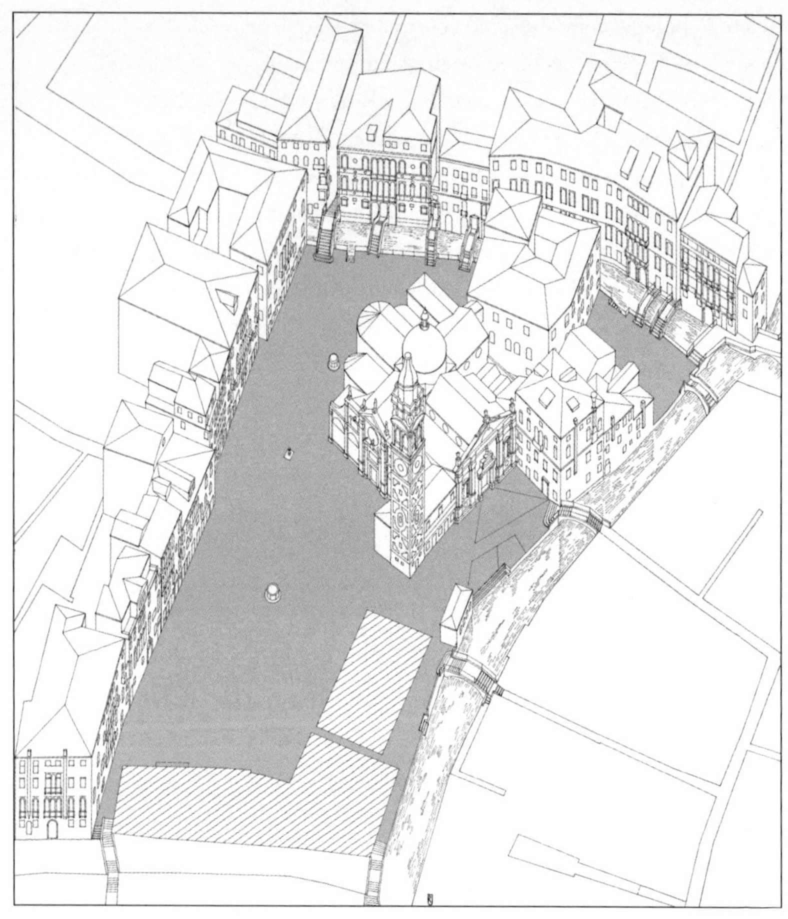

22 *Campo S. Maria Formosa (Zeichnung Irene Ring)*

Um die Finanzen stand es bei den Pfarrkirchen freilich meistens schlecht, und auch in S. Maria Formosa wird man aufgeatmet haben, als sich gegen 1540 Interessenten meldeten, die die Hauptfassade zur Selbstdarstellung ihrer Familie nutzen wollten. Die Familie Cappello hatte einem ihrer Helden, dem Generalkapitän Vettor Cappello, schon 1468 an der Fassade der weit entfernten Inselkirche S. Elena ein Grabmal errichtet. Jetzt gab Vincenzo Cappello, auch er Capitano General, bei Jacopo Sansovino, dem führenden Architekten der Stadt, wiederum ein Fassadenmonument in Auftrag. Dessen Mittelpunkt sollte er selbst bilden, aber nun, anders als der ältere Cappello, nicht mehr kniend vor einer Heiligen, sondern frei stehend. Ganz selbstverständlich wurde dafür die wichtigste der Fassaden ausgesucht, die zu dem kleinen Platz am Kanal gerichtet ist. Daß sie heute nicht mehr als Hauptfassade wahrgenommen wird, hat seinen Grund darin, daß sich bei einem weiteren Cappello gegen 1600 neues Repräsentationsbedürfnis regte, das ihn die frühere Nebenfassade, die zum Campo hin, neu gestalten und mit Porträtbüsten und Inschriften versehen ließ, die nun auch dem Publikum des Campo, wenn auch formal mit großer Bescheidenheit, die Verdienste der Familie vor Augen stellte.

Der Barbaroplan zeigt 1500 einen Campo mit Geschichte. Er ist noch nicht gepflastert, und von den heute vorhandenen drei Brunnen sind erst zwei installiert. Erkennbar sind zwei Hauptwege, einer von Süden nach Norden und einer, damals der wichtigere, von Osten nach Westen. Der Kanal, an dem die noch heute existierenden gotischen Paläste gestanden haben werden, war dem innerstädtischen Landverkehr zuliebe bereits trockengelegt. Der Barbaroplan betont die Verkehrsfunktion des Platzes und macht deshalb die Zugänge größer, als sie wirklich sind. Der Autor wußte, daß der Campo nicht nur ein Ort war, sondern auch ein Wegekreuz. Den Veduten des 18. Jahrhunderts ist das Bewußtsein solcher Zusammenhänge bereits abhanden gekommen. Sie haben vielleicht auch deshalb mit allen Campi Schwierigkeiten gehabt, besonders aber mit diesem. Selbst Antonio Canaletto, der die Stadt kannte und verstand wie wenige andere, hat kapituliert, als er sich den Platz so zurechtrückte, als sei er eine regelmäßige Bühne für die Fassade der Pfarrkirche und ihren erhöhten Turm. Die besondere urbanistische Qualität, die der Platz nicht zuletzt den vielen leisen Versetzungen und Verschwenkungen verdankt, hat Canaletto nicht einfangen können, vielleicht auch nicht einfangen wollen. Sie ist freilich auch zweidimensional schwer darzustellen, denn sie enthüllt sich bis heute nur in der Benutzung. Ort und Weg zugleich,

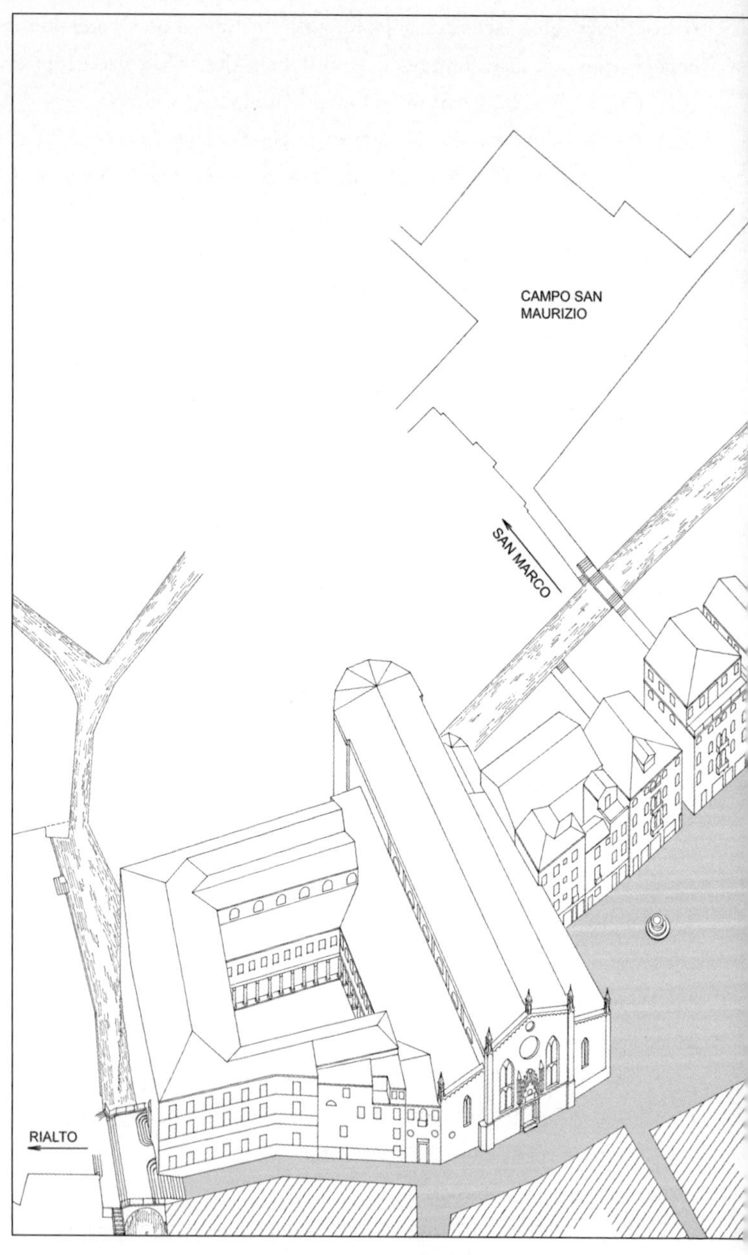
CAMPO SAN
MAURIZIO
SAN MARCO
RIALTO

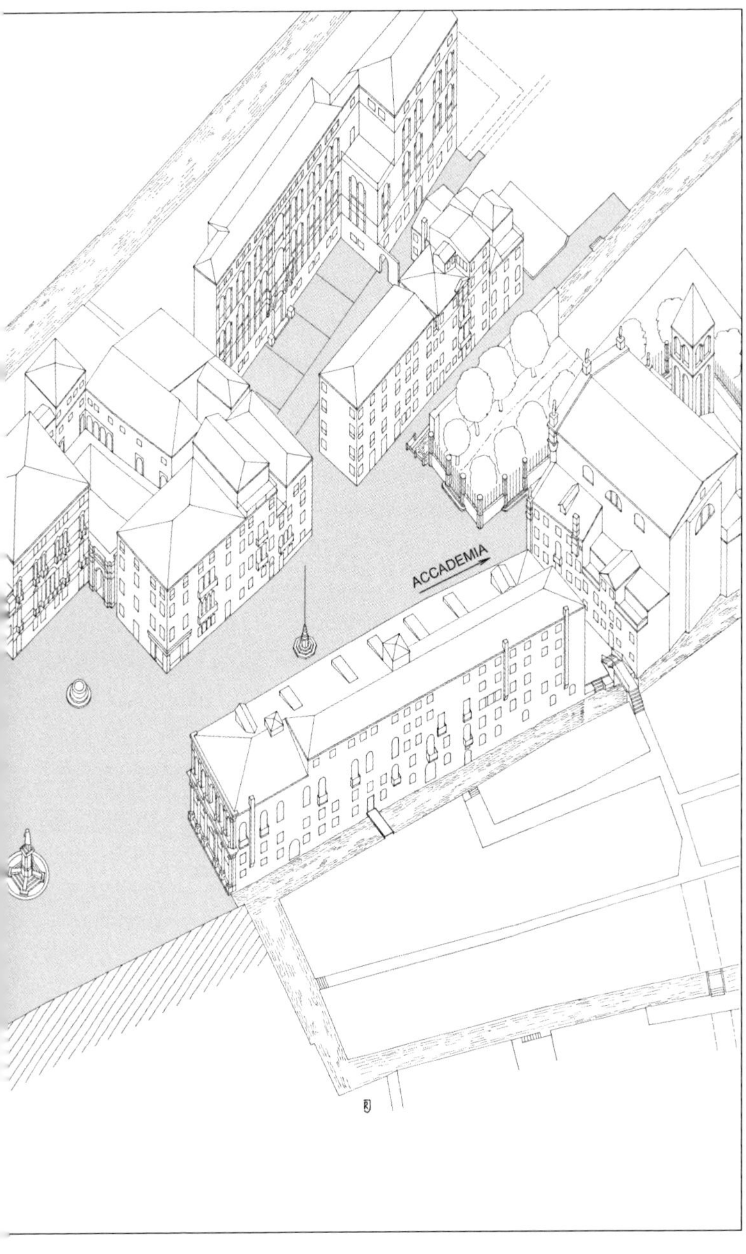
ACCADEMIA

bietet der Campo S. Maria Formosa einen breiten Mantel für städtisches Leben verschiedenster Art: für den Fußgängerverkehr zum Rialto, nach S. Marco, nach SS. Giovanni e Paolo oder zum Bahnhof, aber auch für Cafés und Verkaufsstände und nicht zuletzt für die nirgends starr definierten, aber doch deutlich spürbaren Territorien der Alten, der Halbwüchsigen und der Kleinkinder mit ihren Müttern.

Ähnlicher Beliebtheit, Lebendigkeit und Vielseitigkeit erfreut sich heute nur noch der Campo S. Stefano (Abb. 23). Er ist auch der einzige, dessen Geschichte über die der Serenissima hinausreicht. Typologisch gehört er zu einer anderen Familie als die Campi von S. Maria Formosa und S. Giacomo all'Orio. Am nächsten ist ihm der Campo S. Margherita, aber bei näherem Kennenlernen erweisen sich auch diese beiden als recht ungleiche Verwandte. Beide sind langgestreckt, beide haben an jedem Ende eine Kirche mit eigenem Vorplatz, und beide haben ihre heutige Form erst relativ spät gewonnen. Trotzdem unterscheiden sie sich erheblich. Beim Campo S. Margherita findet man nicht einen einzigen markanten Palast, dafür aber noch heute den traditionellen Gemüsemarkt. Der Campo S. Stefano hingegen war von der Gotik bis tief in das 19. Jahrhundert Schauplatz großer baukünstlerischer Ambitionen. Er ist Teil und Knotenpunkt eines Wegenetzes, das weit über sein unmittelbares Hinterland und auch über die Nachbarplätze von S. Maurizio und S. Angelo hinausreicht. Dieses Netz wurde wohl schon im 14. Jahrhundert konzipiert, aber erst im 19. Jahrhundert vollendet. Die ältesten Teile sind die Verknüpfungen mit S. Marco und dem Rialto. Unser Plan versucht, wenigstens eine Vorstellung von der Komplexität der Beziehungen zu geben: unten links S. Stefano mit seinem Kreuzgang, auf der anderen Seite S. Vitale, schon 1084 gegründet, aber bis zu einer Drehung im 18. Jahrhundert zum Canal Grande ausgerichtet, daneben der Palazzo Loredan, schräg gegenüber Platz und Palast der Pisani und, schwer zu erkennen, das Portal zum Palazzo Morosini.

Die Gründung von S. Stefano war Teil der mittelalterlichen Strategie, Randgebiete durch die Ansiedlung von Bettelorden zu fördern und aufzuwerten. Daß das weite Areal östlich der Kirche einmal zu einem städtischen Raum eigenen Rechts werden könnte, hätte sich aber damals sicher niemand vorstellen können. Der eigentliche Campo von S. Stefano beschränkt sich auf einen schmalen Landstreifen vor dem Eingang der Kirche. Die Situation änderte sich 1536, als die Loredan einen Neubau errichteten, der sich zwar am Kanal entlang erstreckt, dessen Fassade aber nicht dem Kanal, sondern dem Campo zugewendet ist. Dabei wird eine Rolle gespielt haben, daß man mit einer Brücke zum Dorsoduro hin rechnete, die diesem Bereich weiteres und wichtiges Publikum gebracht hätte. Am Ende des 16. Jahrhunderts, als viele Fassaden bemalt waren, mußte man architektonisch die Stimme bereits stärker heben, wenn man Gehör finden wollte. Die Vincenzo Scamozzi zugeschriebene Seitenfront des Palastes, der Blickfang für alle, die vom Rialto kommen, bot Gelegenheit für kräftige Spätrenaissance. Erst auf den zweiten Blick sieht man, daß es dort überhaupt keinen Eingang gibt.

Etwa gleichzeitig versuchten die Pisani, sich am Platz bemerkbar zu machen (Abb. 24). An Geld fehlte es ihnen nicht, aber ihr Bauplatz war ein schwieriger. Für den Canal Grande waren sie zu spät gekommen (erst im 18. Jahrhundert konnten sie sich durch den Kauf eines kleinen Palazzo dort einen Brückenkopf schaffen), und vom Campo aus war von ihren riesigen Neubauten nur wenig zu sehen. Alvise Pisani, so 1614 eine Chronik, scheute keine Kosten, neue Nachbarhäuser und Grundstücke zu erwerben und zwar weniger, um das eigentliche Haus zu vergrößern, sondern um Platz zu schaffen für Gärten und Höfe, innen wie außen, und dafür dem Haus einen Platz zu gewinnen («far piazza»).

Im letzten Drittel des 17. Jahrhunderts traten dann die Morosini auf den Plan. Einer von ihnen, Francesco Morosini, seit 1688 Doge, hatte der Republik den Peloponnes zurückgewonnen. Als hätte man geahnt, daß dies der letzte große Sieg für Venedig sein sollte, war des Rühmens kein Ende. Die Zeugnisse sind im Dogenpalast und vor dem Arsenal noch heute zu besichtigen. Aber auch Morosini selbst wurde aktiv. Es traf sich, daß die Pfarrkirche S. Vitale in der Nähe seines Familienpalastes eine Seitenfront zum Canal Grande besaß. Dort wollte er seinen Konkurrenten Antonio Barbaro übertrumpfen, der kurz zuvor die Fassade von

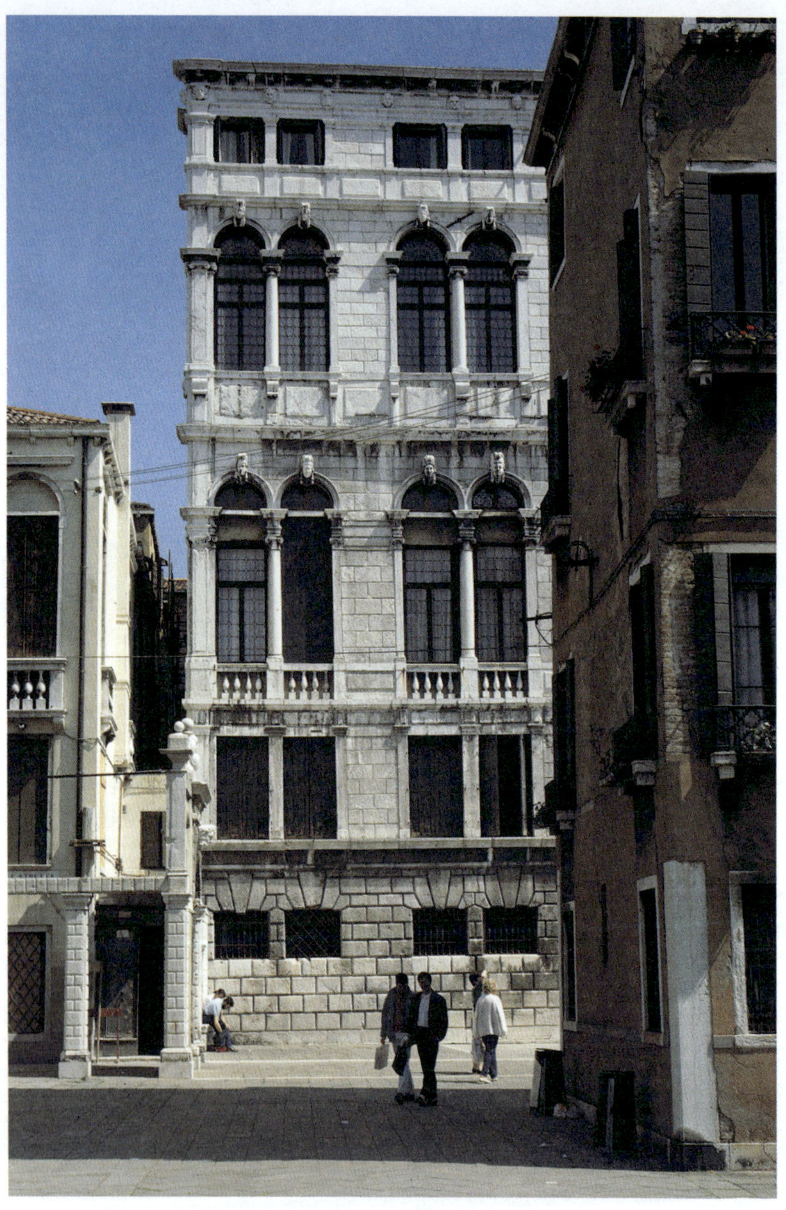

24 *Palazzo Pisani, vom Campo S. Stefano aus gesehen*

S. Maria del Giglio in ein spektakuläres Ruhmesmal für seine Familie verwandelt hatte. In zahlreichen Zeichnungen ließ Morosini seinen architektonischen Helfer Antonio Gaspari nach möglichst ausgefallenen Möglichkeiten suchen. Nichts davon wurde verwirklicht. Heute erinnert nur noch ein frei stehendes Portal neben dem Hof der Pisani an die Ambitionen der Morosini, deren Palast eigentlich nicht am Platz, sondern an einem benachbarten Kanal liegt und dort auch seine Fassade hat. Die Familie mußte deshalb einen Hintereingang nutzen, um auch am Campo auf sich aufmerksam zu machen – ein Hinweis darauf, wie wichtig die Plätze als Ort der Selbstdarstellung geworden waren. So wichtig sogar, daß die Kirche S. Vitale bei einem kurz nach 1700 begonnenen Neubau um 90 Grad zum Campo hin gedreht wurde, obwohl sie damit dem Canal Grande den Rücken kehrte. Die ab 1725 von Andrea Tirali errichtete Fassade zeigt statt spätbarocker Exuberanz palladianische Einfachheit. Sie war ein Auftrag der inzwischen mit den benachbarten Pisani verschwägerten Contarini, die hier mit betont zurückhaltenden Büsten auch an einen Urgroßvater erinnern wollten, der 1655/56 Doge gewesen war. Im Platz selbst spielen die Büsten nicht einmal eine Nebenrolle. Die Fassade aber, für eine Kirche wie S. Vitale eigentlich viel zu feierlich, war wohl auch auf den Platz im ganzen proportioniert, dem sie einen Bezugspunkt gibt wie die Palladiokirchen S. Giorgio und Il Redentore dem Bacino di S. Marco.

Dem späten 19. Jahrhundert war das nicht genug, weshalb der Campo von S. Stefano der einzige ist, der sich auch nach dem Ende der Republik noch nennenswert verändert hat. Den Anstoß wird die 1854 endlich realisierte Brücke über den Canal Grande gegeben haben, die das Sestiere Dorsoduro mit dem Zentrum der Stadt verband und so dem Campo verstärkten Verkehr und ein größeres Publikum brachte. Die ersten Neuankömmlinge auf dem Platz waren die neugotische Rückseite und der Garten des Palazzo Cavalli Franchetti, der von dem Architekten Camillo Boito einer tiefgreifenden Neugestaltung unterzogen wurde. Gärten waren bei einem venezianischen Palast nichts Ungewöhnliches, neu aber ist, daß das Grün sich nicht mehr hinter hohen Mauern versteckt, sondern dank der kunstvollen Eisengitter, die zwar keinen Zugang, wohl aber Einblick gewähren, kontrapunktisch zum Palladianismus der Kirchenfassade zu einem weiteren wesentlichen Element der Platzgestaltung wird. Ihren Abschluß fand die Entwicklung des Campo S. Stefano 1882, als dem Sprachgelehrten und Revolutionär Niccolò Tommaseo ein Standbild gesetzt wurde, das dem Platz ein Zentrum in Sinne des 19. Jahrhunderts zu geben versucht.

III. Nobili, Cittadini, Popolani

Bauen als Kompensation: Die Scuole Grandi: Die Campi waren eine Welt, deren Bebauung, anders als die des Canal Grande, nicht vom Adel dominiert wurde. Prägend sind an den Campi neben den Kirchen meist Bauten mittleren Anspruchs. Über die Bewohner, Bauherren wie Mieter, ist aus den gut erforschten Steuerakten einiges zu erfahren, so daß die soziale Topographie Venedigs seit dem 16. Jahrhundert gut bekannt ist. Sie konvergiert mit dem urbanistischen Befund, beide sind aber nicht deckungsgleich. Verhältnismäßig eindeutig sind die Konzentrationen der Paläste, besonders am Canal Grande, und die der Kleinbauten des sozialen Wohnungsbaus an der Peripherie oder jenseits des Arsenals, wo sich überhaupt keine Paläste mehr finden. Eine anschauliche Vorstellung vom Nebeneinander des Verschiedenen in der inneren Stadt gibt Gentile Bellinis Darstellung der Situation am Rio S. Lorenzo (Abb. 25) aus dem Jahre 1500. Man sieht eine überaus farbige, ja bunte Stadt, in der kaum ein Stück Fassade unbemalt gewesen zu sein scheint, ein Venedig der Wandmalereien, von dem nur noch kümmerliche Spuren und blasse Erinnerungen erhalten sind. Bellini zeigt vorn die Fassade zweier Paläste aus dem 14. Jahrhundert, im Hintergrund die Rückseite des Palazzo Cappello, dazwischen ein Gebäude bescheideneren Anspruchs und drei gleichartige Zeilen eingeschossiger Häuser für die Armen.

Eindeutige Typologien gab es im venezianischen Wohnungsbau nur bei den Extremen, beim Palast und bei der einfachsten Form des sozialen Wohnungsbaus. Die Bereiche dazwischen definierten sich architektonisch durch den Grad der Annäherung. Die Grenzen waren fließend; einem aufwendigen Bau ist nicht anzusehen, ob sein Bauherr adligen

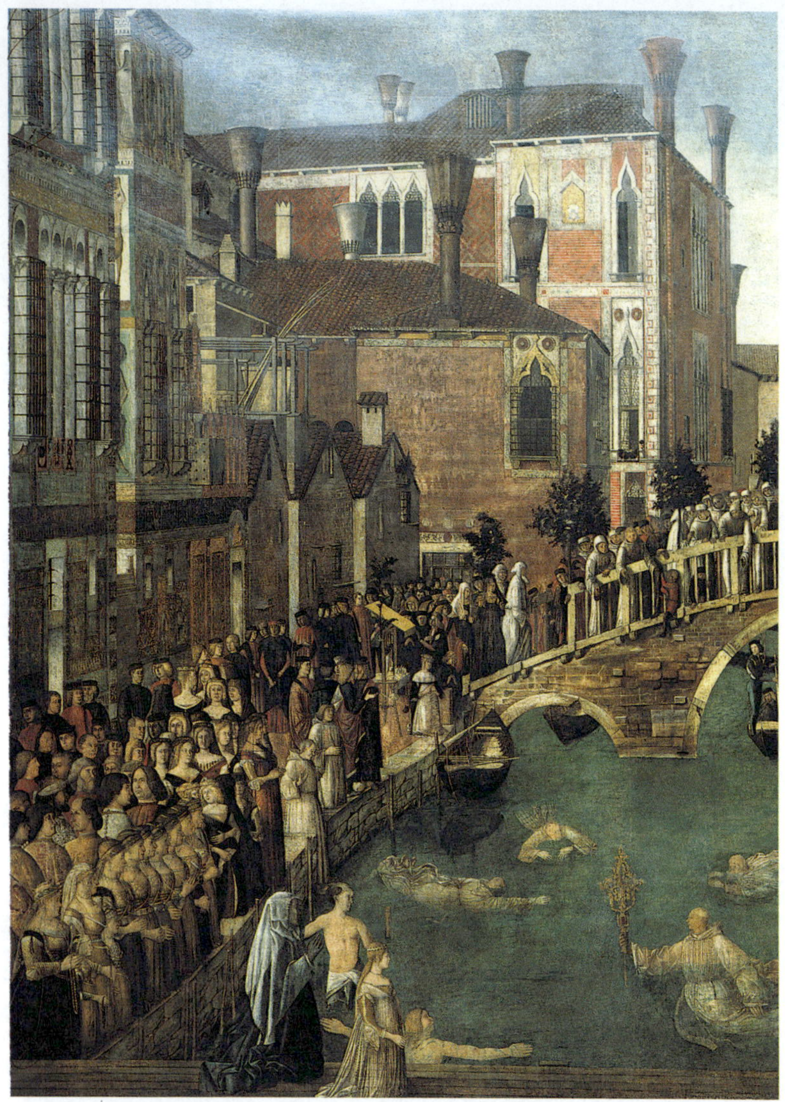

25 *Gentile Bellini, Bauten bei S. Lorenzo, Ausschnitt aus* Das Wunder der Kreuzesreliquie, *Galleria dell'Accademia, Venedig*

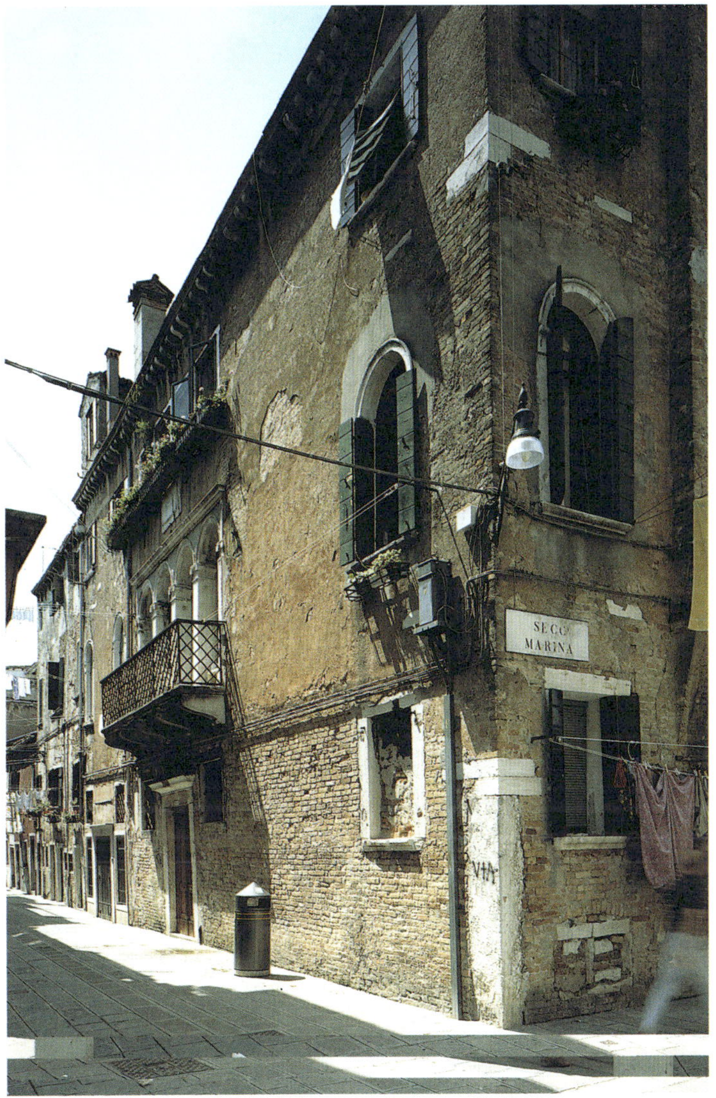

26 *Haus des Kapitäns Alvise Soldà, Calle Soldà, Sestiere Castello*

 oder bürgerlichen Standes war. Gelegentlich haben gerade Nicht-Adelige ihren Stolz ostentativ zur Schau gestellt. Zum Beispiel der Kapitän Alvise Soldà (Abb. 26) in der Calle Soldà im Sestiere Castello. In einer lateinischen Inschrift gab er an der Fassade seines Hauses 1560 seinen Namen und das Datum der Vollendung bekannt. Sechs Jahre später erfahren wir aus seiner Steuererklärung, daß bei ihm nicht nur seine Frau und seine Kinder, sondern auch seine Mutter und seine Brüder mit ihren Familien lebten, zwanzig Personen im ganzen. Näher am Zentrum hätte Soldà einen solchen Bau wohl kaum finanzieren können. Die Formen sind einfach, die Bögen der Sala könnten so auch an sehr viel einfacheren Häusern vorkommen und das nicht nur um 1560, sondern auch hundert Jahre früher oder später. An einem Adelspalast am Canal Grande hingegen wären sie schon zu ihrer Entstehungszeit altmodisch gewesen. In den Gebieten, die näher am Zentrum lagen, gab es meist wie am Rio S. Lorenzo ein Nebeneinander vornehmer und weniger vornehmer Bebauung, das allerdings die sozialen Distanzen nicht aufhob: Ein Adliger wird sehr viel häufiger in entfernten Adelspalästen von Verwandten und Freunden zu Gast gewesen sein als in der Wohnung seines armen Nachbarn. Der Schuster nebenan hingegen wird über sein Quartier kaum hinausgekommen sein.

1576 wurden in Venedig 170 000 Einwohner gezählt. Davon waren knapp fünf Prozent Adlige, gut fünf Prozent *cittadini*, die übrigen hießen *plebei* oder *popolani*. Hinzu kamen 10 600 Mönche und Priester, etwa 2500 Nonnen und 1500 Juden. Die Regierungsgewalt lag ausschließlich beim Geburtsadel, den *nobili*, ein Aufstieg war vor dem 17. Jahrhundert kaum möglich. In Venedig waren zwar sehr viel mehr Bürger an der Regierung beteiligt als irgendwo sonst in Europa, aber trotzdem handelte es sich beim venezianischen Staat eigentlich um ein geschlossenes System. Gesellschaftliche Dynamik hat dies freilich besonders im 16. Jahrhundert nicht verhindern können, denn die Unterschiede innerhalb der Gruppen wurden größer. So waren viele Adlige schon damals verarmt und faktisch ohne politische Bedeutung, während *cittadini* als Kaufleute, Ärzte, Anwälte und hohe Beamte über Vermögen und erheblichen Einfluß verfügen konnten. Die Mitwirkung bei den politischen Entscheidungen allerdings blieb ihnen versagt. Erst im 17. Jahrhundert, als die Republik zu zerfallen begann und dringend riesige Mittel zur Kriegsführung benötigt wurden, konnten sich einige der ganz Reichen in den Adel einkaufen.

Nur wenige haben gegen diese rigorose Abschottung der *cittadini* so sichtbar aufbegehrt wie Tommaso Rangone aus Ravenna, der in Venedig unter anderem als Arzt, Humanist und Astrologe höchst erfolgreich war. Auch nach seinem Tode wollte er in der Stadt gegenwärtig bleiben, sein Ehrgeiz war ein Standbild an einem öffentlichen Ort, was selbst von einem der führenden *nobili* im denkmalfeindlichen Venedig eine Provokation gewesen wäre. Bei der Suche nach dem richtigen Platz hielt Rangone sich nicht lange auf: Die Piazza Pubblica sollte es sein und auch da nicht irgendeine ruhige Ecke, sondern die Fassade von S. Geminiano, der Markuskirche direkt gegenüber. 1552 war er sich mit der Pfarrei einig, die Inschrift war vereinbart, und der Architekt, kein geringerer als Jacopo Sansovino, stand bereit, als die Aufsichtsbehörde einschritt. Nur eine Büste wurde gestattet, und auch die nur über einem Nebeneingang. Rangone ließ sich nicht entmutigen, denn auch andere Kirchen brauchten Geld, zum Beispiel S. Giuliano, heute wenig beachtet, auf halbem Wege zwischen S. Marco und dem Rialto. Auch hier wurde Rangone ein Standbild verwehrt, aber eine Sitzfigur im höchst anspruchsvollen Material der vergoldeten Bronze und in der Haltung, wie man sie von den Ehrenstatuen und Gräbern der Päpste kannte, konnte er 1558 enthüllen. Rangone war das jedoch nicht genug. Als er 1562 Vorsteher der Scuola Grande di S. Marco wurde – eines der höchsten Ämter, die einem Bürgerlichen zugänglich waren –, überraschte er seine *confratelli* mit dem Vorschlag, ihm im Zentrum der Hauptfassade ein Standbild zu setzen, komplett mit Inschrift und Wappen. Gut 100 Jahre früher hatte sich zwar schon einmal ein *Guardian Grande* an der Fassade öffentlich gezeigt, aber nicht in einer Statue, sondern in einem Relief, im Büßerkleid, gemeinsam mit seinen Mitbrüdern reuig vor dem Schutzheiligen der Scuola, dem Heiligen Markus, kniend. Rangone scheiterte freilich auch hier.

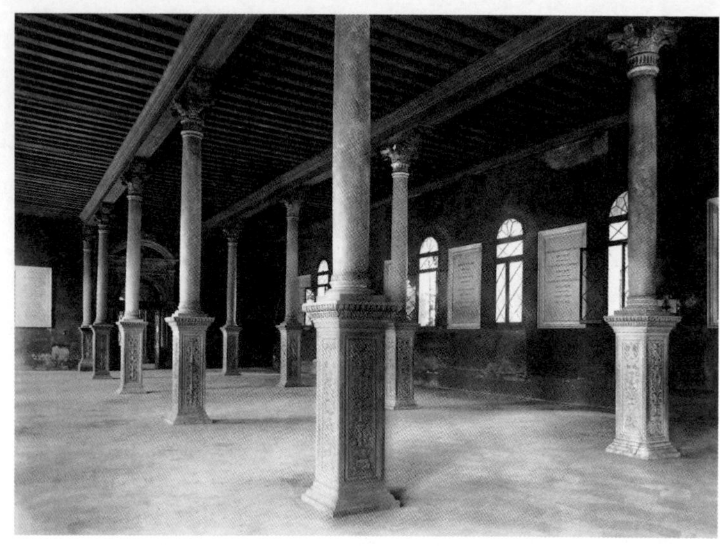

27 *Scuola Grande di S. Marco, Halle im Erdgeschoß*

Die Scuole waren keine Lehranstalten, sondern religiöse Laienkongregationen unterschiedlichster Ziele und Zusammensetzung. Es gab Scuole, in denen sich Landsleute zusammenfanden, die Slowenen etwa, die Lucchesen oder die Florentiner. In anderen Scuole organisierten sich Handwerker, wie die Schuster oder die Goldschmiede, wieder andere waren religiös orientiert und widmeten sich zum Beispiel der Feier des Abendmahls oder der Begleitung der zum Tode Verurteilten. An kleineren Scuole, den Scuole Piccole, wurden über 300 gezählt. So wichtig diese für das soziale und religiöse Leben Venedigs waren – das Aussehen der Stadt haben ihre meist unauffälligen Gebäude nicht geprägt. Wären nicht die Reliefs und die Inschriften, man würde die meisten kaum identifizieren können.

Die Scuole Grandi hatten sich aus der nach 1260 in Mittelitalien entstandenen Flagellantenbewegung entwickelt. Bußprozessionen und Fürsorge für die Armen waren ihre wichtigsten Aufgaben. Es gab zunächst vier Scuole Grandi: S. Maria della Carità, S. Marco, S. Giovanni Evan-

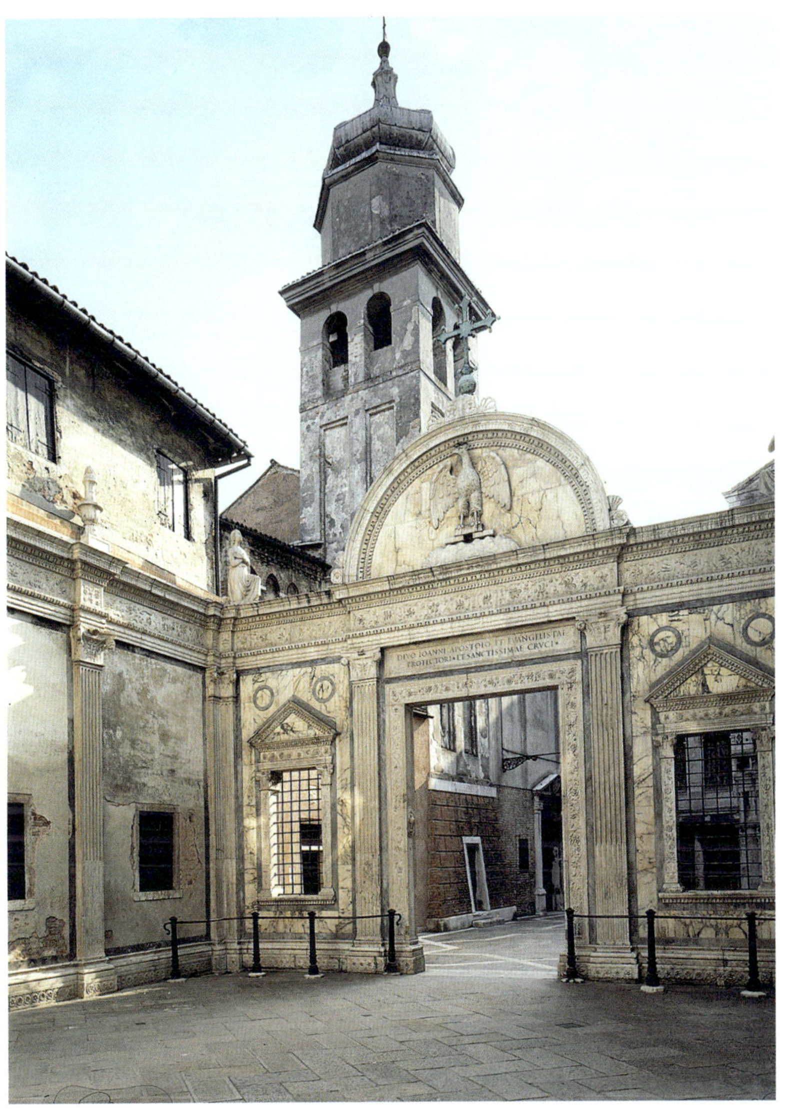

28 *Scuola Grande di S. Giovanni Evangelista, Vorplatz*

gelista, S. Maria della Misericordia. Die religiösen Impulse, denen die Scuole ihre Entstehung verdankten, waren im Laufe der Jahrhunderte erlahmt. Die Bußprozessionen etwa hatten sich in Schauveranstaltungen verwandelt, bei denen die Scuole sich in der Ostentation von Status und Reichtum zu überbieten suchten, während sie das Sich-Geißeln Tagelöhnern übertrugen. Auch der architektonische Glanz, den die Scuole Grandi in der Renaissance verbreiteten, war eher Ausdruck eines Verfalls der Werte als einer Blüte.

Adlige und Geistliche konnten in den Scuole Grandi Mitglieder werden, aber keine Ämter übernehmen. Diese gab es nur für die *cittadini*, die in den Scuole Grandi «wie in einem eigenen Staat» (*quasi in propria Repubblica*) lebten. Der konservative Staatstheoretiker Gasparo Contarini, selber von Adel, legte in einem Kapitel, das auch den Umgang mit unterworfenen Feinden behandelt, das Kalkül der *nobili* offen: Die vielen Ämter in den Scuole, die auch noch zeitlich eng begrenzt waren, um möglichst viele Mitglieder in ihren Genuß kommen zu lassen, gäbe es deshalb, damit die *cittadini* – Contarini nannte sie *plebei* – ihren Ehrgeiz befriedigen könnten, ohne dem Staat gefährlich zu werden. Dieses in anderen Staaten unbekannte Verfahren habe Venedig über Jahrhunderte Sicherheit und Stabilität beschert, die nicht durch Soldaten oder Zwingburgen erreicht worden seien, sondern durch Staatskunst. Man gehorche gern, strebe keine Veränderungen an und bringe dem Adel sogar Zuneigung entgegen.

Zu den Tätigkeiten, bei denen die *cittadini* als Kompensation zu ihrer politischen Machtlosigkeit mit den *nobili* wetteiferten, gehörte das Bauen, das nicht nur der jeweiligen Scuola Reputation brachte, sondern auch der Stadt und damit dem Staat. Die Konkurrenz unter den Scuole Grandi war heftig, auch im Bereich der Architektur. Aber nicht nur untereinander gab es Konkurrenz; die Gesamtheit der Scuole Grandi war auch ein bauliches Aufbegehren der *cittadini*. Bezugspunkt waren charakteristischerweise nicht einzelne Adelspaläste, sondern die Piazza S. Marco und der Dogenpalast. Von dort stammen so wichtige Grundelemente der Scuole Grandi wie der mit großen Historienbildern und einer Prunkdecke geschmückte Versammlungsraum, die Sala, im *piano nobile*. Unter der Sala entstand ein großer Raum mit unterschiedlichen Nutzungen, der nicht zwingend erforderlich gewesen wäre, hätte nicht die Sala im Obergeschoß liegen müssen. Für die Architekten der Renaissance die Gelegenheit, bei den *cittadini* Raumkunst fast um ihrer selbst willen zu zelebrieren und ihnen Hallen (Abb. 27) und Treppenhäuser zu bauen, wie es sie nicht einmal im zeitgenössischen Dogenpalast gegeben hat. Mauro Codussis Treppenhaus in der Scuola Grande di S. Giovanni Evangelista gehört zu den bedeutendsten Hervorbringungen der gesamten venezianischen Baukunst und ist eine der schönsten Treppen der Welt.

Die meisten Scuole hatten klein begonnen, um sich dann im 14. und 15. Jahrhundert erheblich zu vergrößern. So auch die Scuola Grande di S. Giovanni Evangelista, die sich, nachdem ihr Ansehen durch die Stiftung von Kreuzesreliquien rapide gestiegen war, auch architektonisch ausweiten mußte. Ein riesiger Saal entstand, der aber im Stadtbild kaum zu bemerken ist. Erst 1481 fand Pietro Lombardo für dieses Defizit eine ingeniöse städtebauliche Lösung, die weder Hof noch Platz noch Gasse ist, aber auch alles zugleich (Abb. 28). Ein Pfeiler für das Banner der Scuola markiert den Beginn. Zwischen der Scuola rechts und der Kirche links gab es einen viel begangenen Weg, der durch eine nach außen mit Marmor verkleidete Wand unterbrochen wurde, die aber nur dazu da ist, um an den Seiten Durchblick und in der Mitte Durchgang zu gewähren. Sie schafft einen Vorhof, der fast als Innenraum wirkt. Das Mittelstück ist eine Fassade, aber eine ohne Baukörper, denn der steht rechts daneben. Reicher Schmuck sowie ein Adler- und ein Evangelistenrelief stellen den Ort unter die Obhut des Schutzheiligen der Scuola und nehmen optisch ein Stück Stadt für die Scuola in Besitz, allerdings nur, um es gleich wieder freizugeben.

Pietro Lombardo wurde auch gerufen, als nach einem Brand ab 1485 das Gebäude der vornehmsten der Scuole Grandi, der von S. Marco, neu zu errichten war. Da bei einem dem Stadtpatron gewidmeten Bau nicht allein die Ehre der Scuole auf dem Spiel stand, sondern auch die von Stadt und Staat, gab es erhebliche Zuschüsse. Die reich vergoldete Marmorfassade, die 1490 von Mauro Codussi übernommen wurde, erklärt der

Stadt, daß sich hinter ihr zwei Bauteile verbergen, der Saalbau links und der für das sogenannte Albergo, den Versammlungsraum der Leitungsgremien, rechts. Typologisch betraten die Architekten Neuland, denn die linke Hälfte könnte fast auch eine Kirchenfassade sein, nicht aber die rechte. Während ältere Fassaden wie die der Scuola Grande della Carità sich ganz an der Sakralarchitektur orientiert hatten, wurde nun der ambivalente Charakter der Scuole auch architektonisch sichtbar. Der reiche plastische Bilderschmuck ist mit seinen Tugenden, seinen Devotionsrelief und Reliefs mit Szenen aus dem Leben des Heiligen Markus allerdings unmißverständlich sakralen Charakters.

1478 kam zu den bis dahin vier Scuole Grandi eine neue hinzu, die des hl. Rochus, des Pestheiligen. Baulich trat der Nachzügler zunächst wenig in Erscheinung, der erhaltene bescheidene erste Bau neben der Kirche von S. Rocco folgte dem Beispiel der vielen kleinen Scuole. Während der Pestepidemien des frühen 16. Jahrhunderts floß jedoch so viel Geld in die Kassen, daß die Scuola des hl. Rochus auch architektonisch zu den anderen Scuole Grandi aufschließen konnte (Abb. 29). Eine Baugeschichte

29 *Scuola Grande di S. Rocco, Querschnitt*

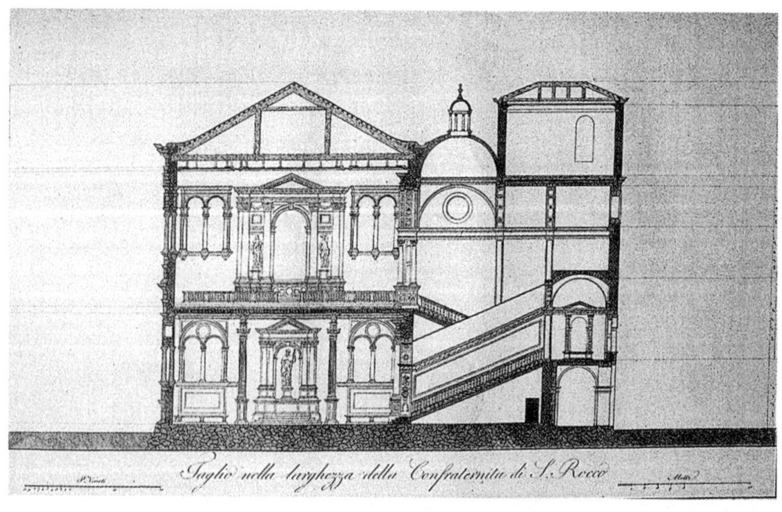

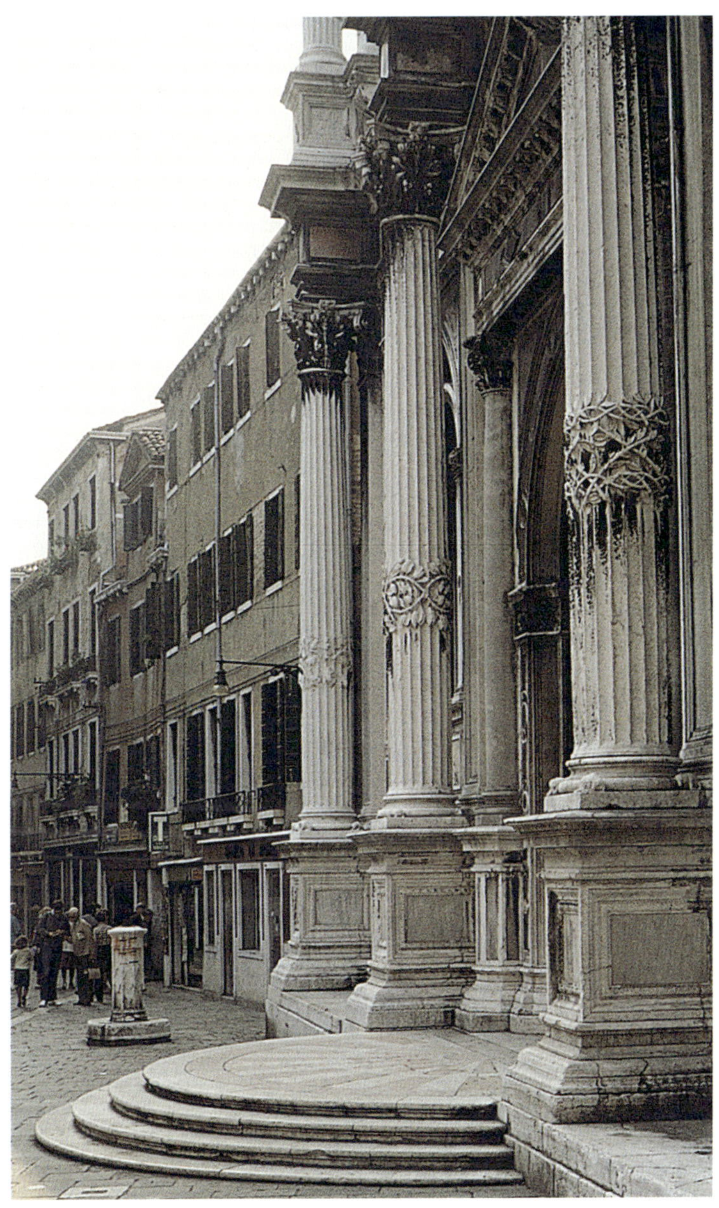

30 *Scuola Grande di S. Rocco, Fassade*

 kam in Gang, die von unprofessionellen Zügen nicht frei ist. Ständig wurden die Architekten und Pläne gewechselt, Ehrgeiz und Besserwisserei der nach dem Reglement jedes Jahr wechselnden Vorstände, besonders der jeweils nur ein Jahr amtierenden *Guardiani Grandi*, taten ein übriges. Das Wichtigste: es sollte alles größer und teurer sein als anderswo. Das Ergebnis ist ein Bauwerk, mit dem sich die *cittadini* der Scuola selbstbewußt, ja präpotent im Stadtraum zu Wort melden, das Banner weit herausgerückt, die halbrunden Stufen ausgreifend. 1536 setzten sie ihrer Scuola noch freistehende Säulen vor, und das auf zwei Stockwerken, wo doch selbst die Loggetta am Markusplatz nur ein einziges vorweisen konnte (Abb. 30). Der gemeine Mann mag nur den Reichtum gesehen haben, aber auch ihm muß aufgefallen sein, daß an dieser Fassade alle Erinnerungen an Sakralarchitektur getilgt sind. Selbst ein Bild des Titelheiligen sucht man vergebens, von büßenden Mitgliedern der Scuola ganz zu schweigen. Ob die um die Säulen gewundenen Zweige als Dornenkrone zu werten sind, scheint fraglich. Tatsächlich hat die Scuola für Arme und Kranke zeitweise weniger ausgegeben als für Bauten und Schauprozessionen. Neureiches Auftrumpfen war nicht fern, wenn 1544 zum dritten Mal eine neue Treppe beschlossen wurde, weil diese das wichtigste Glied eines Gebäudes sei und die Scuola über genug Grund verfüge, sie groß genug zu machen. Der Stadt bescherte sie das damals größte Treppenhaus. Selbst die vergleichbaren Anlagen im Dogenpalast sind später. Architektonisch entstand dadurch, zumindest außen, nicht eben ein Schmuckstück, aber eine unverblümte Demonstration, daß die *confratelli* von S. Rocco auch im beengten Venedig mit Grund und Boden nicht geizen mußten.

Die Konkurrenz der Scuole Grandi betraf nicht allein das Gebaute, sondern auch das Geplante. So wußte man bei der Scuola di S. Rocco wahrscheinlich, daß die Scuola Grande della Misericordia (Abb. 31) 1532 darauf hatte verzichten müssen, ihrem von Jacopo Sansovino entworfenen Neubau Säulen vorzustellen. Auch bei der Scuola Grande della Misericordia liest sich die Baugeschichte streckenweise wie ein Drehbuch. Seit 1505 hatte man geplant und auch gebaut. Es gab immer neue

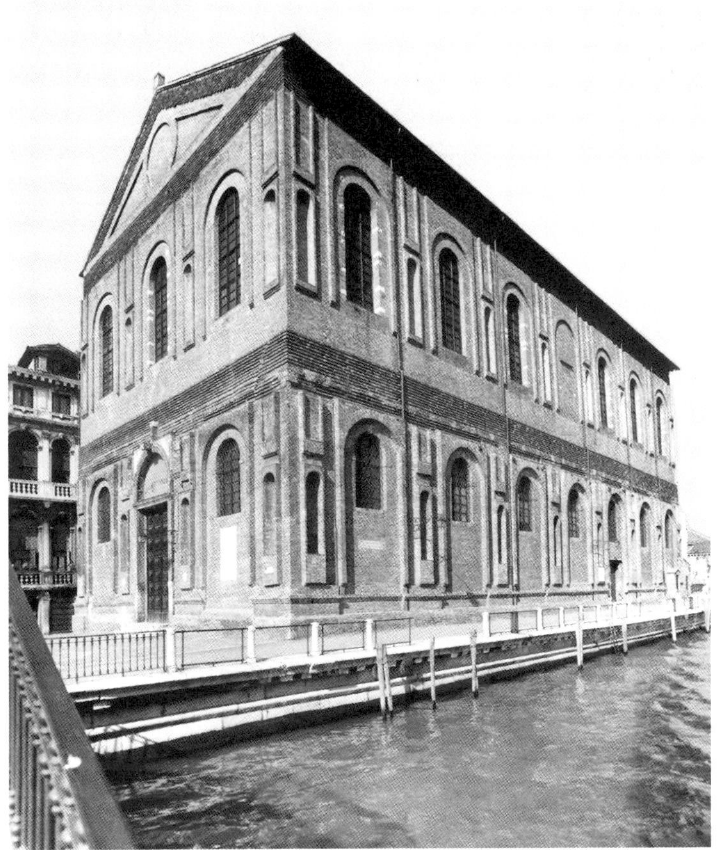

31 *Scuola Grande della Misericordia*

Modelle und Wettbewerbe, Pläne und Brüskierungen des Architekten, der sich sogar für den zweiten Stock noch ein Gewölbe in den Kopf gesetzt hatte. Von Pietro Aretino schon 1537 als «gran Macchina corinthia» gerühmt, wurde das Gebäude 1541, damals so unfertig wie heute, als Wolkenkratzer verspottet, der die halbe Stadt überdecke. Die Fundamente ließen ein gewaltiges Bauwerk erwarten, und im entlegenen Cannaregio war Platz genug für eine ganz ungewöhnliche Situation: Die

Scuola konnte, für Venedig eine Sensation, so gut wie frei stehen. Das hätte aber auch eine Heerschar von Säulen, Figuren und Reliefs zur Folge gehabt, auf die die Wände mit ihren leeren Nischen noch heute warten. Welch blinder Ehrgeiz hier waltete, zeigt jeder Ortstermin, denn bereits der gut erhaltene gotische Vorgängerbau neben der neuen Scuola ist ein höchst stattliches Gebäude, im Charakter einer Kirche ähnlich, und ursprünglich auch durch ein Marienrelief mit Stiftern über dem Haupteingang als Bau der religiösen Sphäre ausgewiesen. 1505 kaum ein halbes Jahrhundert alt, hätte er den praktischen Bedürfnissen der Bruderschaft sicherlich noch lange Zeit genügt, nicht aber den repräsentativen. Alessandro Caravia, Goldschmied am Rialto, wird vielen aus dem Herzen gesprochen haben, als er 1541 in einem holprigen Gedicht, das ihn später vor die Inquisition bringen sollte, den verschwenderischen Luxus der Scuole Grandi an den Pranger stellte.

Sozialer Wohnungsbau: Zu den Aufgaben, die die Scuola Grande di S. Rocco der Selbstinszenierung zuliebe vernachlässigte, gehörte auch der soziale Wohnungsbau (Abb. 32), eine Verpflichtung, die sich der Staat, vertreten durch die Prokuratoren, und die Scuole Grandi teilten. Gegen Ende des 16. Jahrhunderts besaßen die Prokuratoren 200 Wohneinheiten, die Scuole insgesamt 206, hinzu kamen Bauten, die privat gestiftet worden waren. Sie gehören zu einer Sphäre, für die die Architekturgeschichte lange kaum Interesse zeigte. Die Wende brachte ein Buch, das 1947 unter dem Titel *Venezia minore* in den Nöten der Nachkriegszeit erstmals den Blick für Bauten und Bereiche öffnete, die zu Charakter und Struktur Venedigs nicht weniger beitragen als Kirchen, Scuole und Paläste.

Manche halten diese Architektur für «unvenezianisch», obwohl es keine andere Stadt gibt, in der Vergleichbares zu verzeichnen wäre, qualitativ wie quantitativ. Im Venedigbild der Fremden ist sie nicht enthalten, und auch für viele Venezianer ist sie *terra incognita*; für den Zusammenhalt der Stadt aber ist sie von entscheidender Bedeutung, ist sie es doch, die immer wieder, im Inneren wie auch an den Rändern

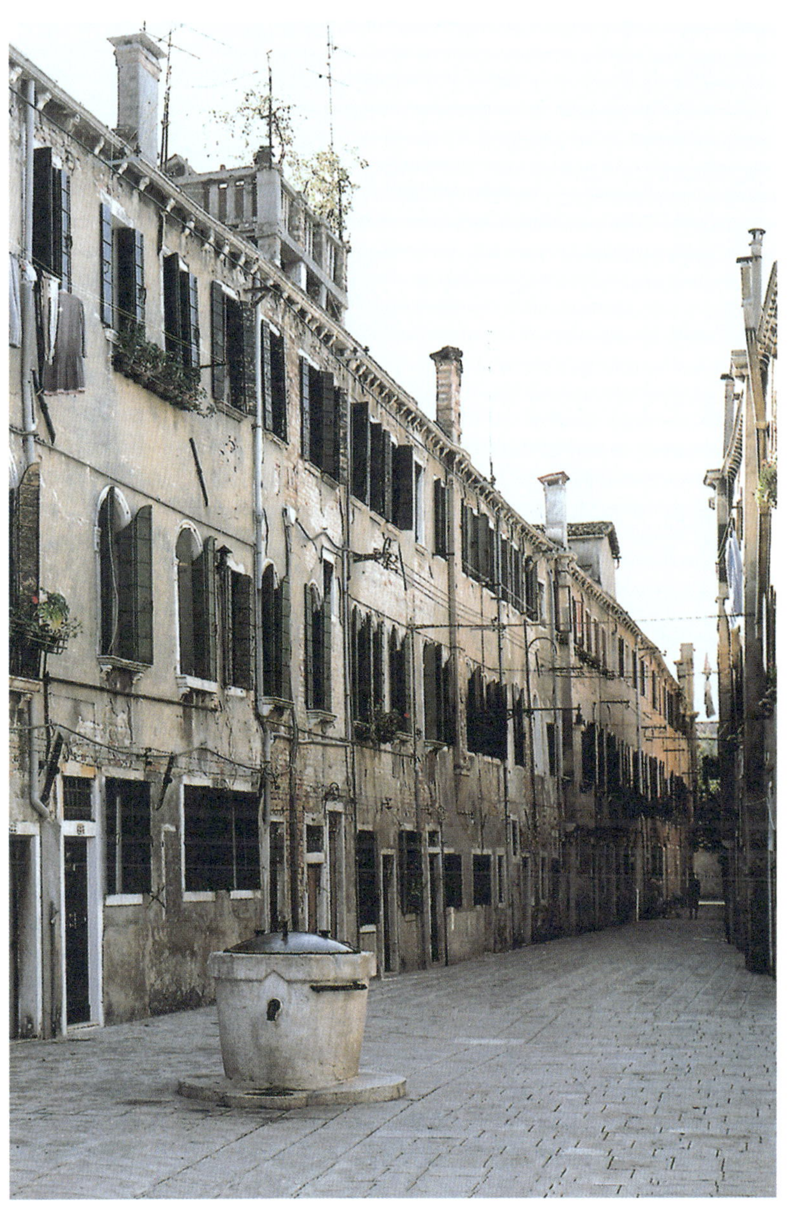

32 *Calle Riello, Sestiere Cannaregio*

der Stadt, Leerstellen gefüllt hat. Dies allerdings eher mechanisch, denn die Elemente der *Venezia minore* mit ihrer seriellen Wiederholung der räumlichen und baulichen Bestandteile wie Eingang, Treppen oder Fenster sind vergleichsweise konstant. Die Erschließungen können sehr differenziert sein, aber das Grundriß-Raffinement, mit dem sich etwa gotische Paläste in ihrer Umgebung einzurichten verstanden, ist dieser Architektur fremd. Trotzdem ist sie nicht starr, und das Spektrum ist bei näherem Zusehen auch ungleich größer als man erwarten könnte. So sind manche der Anlagen von bescheidenen Palästen kaum zu unterscheiden, während andere, wie die Zwei-Zimmer-Häuser in der Calle delle Furlane im Sestiere Castello (Abb. 33), wenig mehr darstellen als ummauerte Feuerstellen. Am anderen Ende des Spektrums stehen Anlagen, die für unschuldig in Not geratene Adlige gebaut oder gleich auf dem freien Markt zur Miete angeboten wurden. Anspruchsvoll waren auch die Wohnungen im «Castelforte» bei der Scuola Grande di S. Rocco, für das die Scuola sogar einen begrenzten Architektenwettbewerb ausschrieb, den Antonio Scarpagnino, der Architekt des Rialto, für sich entscheiden konnte. Ob Gebäude als Kapitalanlage gedacht waren oder als wohltätige Stiftung, ist ihnen nicht anzusehen. Die Corte S. Marco im Sestiere Dorsoduro wurde armen Mitgliedern der Scuola Grande di S. Marco auf Lebenszeit kostenlos zur Verfügung gestellt; die Prokuratoren sorgten für alte Seeleute und auch für Fremde, die sich um den Staat verdient gemacht hatten. Ein Niccolò Morosini stiftete 1498 36 Wohnungen für verarmte Adlige, und überhaupt waren Häuser *per amor di Dio* ein häufig wiederkehrender Bestandteil venezianischer Testamente. Die Wohnanlage am Rio Marin, die von einem Zweig der Familie Contarini um 1560 als Immobilieninvestment für gehobene Bedürfnisse errichtet worden war, brachte bis in die napoleonische Zeit eine ansehnliche Rendite.

Die Orte der *Venezia minore* sind eher zufällig; großräumige, zusammenhängende Planungen wie bei den Neubaugebieten um S. Maria Maggiore waren selten. In aller Regel sind die Anlagen schon deshalb leicht zu erkennen, weil sie in ihrer Umgebung Implantate geblieben

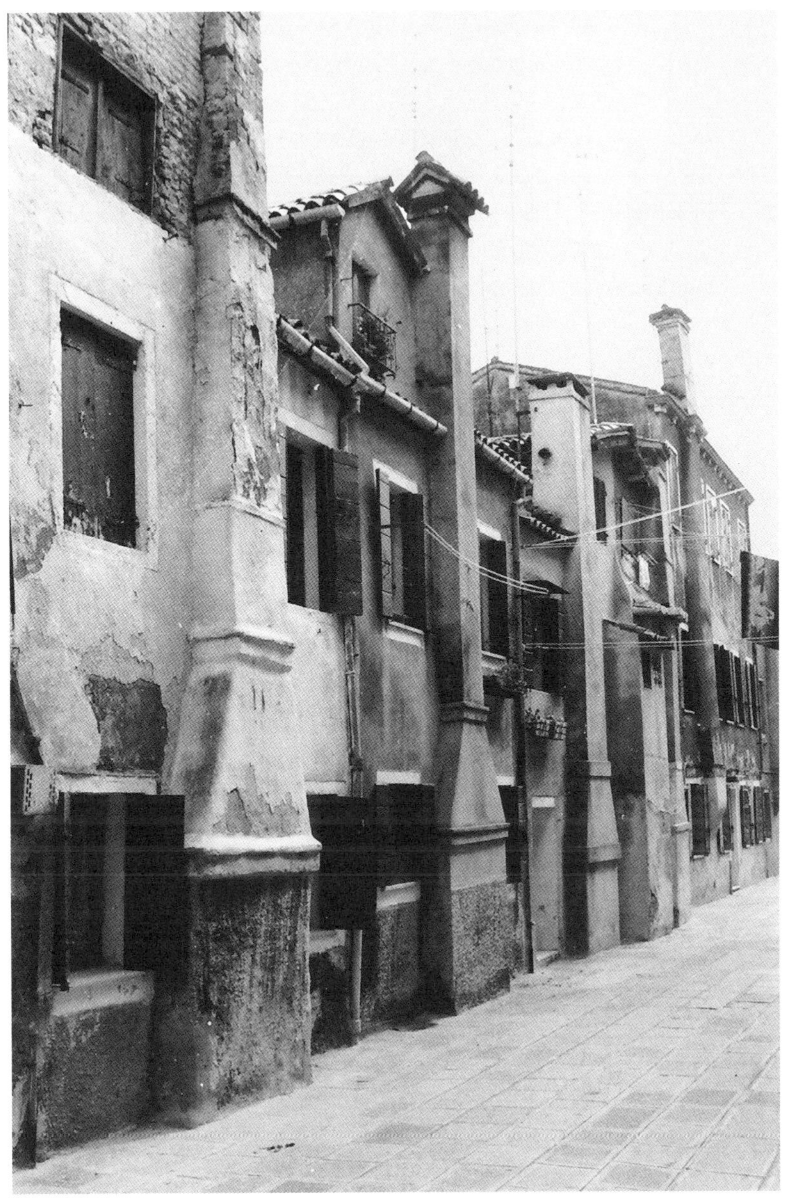

33 *Calle delle Furlane, Sestiere Castello*

 sind, die oft mit anderen Bauten ihrer Art mehr gemeinsam haben als mit ihrer unmittelbaren Umgebung. Je später sie entstanden sind, desto fremder können sie im Vergleich zu der benachbarten zeitgenössischen Repräsentationsarchitektur der Kirchen und Paläste wirken. Die Wandlungen der Stile sind an diesen Bauten fast spurlos vorübergegangen, weshalb sie heute baulich zu den ältesten, anschaulich aber zu den modernsten der Stadt zählen. Für die Stadt im ganzen ist ihre Resistenz gegen die Zeitstile und Moden ein Garant von Kontinuität gewesen. Grundelement ist die

34 *Rio delle Burchielle, Sestiere S. Croce*

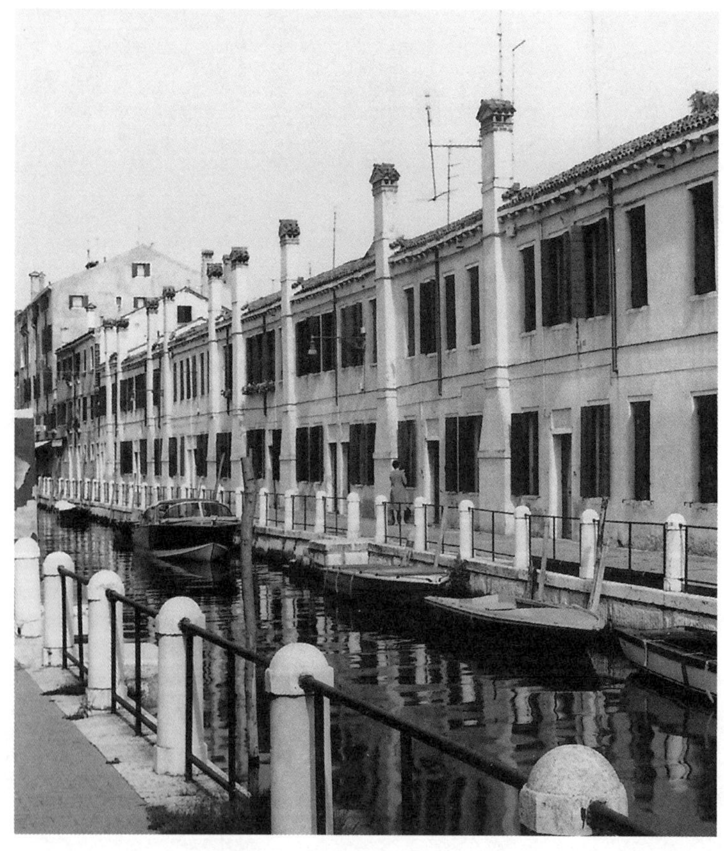

schiera, die Häuserzeile. Blöcke und viereckige Höfe sind selten. Die Verhältnisse sind überall beengt, so daß auch lange Fronten nur von der Seite gesehen werden können und deshalb weniger gleichförmig wirken als sie tatsächlich sind. Bei aller Ähnlichkeit aber ist am Ende doch keine Anlage wie die andere. Ähnlich wie beim Siedlungsbau der zwanziger Jahre des 20. Jahrhunderts mußte der Architekt bei dieser «armen» Architektur mit Mauern, Öffnungen und einfachsten Materialien arbeiten, was nicht überall so gut gelungen ist wie am Rio delle Burchielle, nahe dem Piazzale Roma (Abb. 34), wo ein Baumeister am Werke war, der die Schornsteine, wie in Venedig üblich, nach außen zog, sie aber zugleich so großzügig und gelassen disponierte, daß sie die Folge der Türen und Fenster noch einmal rhythmisch gliedern. Als die Wände noch nicht gedämmt waren und der Putz bündig mit den Rahmen von Fenster und Türen abschloß, war das Zusammenspiel der Elemente noch differenzierter als heute. Die Zeile am Rio delle Burchielle aus der zweiten Hälfte des 17. Jahrhunderts ist eine der ganz wenigen, die renoviert und damit optisch in den Stadtraum und in das Bewußtsein der Venezianer zurückgeholt werden konnten. Ansonsten hat Venedig in der baulichen Praxis diesen Teil seines Erbes lange ignoriert und physisch herunterkommen lassen.

A concorrenza: Grosspaläste am Canal Grande: Unter den sichtbaren Hinterlassenschaften der Adelsrepublik Venedig stehen die Paläste der *nobili* an erster Stelle. Jeder für sich demonstriert Anspruch und Status seines Bauherren, in ihrer Gesamtheit repräsentieren sie ein Staatswesen, das solchen Glanz ermöglichte. Zwar verteilen sich die Paläste in der ganzen inneren Stadt, die Hauptbühne privater (und mittelbar staatlicher) Selbstdarstellung aber war der Canal Grande. Selbst ein so weltkluger Besucher wie der französische Gesandte Philippe de Commynes konnte 1494 nur staunen über die «schönste Straße der Welt und die am besten bebaute». Eine Stimme aus England meinte 1540, keine Stadt Europas sei an Zahl üppiger Paläste mit Venedig zu vergleichen. Rudere man den Canal Grande entlang, erscheine alles mehr als das Werk von

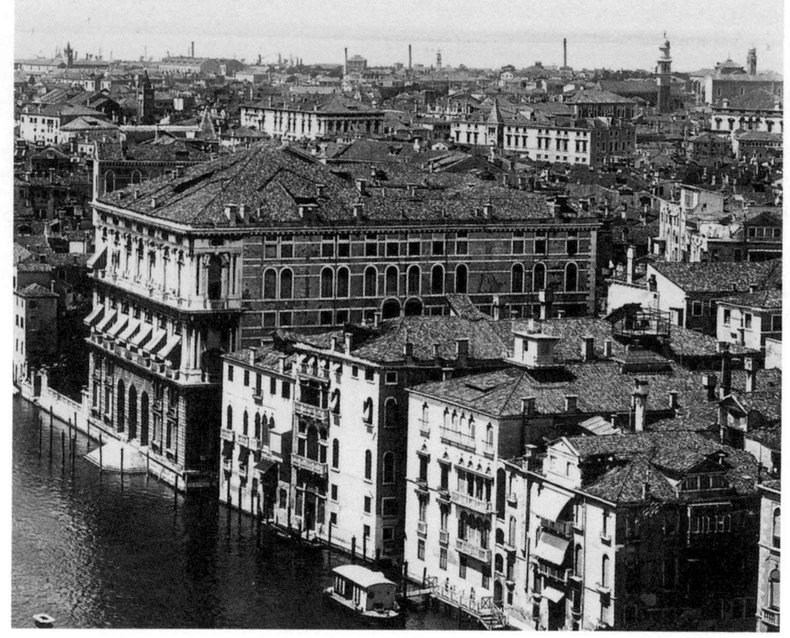

35 *Jacopo Sansovino, Palazzo Corner bei S. Maurizio, Canal Grande*

Prinzen als von Privatpersonen. Solche Eindrücke waren von der Regierung gewollt. 1535 zum Beispiel bestellte der Senat zwei Adlige, die Sorge für den Schmuck und die Bequemlichkeit der Stadt zu übernehmen, *questa cura de ornar et comodar la citta*, und diejenigen Stellen ausfindig zu machen, die die Stadt verunzierten.

Eine solche Stelle war kurz zuvor entstanden, als 1532 der Palazzo Corner bei S. Maurizio in Flammen aufgegangen war, einer der schönsten, prächtigsten und bequemsten, wie es in einer Chronik heißt. Mehrere Menschen verloren ihr Leben. Nur eine Säule im Erdgeschoß blieb stehen, und mit dem Haus verbrannten auch alle Waren, die die Cornaro, eine der prominentesten Kaufmannsfamilien der Stadt, dort gelagert hatten. Die Cornaro hatten den Staat in schwierigen Zeiten mit gigantischen Summen unterstützt und baten nun ihrerseits um Hilfe beim Wiederaufbau ihres Palastes, den die ganze Stadt erwarte und benötige, sei doch dieser berühmte und frequentierte Ort ganz verunstaltet. Der Rat der Zehn gab von dem gestifteten Geld 30 000 Dukaten zurück – etwa so viel, wie insgesamt für den Bau der Münze an der Piazza aufgewendet wurde.

Nach den Plänen Jacopo Sansovinos, des führenden Architekten der Stadt, entstand ab 1545 ein Palast (Abb. 35), der Maßstäbe setzte, bei denen die private Magnifizenz, die ja indirekt auch Teil der staatlichen Selbstdarstellung war, in Widerspruch geriet zu zentralen Motiven der Staatsideologie. Francesco Sansovino, der Sohn des Architekten, hat seine Leser noch 1581 daran erinnert, daß ursprünglich die Venezianer in allen Dingen Einigkeit und Gleichheit hätten demonstrieren wollen. Alle Häuser seien deshalb gleich hoch gebaut worden. Dann aber seien aufgrund des Handels, der der Nerv der Republik gewesen sei, die Vermögen gewachsen und die Häuser höher oder niedriger geworden, je nach dem Begehren der Bauenden, *secondo l'appetito dei fabricanti*.

Vier Paläste, so Francesco Sansovino, alle im 16. Jahrhundert entstanden, seien ganz besonders hervorragend, *principalissimi*, und zwar wegen ihrer Architektur, wegen der Kunstfertigkeit in der Steinbearbeitung, wegen ihrer Größe und wegen der Kosten. Der erste war der Palazzo, den die Loredan sich bald nach 1500 bei S. Marcuola hatten erbauen lassen (heute Palazzo Vendramin Calergi) (Abb. 36). Als maßgebender Architekt wird der 1504 verstorbene Mauro Codussi angenommen. Nach den Usancen seiner Zeit war der Palazzo Loredan mit einer Fassade «ganz aus griechischem Marmor», seinen großen Fenstern und der korinthischen Ordnung in allen drei Geschossen eine Sensation. Denn eigentlich hielt sich der Palastbau um 1500 von Extravaganzen eher fern. Ein Versuch, schon um 1460 am Canal Grande mit einem Paukenschlag ein neues Kapitel des venezianischen Palastbaus zu beginnen, war gescheitert; die von den Cornaro begonnene und dann vom Herzog von Mailand übernommene Cà del Duca ist über die Fundamente nur wenig hinausgekommen. Maßvoll in den Dimensionen, höflich gegenüber den Nachbarn und der Stadt, aber ohne sich zu verstecken, suchte man die Distinktion eher in differenzierter Oberflächengestaltung als in der Größe.

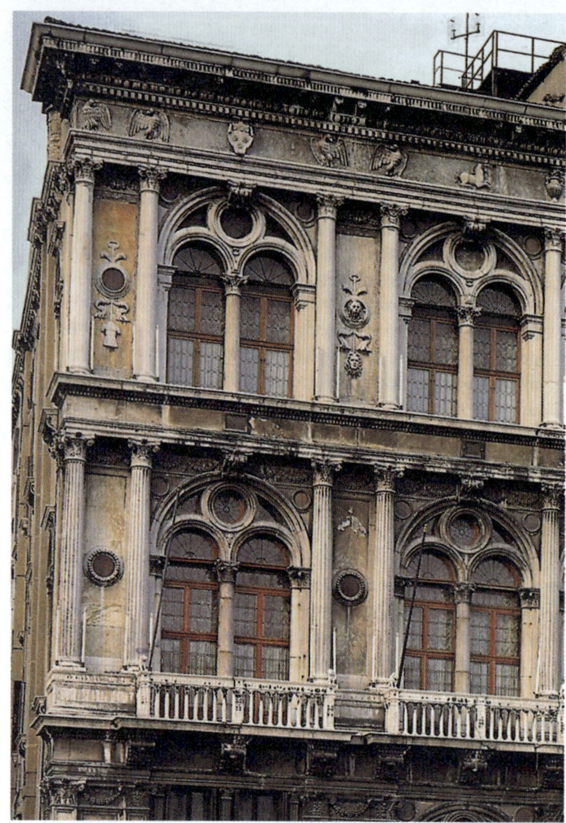

36 *Mauro Codussi, Palazzo Vendramin Calergi, Canal Grande*

Die Innenausstattung war fast immer prächtiger als die Zurückhaltung im öffentlichen Bereich vermuten ließ. Im Stadtraum schien Kontinuität in der Regel erstrebenswerter als radikale Erneuerung, das Miteinander wichtiger als das Gegeneinander. Ganz anders bei Codussi und den Loredan. Als wäre der Baukörper nicht groß genug, stellte ihm der Architekt als Element eigenen Rechts eine als Schauwand gebildete Fassade vor, die ihn deutlich überragt. Baukörper und Fassade, Konstruktion und Ornat treten auseinander, und schon bald bildeten sich für die Seiten und die Rückfronten der Paläste eigene Regeln heraus. Während die Fronten am Canal Grande den Diktaten der architektonischen Statuskonkurrenz und damit der Mode ausgesetzt waren, gehörten die Baukörper zu dessen Hinterland, in dem nicht Innovation regierte, sondern Kontinuität. Hier freilich bilden die Paläste eine eigene Gruppe, denn schon durch ihre schiere Größe dominieren sie die dort heimischen Strukturen (Abb. 35). Und auch ihre Gestaltung, etwa die Bossierung der Ecken, vor allem aber die Bänder aus istrischem Kalkstein, die die Fenster verbinden und gleichzeitig die Backsteinmauern stabilisieren, heben die Paläste heraus. Der Palazzo Corner wurde in dieser Hinsicht für viele Generationen zum Vorbild.

Die Großpaläste des 16. Jahrhunderts haben nicht die unmittelbare Nachbarschaft zum Wirkungs- und Bezugsraum, sondern den Canal Grande und die Stadt im ganzen. Deshalb wurde beim Palazzo Corner der Ornat der Fassade um eine Achse auf die Seiten übertragen, so daß er sich schon von weitem bemerkbar machen kann. Der zweite Bezugspunkt waren die gleichzeitigen Neubauten an der Piazza S. Marco. Die Höhe des Palazzo Corner allerdings bedeutete auch nach den Maßstäben der Piazza eine neue Qualität, denn von keinem Bau dort hätte man sagen können, daß man von ihm aus die Lagune sehen könne und daß auch er von der Lagune aus gesehen werde. Daß die Cornaro zu der kleinen Gruppe reicher Familien zählten, die damals allen gegenteiligen Beteuerungen der Staatsideologie zum Trotz die politischen Fäden zogen, fand auch im Stadtbild unmißverständlichen Ausdruck.

Paläste dieser Größenordnung brauchen ihre Zeit, aber schon das Bauen selbst war ein Akt der Selbstdarstellung, besonders dann, wenn Rivalen aus der damaligen Machtelite wie die Grimani auf den Plan traten, die in der Stadt gleich an mehreren Stellen bauten. Den wichtigsten ihrer Paläste, den bei S. Luca am Canal Grande (Abb. 37), übertrugen sie dem Veroneser Architekten Michele Sanmicheli. «Wenn das große Bauwerk, die gran Machina des Giacomo Grimani und die des Giorgio Cornaro einmal vollendet sind», so heißt es 1556, werde man Wunderbares sehen, denn beide bauten im Wettstreit, *a concorrenza*. An die Gestaltung des Inneren verschwendete der über siebzigjährige Sanmicheli nicht viel innovativen Ehrgeiz. Wohl aber auf die Fassade, die den Palazzo Corner im Vergleich sehr venezianisch aussehen läßt: eine breite Treppe über

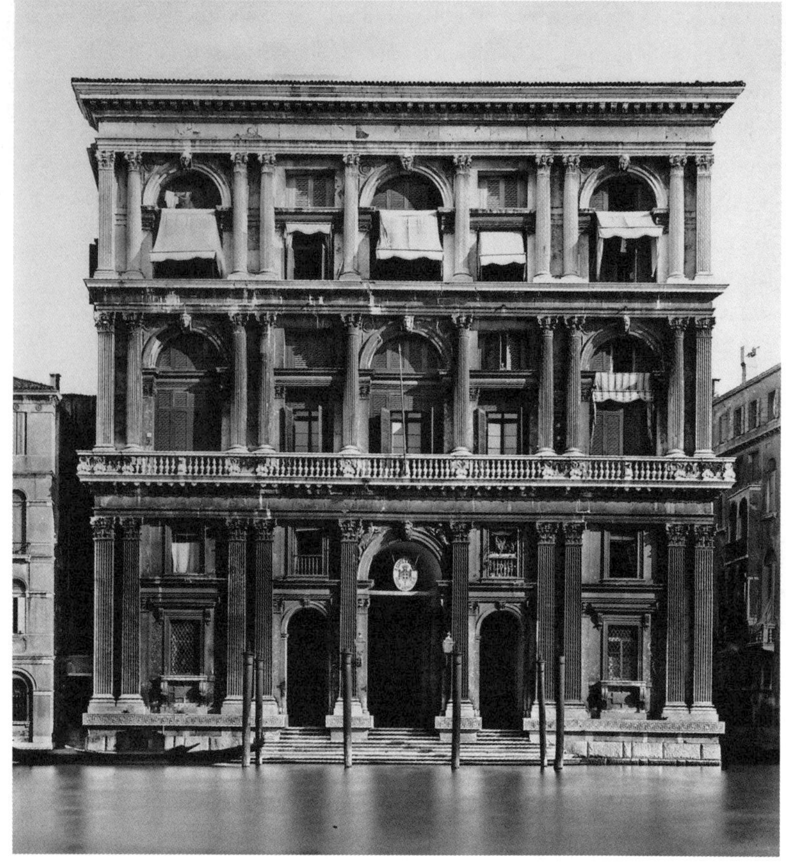

37 *Michele Sanmicheli, Palazzo Grimani bei S. Luca, Canal Grande*

drei Achsen, die Eingänge geordnet wie die eines Triumphbogens, ein markiges, tiefe Schatten werfendes Relief, Pfeiler schon im Erdgeschoß, der Habitus energisch, fast laut. Der obere Teil ist nicht mehr von Sanmicheli, folgt aber wohl seinen Intentionen, wenn er die Fassade wie eine vorgeschobene Bühnenwand wirken läßt, die mindestens so sehr zum Kanal gehört wie zum Palast. Vier oder fünf weitere Paläste dieser Art, und der Canal Grande wäre ein anderer geworden.

Noch vor Abschluß der Bauarbeiten am Palazzo Grimani und am Palazzo Corner erschienen 1570 Andrea Palladios *Vier Bücher über die Baukunst*, die auch Gegenprojekte zu den Großbauten der Grimani und der Cornaro enthalten (Abb. 38). In diesem Werk hat Palladio die im jahrhundertealten Palasttypus kondensierten Erfahrungen für die Innengestaltung brüsk beiseite geschoben und sogar Keller und zweigeschossige Säle mit Wölbungen vorgesehen, von denen er eigentlich wissen mußte, daß sie in Venedig unmöglich waren. Während seine Entwürfe im Inneren mit höchst abwechslungsreichen Raumfolgen brillierten, ließ Palladio bei den Fassaden, also zum Kanal und damit zur Stadt hin, äußerste Zurückhaltung walten. Ganz anders als seine Vicentiner Fassaden, von denen jede einzelne Individualität hervorkehrt, wollten seine venezianischen Gemeinsamkeit, ja Gleichheit demonstrieren. Klarer könnten sich architektonisch die Parteinahme für die Tugenden des alten Venedig und die Kritik an der zeitgenössischen Opulenz baulich nicht artikulieren.

Palladios Entwürfe blieben auf dem Papier, aber gegen Ende des 16. Jahrhunderts schlug das Pendel auch bei den realisierten Palästen zurück. Außen- und innenpolitische Krisen verlangten nach Reformen, und Reformieren bedeutete in Venedig immer auch Rückbesinnung auf die Tugenden der Altvorderen, der *maggiori*. Die Stellung des einzelnen zum Ganzen wurde nun auch architektonisch und städtebaulich wieder zu einem Thema. Protagonisten der politischen Erneuerung zogen sich demonstrativ vom Canal Grande zurück, so 1610 der Doge Leonardo Donà bis an die Fondamente Nove, wo er einen Palast ohne Säulen und Marmor errichten ließ – ein Akt der Bescheidenheit, der freilich nach einer Bemerkung des Bruders nicht weniger kostete als einer der üblichen Großpaläste am Canal Grande.

Seiner Reputation hat Donàs Entscheidung wenig genutzt. Als Vincenzo Scamozzi 1615, drei Jahre nach dem Tode Donàs, in seiner *Architettura Universale* eine Bilanz des vorausgegangenen Jahrhunderts zog, versuchte er, den Widerspruch zwischen der Forderung nach Magnifizenz und dem Gleichheitspostulat der Staatsideologie salomonisch aufzuhe-

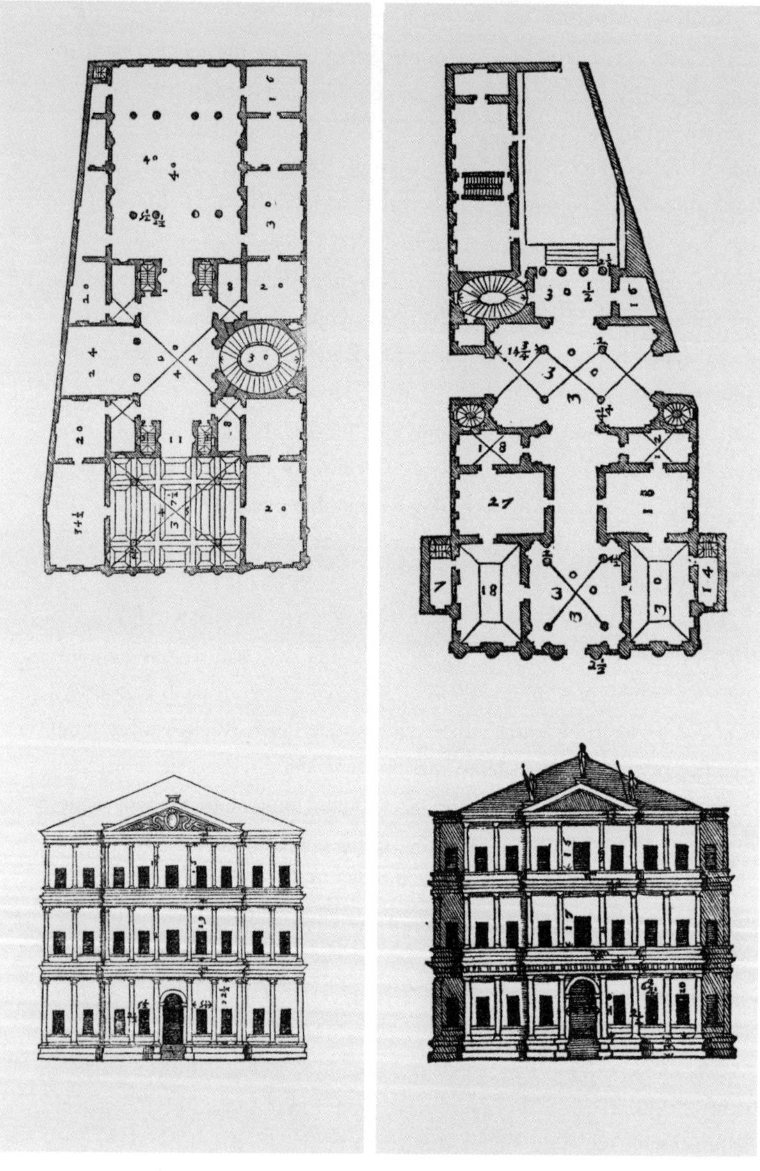

38 *Andrea Palladio, Entwürfe für die Paläste Corner und Grimani* (*aus:* I quattro libri dell'architettura, 1570)

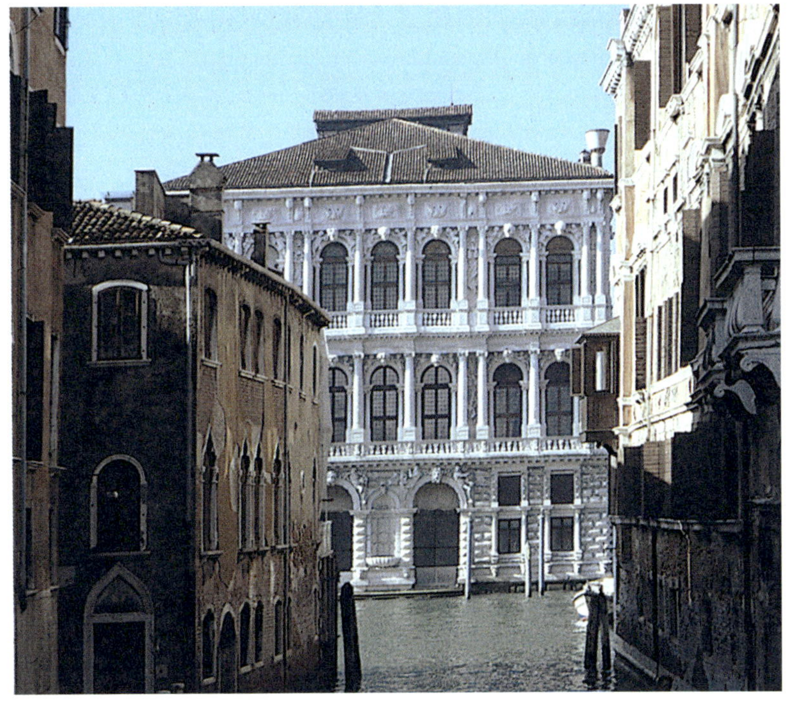

39 *Baldassare Longhena, Palazzo Pesaro bei S. Stae, Canal Grande, vom Rio Noale aus gesehen*

ben: An Adel seien die venezianischen *nobili* gleich, an Reichtum aber verschieden. Ein wohlgeordnetes Haus sei einer der Glücksfälle des menschlichen Lebens, es gebe dem Vaterland Glanz, schmücke die Stadt und mache den Bauherrn bekannt. Die Fremden würden die größten und reichsten Gebäude auf den ersten Blick sogar für öffentliche Bauten halten. Repräsentatives Bauen galt Scamozzi nicht nur als private Lust, sondern auch als gesellschaftliche Pflicht. Man habe aber einige ganz Reiche erlebt, die kein deutliches Zeichen ihres Besitzes gegeben hätten, in dem sie vornehm, *noblimente*, gebaut hätten.

Knausrigkeit kann man den Bauherren der Paläste Pesaro und Rezzonico, mit denen Baldassare Longhena gegen 1650 den Wettstreit unter den Großbauten am Canal Grande wieder aufnahm, sicherlich nicht vorwerfen. Anders aber als die innovativen Paläste des 16. Jahrhunderts waren ihre Nachfolger architektonisch weder revolutionär noch zukunftsweisend, sondern traditionell und retrospektiv. Ihre Geschichte zeigt zudem, daß der große bauliche Auftritt sich auch am Canal Grande oft mehr auf Ansprüche und Hoffnungen stützte als auf Realitäten. Giovanni Pesaro, 1658/59 für ein gutes Jahr im Amt des Dogen, hatte bei S. Stae mit den Um- und Neubauten begonnen, die der neue Status dieser alten Familie erforderlich machte. Sein Sohn, der Prokurator Leonardo Pesaro, beauftragte den Architekten der Salute, Baldassare Longhena, der allerdings den Abschluß der Arbeiten, die sich bis 1710 hinzogen, nicht mehr erlebt hat. Der Palast der Pesaro (Abb. 39, 40) entstand in einer Art Idealkonkurrenz mit Sansovinos Palazzo Corner. Longhena und seine Bauherren ließen sich dadurch nicht einschüchtern und führten ihre Fassaden gleich mit zwei Achsen um die Ecke herum. Bei den Formen regiert die Opulenz; die Neigung des Zeitstils zum Reichen und Malerischen konnte sich ausleben wie sonst nur im südlichen Italien. Besonders im Erdgeschoß, wo Longhena ungehindert von Säulenordnungen freier schalten konnte, hat er locker gruppiert. Die Platten der Rustika wachsen sich zu Diamantenquadern aus, Figürliches spielt sich nach vorn, und die Tierköpfe, darunter Löwen, das Symbol des Staates, aber auch das Wappentier der Familie, bekommen so viel Leben, daß sie sich scheinbar jeden Moment bewegen könnten. Besonders für den Blick vom Wasser und aus der Nähe, also für den Besucher, der sich dem Palast standesgemäß mit der Gondel nähert, relativieren solche Lizenzen, die ein bis dahin unbekanntes spielerisches Element in den Stadtraum bringen, die Monumentalität der Gesamterscheinung.

Nicht wenige der alten Familien kamen im 17. Jahrhundert bei der Erfüllung ihrer sozialen Verpflichtungen, zu denen auch die *magnificenza* im Bauen gehörte, in Schwierigkeiten. Deshalb wurde vom Palazzo Pesaro zunächst nur das erste Obergeschoß gebaut, obwohl die Proportionen des Erdgeschosses gebieterisch ein zweites Obergeschoß verlangen. Gezeichnete Querschnitte (Abb. 40) zeigen einen voll ausgebildeten Dachstuhl, eine dreigeschossige Fassade und ein Treppenhaus, dessen obere Teile zu einer prächtigen Türe führen, die nur den Dachstuhl bedient. Ob man hier auf Vorrat baute oder aber ein ehrgeiziges Projekt erst einmal abbrechen mußte?

Die Großpaläste des 17. Jahrhunderts sind nicht zuletzt ein Zeichen der ständigen Krise, die den Niedergang der Serenissima begleitete. Die Leistungsfähigkeit des Staates hatte ihre Grenzen erreicht, leere Kassen und der dadurch erzeugte politische Druck brachen den Stolz der herrschenden *nobili*, die nun, zum Beispiel zur Finanzierung der Kreta-Kriege, gegen Zahlung horrender Summen an den Staat einige wenige *cittadini* in den Adelsstand aufsteigen ließen. Das Bestreben dieser *nobili di Candia*, dem neuen Status auch durch entsprechende Architektur an einem angemessenen Ort Ausdruck zu geben, stieß allerdings auf Schwierigkeiten, denn zumindest am Canal Grande waren die guten Plätze inzwischen vergeben. Ein Ausweg war die Übernahme steckengebliebener Projekte, wie dies bei S. Barnaba geschah. Die Rezzonico, die dem Palast heute den Namen geben, stammten vom Comer See. Einer von ihnen, Aurelio,

40 *Baldassare Longhena, Palazzo Pesaro, Querschnitt des 1. Zustandes*

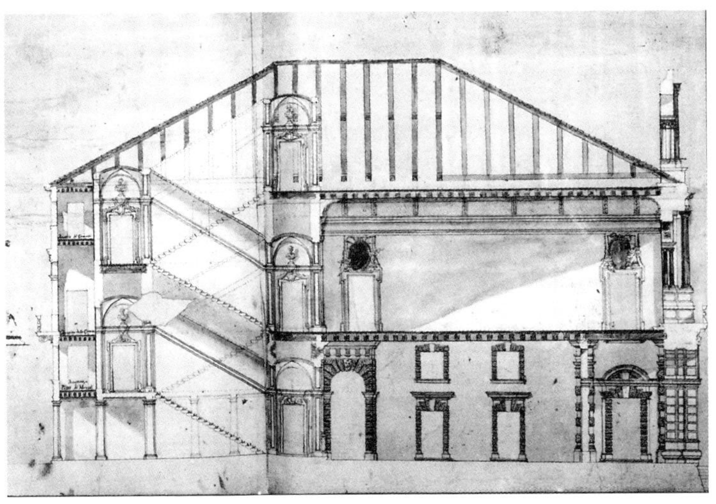

konnte 1687 gegen eine Stiftung von 100 000 Dukaten die Zulassung zum Großen Rat erwirken, und 1758 wurde ein Rezzonico als Clemens XII. sogar zum Papst gewählt. Damals war die Familie seit acht Jahren im Besitz des Palastes, den Baldassare Longhena lange vorher, 1667, für den Prokurator Filippo Bon begonnen hatte. Bons ehrgeiziger Plan, die Häuser der Familie, die bei S. Barnaba eine der prominentesten Stellen des Canal Grande in ihrem Besitz hatten, durch einen neuen Palast zu ersetzen, scheiterten jedoch am Geld. Motivisch wie stilistisch hatte Longhena sehr hoch gegriffen und sich für eine Architektur entschieden, deren steinerner Fassadendekor nicht nur üppig, sondern auch überaus teuer war. Wieder war der Palazzo Corner das Vorbild, aber auch der sollte noch übertroffen werden, denn im Hauptgeschoß wurden Motive der Libreria, also der vornehmsten öffentlichen Architektur, privatem Ehrgeiz dienstbar gemacht. Bei Longhenas Tod 1682 stand nur das Erdgeschoß. Die Erben des 1712 gestorbenen Filippo Bon beauftragten Giorgio Massari mit dem Weiterbau, aber auch sie mußten aufgeben und 1750 an die Rezzonico verkaufen, für die Giorgio Massari den Palast nach mehr als neunzigjähriger Bauzeit 1756 schließlich vollenden konnte. Der alte Adel war – ein Menetekel – an der Realisierung eines seiner größten Palastprojekte gescheitert.

IV. Im Arsenal und am Rialto

Bauten des Staates: Bei fast allem, was in Venedig gebaut wurde, auch bei Palästen, bei Scuole, bei Anlagen der *Venezia minore*, ja sogar bei Kirchen, hatten staatliche Instanzen ihre Hände im Spiel. Sichtbar wurde die Rolle des Staates aber erst da, wo er selbst als Bauherr auftrat, bei den öffentlichen Bauten, den *fabbriche pubbliche*. Sie konzentrierten sich am Markusplatz und am Rialto, aber auch der Fondaco dei Tedeschi oder das Ghetto zählten dazu, nicht zu vergessen die Getreidemagazine, die Krankenhäuser, manche Altenheime oder die Bäckerei beim Arsenal, die den Zwieback für die Schiffsreisen lieferte. Die meisten dieser Bauten existieren, wenn auch wenig beachtet, noch heute. Es gibt aber auch Verluste. Der gravierendste ist der der gotischen Getreidespeicher aus Backstein bei S. Marco (Abb. 41). Im Barbaroplan erscheinen sie fast gleichwertig zum Palast (vgl. Abb. 56). Vielleicht waren sie sogar ein Werk des Filippo Calendario, des Architekten des Dogenpalastes. Von ihrem Aussehen kann die Fassade des im übrigen fast zur Unkenntlichkeit entstellten Fondaco del Megio am Canal Grande bei S. Stae eine gewisse Vorstellung geben, nicht aber von der architektonischen Stringenz, die die Anlage bei S. Marco ausgezeichnet haben muß: zwei Bauten, mit jeweils acht Achsen und mit vier Stockwerken etwa so hoch wie die heutige Zecca, durch Gassen erschlossen und in der Mitte zusammengefaßt von einem steinernen Portal mit Markuslöwen und Inschrift. Nicht nur Politik, so die Botschaft, gehört zu einem guten Regiment, auch die Fürsorge für die Untertanen und ausreichende Vorräte gehören zu den Garanten der Sicherheit und damit der Freiheit. Im frühen 19. Jahrhundert mußte dieses Meisterwerk mittelalterlicher Zweckarchitektur einem Palastgar-

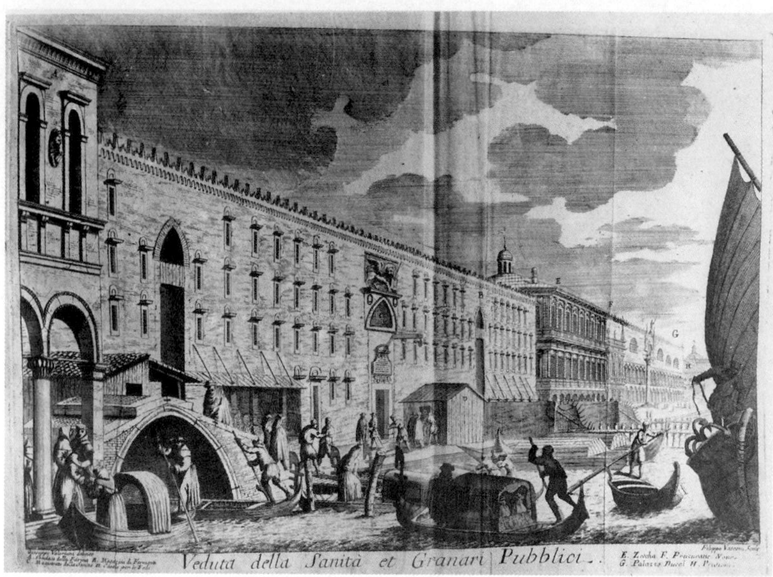

41 Kornspeicher des 14. Jahrhunderts, Piazza S. Marco, Anfang des 19. Jahrhunderts durch die Giardini Reali ersetzt (vgl. Abb. 51)

ten des französischen Vizekönigs weichen, der bis heute ein Schattendasein führt.

Auch bei staatlichen Bauten, die weniger prominent waren, wurde das Aussehen nicht dem Zufall überlassen. Jacopo Sansovino etwa hatte, als er für die Prokuratoren an der Piazza baute, nicht nur mit der Piazza, mit Palästen und mit Kirchen zu tun, sondern auch mit Unternehmungen wie der Cà di Dio an der Riva degli Schiavoni und dem Hospital für die unheilbar kranken Syphilitiker, dem Ospedale degli Incurabili, an den Zattere. Der Staat demonstrierte, daß er die neue Krankheit ernst nahm, stellte aber für die ganze riesige Anlage nur 600 Dukaten zur Verfügung, während ihm schon die kleine Loggetta am Campanile 400 wert war – eine Not, die den Architekten zu einer höchst originellen Krankenhauskirche aus Holz inspirierte, die im 19. Jahrhundert abgerissen wurde. Die Grenzen zwischen Beratung, Entwurf und Bauaufsicht scheinen oft fließend gewesen zu sein. Mit der Cá di Dio an der Riva degli Schiavoni, einem Altenheim für Frauen zum Beispiel war Sansovino nur in der kurzen Zeit befaßt, in der die Prokuratoren, für die er die Libreria und die Loggetta baute, für das Haus zuständig waren. Die Mittel waren knapp, dem gestalterischen Ehrgeiz deshalb enge Grenzen gesetzt: Säulen wurden ausdrücklich verboten und istrischer Kalkstein nur für Fenster und Balkons erlaubt. Sansovino gelang es trotzdem, in der Disposition der Fenster, der leichten Krümmung des Baukörpers entlang des Rio Cà di Dio und der Folge der Schornsteine mit einfachsten Mitteln einem Stück Stadtraum gleichermaßen nüchtern wie nobel Form zu geben.

Nüchternheit war auch das Stichwort gewesen, als der Senat 1505 über den neuen Fondaco dei Tedeschi am Rialto zu befinden hatte. Der alte war abgebrannt, aber schon am folgenden Tage wurde beschlossen, ihn «besser und größer» wieder aufzubauen. Ein Gebäude von solchen Dimensionen an dieser Stelle mußte auffallen. Deshalb die Maßgabe, daß der Neubau sich nicht mit Treppen in den Canal Grande zu schieben habe und daß kein Marmor, kein Maßwerk und auch sonst keine steinernen Ornamente Verwendung finden dürften – wie sie bei Adelspalästen und Scuole gerade in Mode gekommen waren. Fresken, im venezianischen Klima wenig dauerhaft, waren erlaubt, was zwei ehrgeizigen jungen Malern, Giorgione und Tizian, die Gelegenheit bot, der Stadt ihr Können vorzuführen. Die Bilder sind heute verloren, nachdem sie dem Gebäude jahrhundertelang mehr Aufmerksamkeit gesichert hatten als jeder Marmorschmuck es hätte tun können, wie überhaupt die ganze Kultur der Fassadenmalerei, die einmal eines der wichtigsten Elemente des venezianischen Stadtbildes war, nur noch mühsam zu rekonstruieren ist.

In der Anlage war der Fondaco, heute die Hauptpost, nüchtern, aber großzügig und bequem, ein ursprünglich offener Hof in der Mitte, drei Arkaden-Geschosse mit Ähnlichkeiten zu Kreuzgängen, aber auch zu öffentlichen Plätzen, was mit den Funktionen des Gebäudes als Wohnort, Warenlager und Handelskontor zu tun hat. Als Architekt wird ein deutscher Meister «Hieronymus» genannt, aber die Architektur ist so venezianisch wie die Institution. Schon seit dem 13. Jahrhundert hatten die Deutschen, die wichtigsten Handelspartner der Venezianer, hier Unterkunft gefunden. Der Fondaco war ein Bereich des Schutzes, aber auch einer der Kontrolle, «eine kleine Stadt mitten in der unseren» wie es 1581 beschönigend heißt, aber auch ein luxuriöses Gefängnis für die Kaufleute wie für ihre Waren. Das Haus mit seinen angeblich 200 Räumen bot sichere Unterkunft, aber die war obligatorisch, denn die Deutschen durften nur dort handeln und nur mit Venezianern. Nachts wurden sie zu ihrer – und der Venezianer – Sicherheit zusammen mit ihren Waren eingeschlossen.

Das Arsenal: Von den drei großen Bereichen öffentlicher Bautätigkeit, S. Marco, Rialto und Arsenal, hat das Arsenal, einstmals Waffenschmiede und Zeughaus der Serenissima, die stärksten Veränderungen erfahren. Sein Bereich ist aber mit fast doppelt so viel Fläche wie die Plätze um S. Marco nach wie vor der größte (Abb. 42). Schon immer war das Arsenal eine Stadt in der Stadt, aber wo einst das Leben pulsierte wie sonst nur am Rialto (man sprach im 15. Jahrhundert vom «neuen Babylon»), hüten seit Jahren Stallwachen der italienischen Marine ein brachgefallenes Areal, das im alten Europa das früheste und aktivste Industriegebiet gewesen war. Nicht umsonst war das Arsenal für wichtige Besucher Teil des offiziellen Programms. 1459 «führte der Doge die Besucher zum Arsenal, wo die Artillerie der Stadt aufbewahrt wird, dann zeigte er uns die Galeeren». Dergleichen hätte es auch in Pisa oder Genua zu sehen gegeben, nicht aber die 1500 Arbeiter, «die nichts anderes tun, als Galeeren bauen. An anderer Stelle zeigte er vierzig oder fünfzig Männer, die nichts anderes herstellen als Ruder und an einer anderen Stelle achtzig Frauen, die Segel herstellen und reparieren … Auch die Mühlsteine für Schwefel, Kohle und Salpeter wurden gezeigt und die Lager für das Schießpulver … Alle diese Dinge sind innerhalb eines Gürtels schöner Mauern». Man blieb den ganzen Tag.

Der Besuch von 1459 galt noch dem alten Arsenal, dem um die Darsena Vecchia (links im Bild). Sie nahm kaum ein Viertel der Fläche der Darsena Nuova (im Bild rechts) ein, die in den siebziger Jahren des

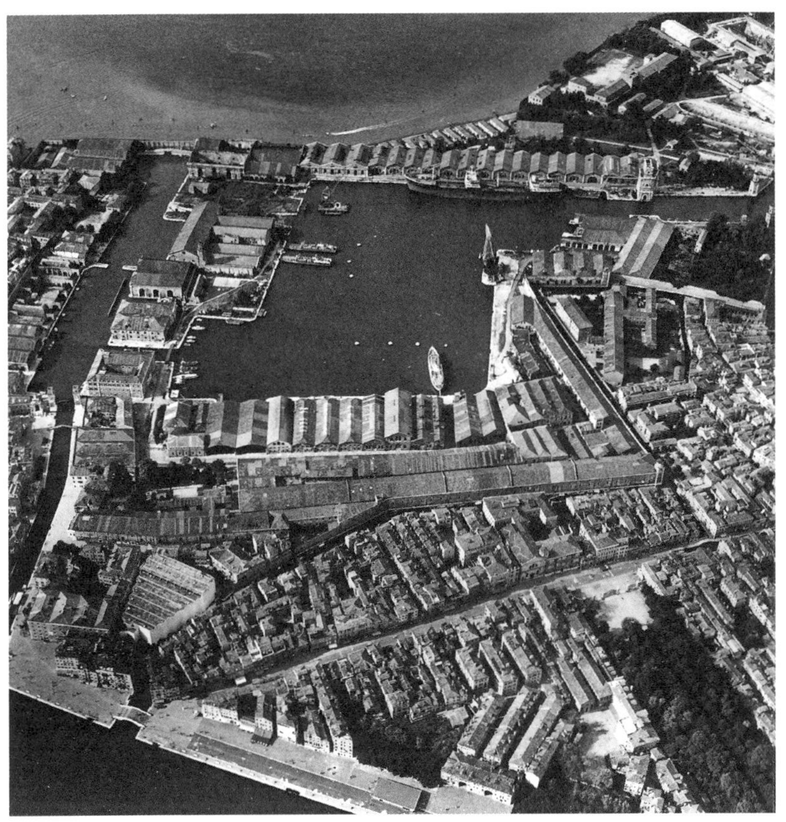

42 Arsenal, unten die Riva dei Sette Martiri

15. Jahrhunderts gebaut wurde. Der Größensprung war Ausdruck weltgeschichtlicher Erschütterungen, vor allem der Türkenangst. Man wußte, daß der türkische Sultan nach der Eroberung von Konstantinopel im Jahre 1453 dort ein gewaltiges Arsenal errichtete. Ziel seiner Flotte konnte nur das westliche Mittelmeer sein, die Existenzgrundlage der Serenissima war dadurch in größter Gefahr. Sie antwortete mit einer Erweiterung dreimal so groß wie das alte Arsenal: als «Basis und Fundament der Größe dieser Republik, Ehrentitel von ganz Italien, ja, der ganzen Christenheit ist das Gebäude des Arsenals, das man als arx senatus (Burg

 des Senates) interpretiert, gegen die Waffen der Ungläubigen, Festung, Bastion, Vorposten und Stütze des Senats und unseres Glaubens» (Francesco Sansovino).

Die Grenzen zur Stadt waren früh definiert, im Inneren aber und zur Lagune hin ist das Arsenal bis zum Ende der Republik immer wieder erweitert und verändert worden. Eine der wichtigsten Kampagnen kam, wieder vor dem Hintergrund wachsender Türkengefahr, im 16. Jahrhundert, als mit den *corderie*, der Seilerei, und den *gaggiandre*, den Wasserdocks, riesige Räume entstanden, die bis heute faszinieren. Die *corderie* (Abb. 43) von 1580 sind 360 Meter lang – das ist zweimal die Längsseite des Markusplatzes. Sie waren nötig, um die Taue zu drehen, während in den *gaggiandre*, vollendet 1573, die Schiffe zusammengebaut wurden. *Corderie* wie *gaggiandre* sind Exempla einer hochbedeutenden Industriearchitektur lange vor dem Industriezeitalter. Zusammen mit den Mauern und Wasserflächen des Arsenals bilden sie ein Ensemble ersten Ranges, das städtebaulich zu den großen verborgenen Schätzen Venedigs gehört.

43 *Arsenal, Corderie*

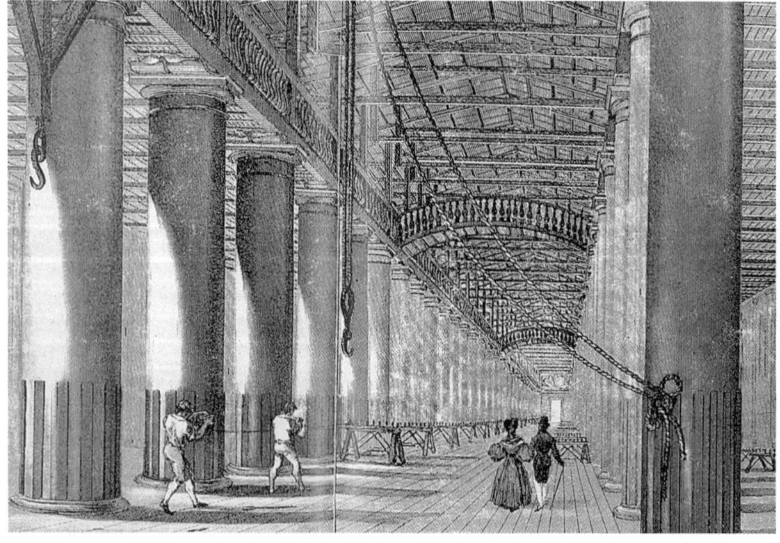

Es aus seinem Schattendasein in die Stadt zurückzuholen, bedürfte freilich größter planerischer Intelligenz und Behutsamkeit, denn nur aus der Luft erscheint das Raum- und Baugefüge des Arsenals einfach, im Inneren tun sich immer wieder neue, höchst charakteristische Teilbereiche auf, weshalb jede Monokultur ein Stück Zukunft verschenken würde.

Anders als bei S. Marco und am Rialto herrschte am Arsenal nicht Offenheit, sondern strengste Geheimhaltung. Wer in der Nähe des Eingangs bauen wollte, hatte mit wenig Fenstern auszukommen, und das Glockengeschoß der benachbarten Kirche S. Francesco della Vigna mußte an der dem Arsenal zugewandten Seite nachträglich vermauert werden. In einer Stadt, die so stolz war auf die Abwesenheit von Mauern aus Stein, mußten die riesigen Backsteinfronten um das Arsenal besonders beeindrucken. Da das Innere wie zu den Zeiten der Republik nur gelegentlich und auch nur teilweise zugänglich ist, beschränkt sich die Präsenz des Arsenals in der Stadt bis heute auf die Mauern und die Porta Magna (Abb. 44). Diese Porta war zunächst nur ein Tor, vor dem dann in mehreren Schritten ein Platz geschaffen wurde, der in Formen und Zeichen immer deutlicher zur Piazza S. Marco in Bezug trat. Der älteste Teil, das Portal von 1460, war antik und venezianisch zugleich, denn der zitierte antike Bau, der Triumphbogen von Pola, lag auf venezianischem Gebiet, und die Kapitelle haben ihre Vorbilder in S. Marco, sind also altvenezianisch. Nach dem Sieg von Lepanto, der 1571 dem Vordringen der Türken Einhalt geboten hatte, kamen Viktorien und eine Statue der heiligen Justina hinzu, an deren Tag der Sieg erfochten wurde. Ab 1692 entstand nach dem Vorbild der 1652 angelegten Terrasse vor der Loggetta bei S. Marco auch eine Terrasse vor der Porta Magna des Arsenals. Auch Figuren treten auf, und zwar in bezeichnender Formation: in der ersten Reihe Neptun und Mars, Justitia und Bellona (die altrömische Kriegsgöttin), dahinter die Personifikationen von Artillerie und Wachsamkeit, in der dritten Reihe schließlich Venezia und Abondantia. Diese Akteure sind nicht selbstverständlich. Da es eine Bild-Tradition für diesen Ort nicht gab, kam es auch zu so unorthodoxen Vorschlägen wie

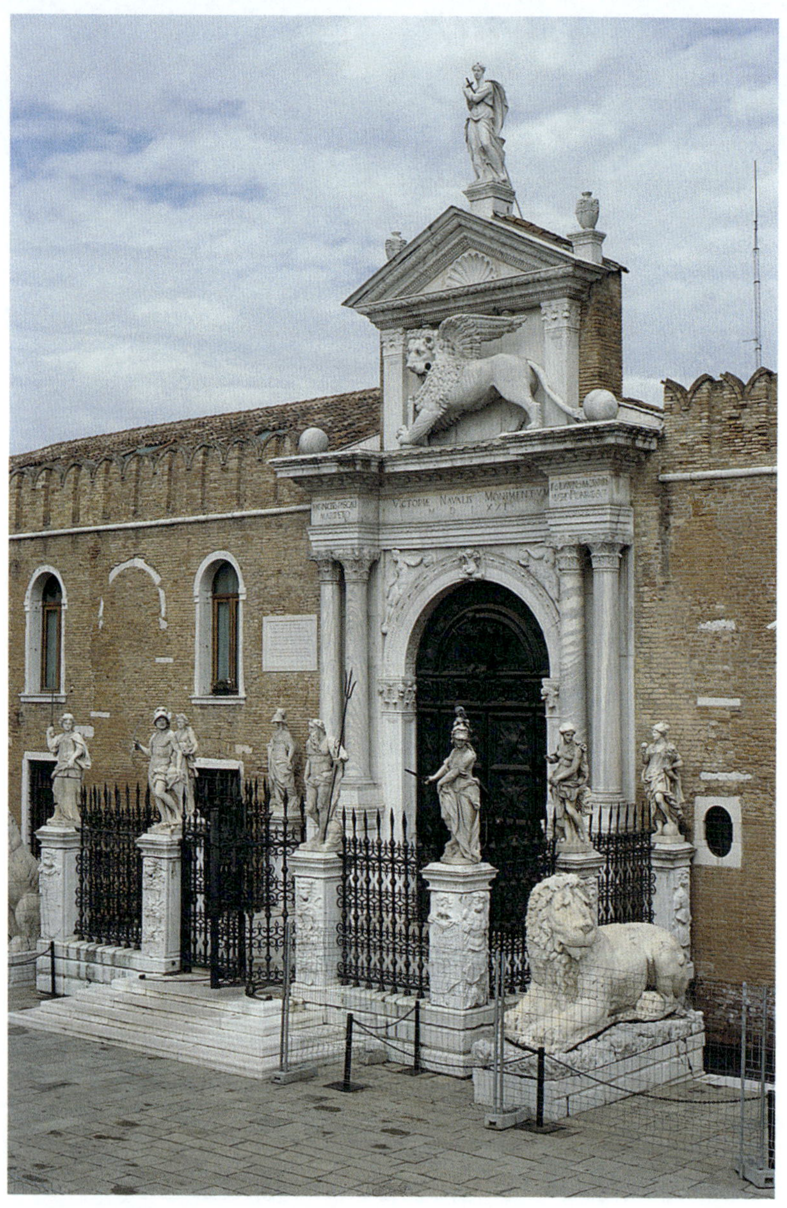

44 *Arsenal, Porta Magna*

dem für ein ganz auf das Kaufmännische, nicht das Politisch-Militärische, ausgerichtete Programm mit Allegorien der Vernunft, des Wertes, der Kraft, des Guten Rates, des Fleißes und des Eifers. Ein anderer Vorschlag wollte die Wachsamkeit, die Schiffahrt, die Mechanik und den Erfindergeist verkörpert sehen, und 1726 wurden, allerdings für das Innere des Arsenals, sogar – als lebte man schon am Ende des 19. Jahrhunderts – Personifikationen des Schmiedes, des Matrosen, des Lotsen sowie des Küfers, des Schiffe-Bauers und des Taue-Drehens in Vorschlag gebracht. Die ausgeführte Dekoration des Portals allerdings steht ganz im Zeichen der ab 1684 von Francesco Morosini errungenen Siege über die Türken, die den Peloponnes zeitweise für Venedig zurückgewannen. Venedig, so die Hoffnung, könnte wieder zur Königin der Meere werden. Francesco Morosini huldigt der Fahnensockel aus Bronze (wieder ein Hinweis auf S. Marco) mit seinen Wappen und seinen Reliefs, und von Morosini selbst stammen die drei Löwen, die er 1688 als Trophäen aus der Ägäis nach Venedig verschleppte. Sie bekamen damals neue Köpfe, die ihnen etwas von ihrer archaischen Fremdheit nahmen. Der vierte Löwe, der beim Kanal, der 1716, nach der Wiedereroberung von Korfu, das Ensemble komplettierte, war zugleich das letzte Beutestück der venezianischen Republik. Nicht mehr lange, und Venedig wurde am Ende des Jahrhunderts selbst zur Beute.

Das Zentrum des Handels: Während das Arsenal eine neue Bestimmung erst noch finden muß und die Piazza zum Denkmal ihrer selbst geworden ist, hat der Rialto (Abb. 45) einen Teil seiner Funktionen in die Gegenwart retten können. Steuer- und Finanzgerichte residieren auch heute noch im Palazzo dei Camerlenghi, der für sie errichtet wurde. An Anlegestellen und Hafenaktivitäten erinnern Namen wie Riva del Vin, Riva del Ferro und Riva del Carbon. Ruga dei Orefici bedeutet, daß die Hauptstraße des Quartiers den Goldschmieden zugewiesen war, Calle della Sicurtà erinnert daran, daß hier (eine venezianische Erfindung) Rückversicherungen möglich waren, während in den Bögen davor, unter dem Sottoportico del Banco Giro, der Geldhandel seinen Platz hatte.

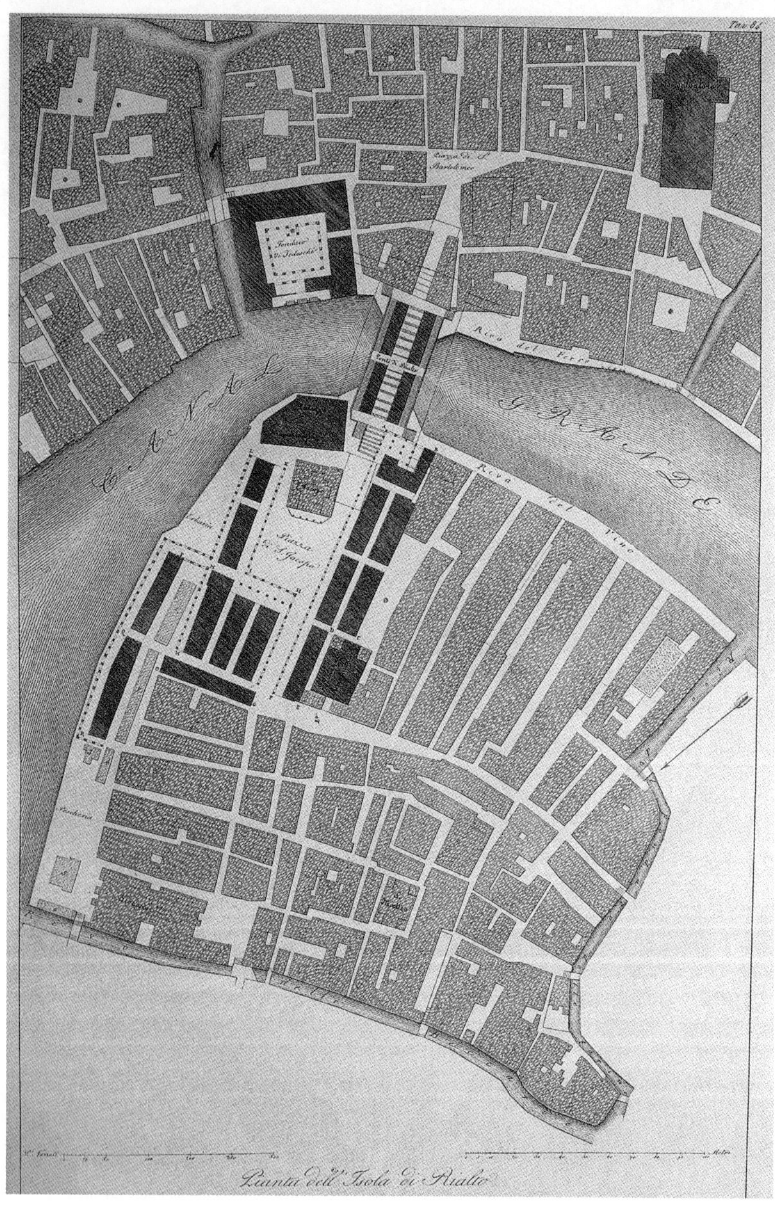

45 *Rialto, Grundriß zu Beginn des 19. Jahrhunderts*

Trotzdem kann niemand sich heute vorstellen, daß hier einmal eines der Zentren des Welthandels lag, «la prima Piazza d'Europa», das so bekannt war, daß Shakespeare selbst im fernen London bei seinem Publikum auf Verständnis hoffen konnte, wenn er im *Kaufmann von Venedig* den Rialto zum Ort der Handlung machte.

Zu dem architektonischen Glanz von S. Marco hat es am Rialto nie gereicht, obwohl sich Jahrhunderte bemüht haben, der funktionalen Gleichrangigkeit auch die bauliche folgen zu lassen. Schließlich lag am Rialto der Tradition nach die Keimzelle der Stadt, angemessene Architektur war schon deshalb eigentlich unabdingbar. 1396 zum Beispiel, als die hölzernen Verkaufsstände für Fische und Obst marode geworden waren, hieß es, die Ehre des Staates erfordere, an diesem Hauptort der Stadt, ihrem *locus principalis*, einen dauerhaften Neubau aus Stein zu errichten. Dazu aber kam es nicht, obwohl bereits 1394 die Akten des Großen Rates einen von ungezählten einschlägigen Beschlüssen verzeichnen: Der Stadt zur Ehre und dem Staat zum Ruhme müsse der Platz gepflastert und in die gleiche Ordnung gebracht werden, wie es gerade mit dem Markusplatz geschehen sei.

Die Piazza S. Marco ist schon wegen ihrer Randlage eine Welt für sich, die sich zur Lagune öffnet, der Stadt aber den Rücken kehrt; und das Arsenal mit seinen gewaltigen Mauern bildet bis heute so etwas wie eine verbotene Stadt. Eine Stadt in der Stadt ist auch der Rialto, aber er ist eine offene. Zu den Zeiten der Republik war der Rialto sogar das eigentliche Zentrum, und zwar auch für die venezianischen *nobili*, die als Handelsherren ihren Tag am Rialto begannen. Im Grundriß des Quartiers ist bis heute abzulesen, daß mehrere historisch und formal verschiedene Strukturen ineinander greifen: die langgestreckten Grundrisse am Canal Grande gehören wohl zur frühen Besiedlung der Stadt mit autarken Großhaushalten, die zentraler Märkte noch nicht bedurften. Die Strukturen auf der anderen Seite des Kanals, ebenfalls sehr alt, nehmen vom Rialto gar nicht erst Notiz, sondern gruppieren sich um eigene Höfe. In dem dichten Gefüge aus regelmäßigen Bauten, das heute den Rialto prägt, dienten die Arkaden dem Handel und die beiden Obergeschosse den Verwaltungen. Es gewann seine Form in den zwanziger Jahren des 16. Jahrhunderts. Wenig früher hatte Vittore Carpaccio einen wesentlich orientalischeren Rialto vorgestellt. Mit seinem Blick für das Exotische wird er der Wirkung des alten Rialto nahegekommen sein. Ob die gezeigten Bauwerke in jeder Einzelheit so ausgesehen haben wie sein Bild behauptet, muß offen bleiben, die wichtigsten Sachverhalte allerdings werden durch den Barbaroplan bestätigt, der die öffentlichen Bauten am Rialto sonst eher kursorisch behandelt (Abb. 47). Allerdings mit einer Ausnahme: Die Loggia zu Füßen der Brücke zeigt er so groß, wie es ihrer Bedeutung entspricht, aber wohl kaum ihren tatsächlichen Maßen. Sie war der einzige Bau, mit dem der Rialto im Mittelalter S. Marco architektonisch übertreffen konnte. Die Loggia war den Adligen und den *cittadini* vorbehalten, aber diese Funktion und ihre exponierte Lage waren auch eine Quelle ständigen Ärgers: Die *nobili* würden an der Benutzung gehindert, Bootsleute belagerten den schmalen Zugang zum Kanal, ihre Zahl und Frechheit hinderten die anderen Besucher am Landen, und nicht selten müßten Herren von Stand zu Fuß nach Hause gehen, weil sie ihre Gondel nicht erreichen könnten.

In der extrem kalten Nacht vom 9. auf den 10. Januar 1514 wurde der Rialto das Opfer eines Feuers, wie es die Stadt noch nicht gesehen hatte. Starker Wind aus wechselnden Richtungen fachte die Flammen immer neu an. Die Straßen waren blockiert, weil Flüchtige, die ihre Habe retten wollten, sich mit Plünderern und Schaulustigen ins Gehege kamen. Nur um das Feuer habe sich niemand gekümmert. Es war, so der Chronist, wie der Untergang Trojas. Der Wiederaufbau durch Antonio Scarpagnino brachte keine Revolution, wohl aber eine Klärung. Sachlich, nüchtern fast, wirken Planung und architektonische Gestaltung zusammen. Es fehlte an Mitteln, aber wohl auch an dem Willen, einer schon damals 1000jährigen Geschichte des Ortes etwas grundsätzlich Neues entgegenzusetzen. Im Gegenteil galt es auch hier, Tradition in die Gegenwart hinüber zu leiten. *Renovar et reconzar*, wie es in Venedig immer wieder heißt. An radikalen Vorschlägen hat es allerdings nicht gefehlt. Der Veronese Fra Giocondo, der auch für die neue Peterskirche in Rom plante, schlug vor, die Komplexitäten des Rialto so zu ordnen, wie es den Idealen der zeitgenössischen Stadtutopie entsprach. Ausgehend vom Canal Grande, wollte Fra Giocondo eine von Kanälen umflossene quadratische Idealstadt mit einer Kirche als Mittelpunkt schaffen. Der Handel sollte hierarchisch geordnet werden, Gemüse und Fisch hätten zum Beispiel an der Außenseite Platz gefunden, die Textilien in einer umlaufenden Straße im Inneren, Goldschmiede und Juweliere im Zentrum. Eine mit Läden bestückte Steinbrücke sollte hinzukommen. Die Ablehnung des Projektes hat den Venezianern einigen Hohn eingetragen. In Venedig, so Giorgio Vasari 1568 aus Florenz, habe das Geld gefehlt, und Intrigen hätten den Auftrag einem Mann von geringem Urteil zugeschanzt. Realisiert, wäre aber wohl auch Fra Giocondos Rialto ein weiterer Beleg für die alte Erfahrung geworden, daß Idealstädte außerhalb von Utopia kaum halten, was sie versprechen. Das Urteil aus Venedig war knapp und vernichtend: Fra Giocondo habe den Rialto abriegeln wollen und überhaupt den Ort nicht verstanden (*«non capisse il loco»*).

Von Scarpagnino kann man dergleichen nicht behaupten. Sein Beitrag, zu dem immerhin die zentrale Straße und der wichtigste Platz, der vor S. Giacomo di Rialto (Abb. 46), also die prägenden Teile des Quartiers, gehören, wird meist gering geachtet. Nach den Maßstäben der Entstehungszeit war der Anspruch allerdings keineswegs niedrig, denn am Canal Grande war Renaissance noch selten, und auch an der Piazza Publica stand die Erneuerung «alla Romana» durch Jacopo Sansovino noch in den Sternen. Die Klarheit und Zurückhaltung, die Scarpagnino walten ließ, sind ebensowenig selbstverständlich wie der ruhige, aber keineswegs gemächliche Habitus seiner Architektur, die auf engem Raum Plätze und Gassen, Abstände und Engführungen, Wege und Orte derart zu dimensionieren und zu kombinieren verstand, daß die Schwierigkeit der so souverän gemeisterten Aufgabe ganz in den Hintergrund tritt. Scarpagninos wichtigstes Instrument, die Arkade, ist auch sonst der elementarste Baustein öffentlicher Architektur in Italien. So meisterlich gehandhabt wie hier, entfaltet sie ihr ganzes Potential: Sie schafft Ordnung, aber auch Durchgängigkeit und Übergang.

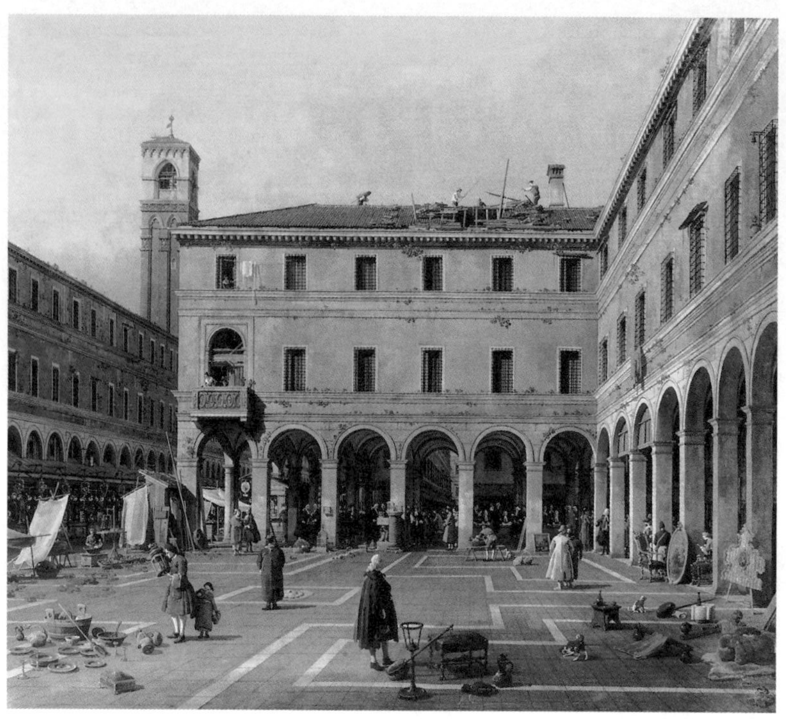

46 *Antonio Canaletto, Campo di S. Giacomo di Rialto, Ausschnitt, Staatliche Gemäldegalerie, Berlin*

Wie schwierig das Bauen am Rialto war, zeigen die folgenden Bauten, der Palazzo dei Camerlenghi aus den dreißiger und die Fabbriche Nuove aus den fünfziger Jahren des 16. Jahrhunderts, die die Leistung Scarpagninos noch im nachhinein in hellem Licht erscheinen lassen. Seine Kampagne hatte vor allem dem Inneren des Rialto gegolten, das Problem der Brücke aber ausgespart. Zu ihren Füßen und direkt am Canal Grande schien jedoch etwas mehr an Baukunst vonnöten. Ob Scarpagnino sich diese Aufgabe nicht zutraute oder ob er unfreiwillig den kaum erfahrenen Guglielmo dei Grigi empfahl, ist ungewiß. Der junge Architekt jedenfalls tat sich mit dem Bau des Finanzgerichtshofs der *Camerlenghi* sichtlich schwer. Schon während der Bauzeit kam es zu Absenkungen, die die Fassadengliederung – noch heute sichtbar – zu korrigieren suchte. Das Gebäude, das größere Teile seines Vorgängers zu integrieren hatte und wohl auch anzeigen sollte, daß in ihm Teile des Staatsschatzes aufbewahrt waren, aber auch Gefangene gehalten wurden, bietet sich nach außen im Erdgeschoß als geschlossener Block dar und separiert sich damit aus dem öffentlichen Bereich. Sein wesentlicher Beitrag zum Schmuck der Stadt ist die üppige Marmorinkrustation, die dem gegenüberliegenden Handelshaus der Deutschen einige Jahre zuvor ausdrücklich verweigert worden war.

Selbst Jacopo Sansovino, der Meister der Piazza von S. Marco, hatte am Rialto keine glückliche Hand. Dabei waren die Erwartungen hoch, denn mit Vettore Grimani und Antonio Cappello hatte der Rat der Zehn zwei Männer mit der Aufsicht über den Neubau betraut, mit denen Sansovino an der Piazza erfolgreich zusammengearbeitet hatte. Schließlich ging es um nichts Geringeres als um die Schauseite des Rialto zum Canal Grande. Zwar war dort mit dem Gemüsemarkt nichts sonderlich Bedeutendes unterzubringen, die oberen Geschosse sollten als Lager- und Büroräume vor allem Profit erwirtschaften, aber der Lage wegen bestand die Bauherrschaft darauf, daß nur bester Stein verwendet werde. Die Säulenpracht von S. Marco war für solche Zwecke unangemessen, aber die Rustika des Erdgeschosses und die Pilaster in den Geschossen darüber gehen doch über die betonte Schmucklosigkeit Scarpagninos erheblich hinaus. Sansovino suchte eine Mitte zwischen den Nutzbauten, an denen auch der damalige Canal Grande nicht arm war, und den formalen Ansprüchen, die sich in der öffentlichen Architektur durchgesetzt hatten und seit 1536 an der Piazza auch verwirklicht wurden.

Il Ponte di Rialto: Am heftigsten waren die Rialto-Diskussionen naturgemäß da, wo es die größten Schwierigkeiten gab. Die Holzbrücke des 15. Jahrhunderts, die bei Carpaccio und im Barbaroplan (Abb. 47) zu sehen ist, war ein Notbehelf, wenn auch ein sehr langlebiger. Probleme gab es viele: Wie wäre eine Steinbrücke an dieser Stelle sicher zu gründen? Wie könnte sie großen Schiffen Durchfahrt bieten und zugleich den

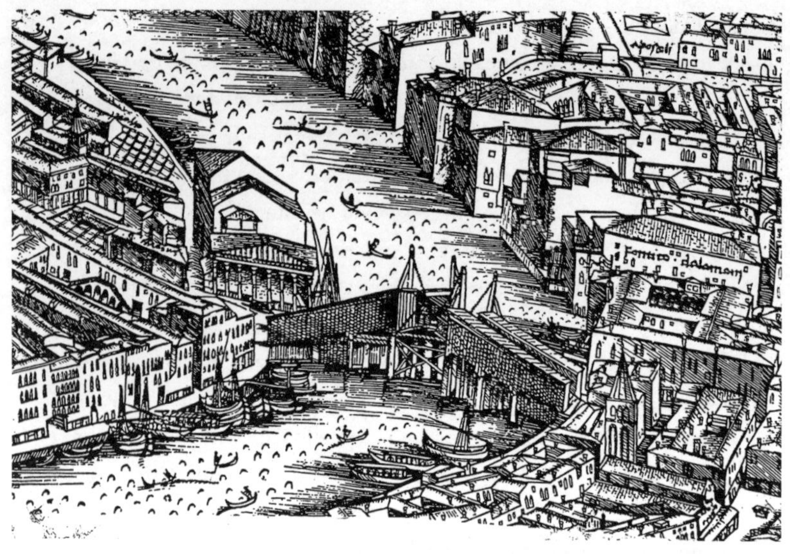

47 *Jacopo de' Barbari, Stadtansicht, 1500, Ausschnitt, Rialto*

Landverkehr möglichst wenig behindern? Wie wäre zu erreichen, daß der Canal Grande an seiner engsten, aber auch wichtigsten Stelle nicht verlandete? Könnte man die so einträglichen Läden auf der Brücke entbehren, sollte man sie dem Stadtbild und der architektonischen Wirkung zuliebe entfernen? Wie stand es um die Verbindung zur Umgebung, besonders auf der Seite von S. Bartolomeo? Wie könnte, ganz grundsätzlich, ein Ausgleich der konkurrierenden Interessen und Notwendigkeiten aussehen? Oder war statt der Suche nach dem Kompromiß endlich einmal städtebaulicher Wagemut geboten?

Am besten, selbstverständlich, sollte die Brücke alles auf einmal sein: *bello*, *bono*, *perpetuo*, wie eines der zahlreichen Gutachten feststellte, die nach dem wiederholten Zusammenbruch der alten Holzkonstruktion 1524 eingeholt wurden. 1525 setzte der Senat drei *provveditori* als verantwortliche Beamte ein, die bei einheimischen wie ausländischen Experten um Vorschläge und Modelle bitten sollten. Noch ein Vierteljahrhundert später war allerdings wenig geschehen, denn offenbar

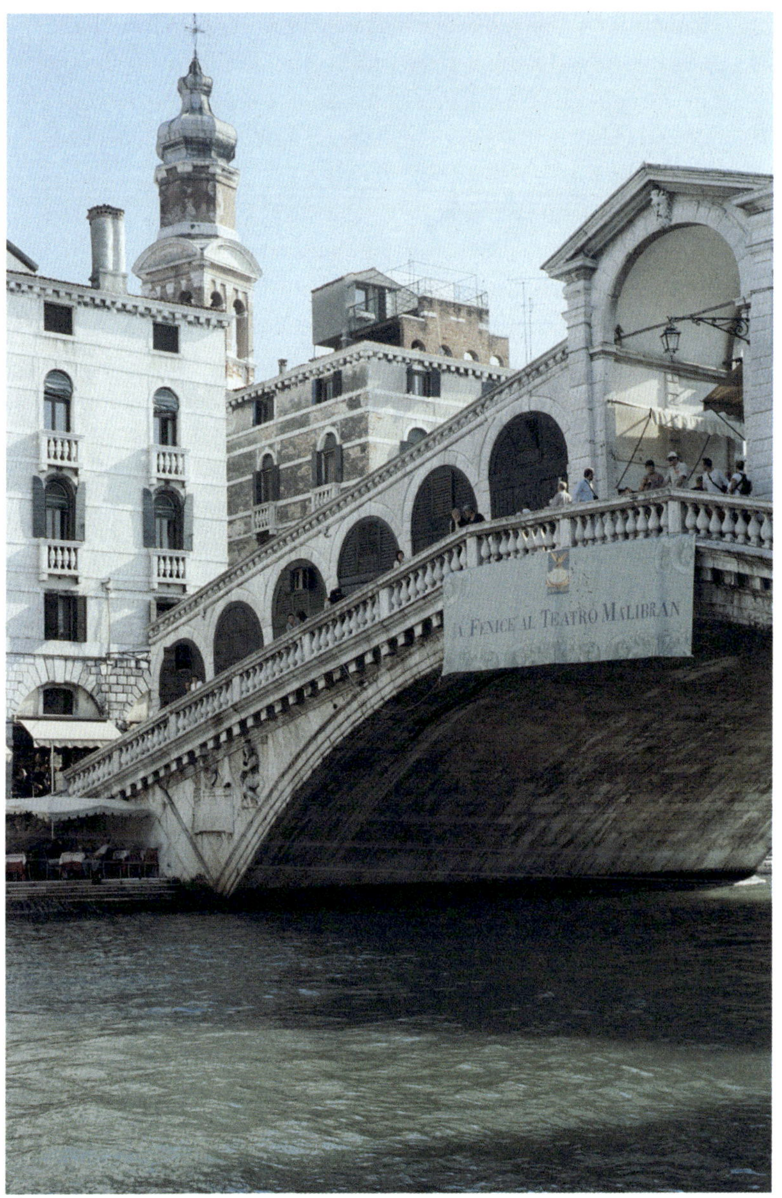

48 *Ponte di Rialto*

hatten die Arbeiten am Markusplatz und am Dogenpalast alle Kräfte absorbiert. Nachdem aber der Palazzo nun ganz fertig sei, so heißt es in einem Beschluß von 1551, dürfe man in einer Zeit, in der Gott Frieden schenke, nicht versäumen, die Stadt auch im Bereich des Rialto zu schmücken.

Damals sind wohl auch die Zeichnungen Palladios entstanden, die sich in Vicenza erhalten haben. Für Palladio waren Monumentalbauten, zu denen er auch die Brücken zählte, das Konstitutive an einer Stadt. Sein Rialto widerspricht allem, was gemeinhin als venezianisch gilt. Er, so heißt es immer wieder, habe geradezu gegen die Stadt gebaut. Dabei hatte der «antiveneziano» Palladio besonders am Rialto sehr viele Vorgänger, allerdings nicht bei denen, die gebaut, sondern bei denen, die geplant haben. Vorgänger, die, wie er, ein architektonisch bedeutendes Zentrum wollten und sicher zugestimmt hätten, daß er die alte Loggia zu Füßen der Brücke nun in modern-antiker Gestalt zu deren Mitte machen wollte, ein würdiges, ja überlegenes Gegenstück zu Sansovinos Loggetta an der Piazza. Zu Füßen der Brücke dachte sich Palladio jeweils einen regelmäßigen Platz, der aber besonders auf der Seite von S. Bartolomeo, also nach S. Marco hin, so viele bestehende Bauten ausgelöscht hätte, daß es für eine Realisierung keinerlei Aussicht geben konnte.

Palladios Vorschlag, von dem wir nicht wissen, ob er den Behörden überhaupt vorgelegen hat, blieb ebenso folgenlos wie die anderen, die 1569 erwähnt werden, als wieder einmal eine Arbeitsgruppe eingesetzt wurde, die die vielen inzwischen vorliegenden Entwürfe und Modelle sichten sollte. Schließlich war es wohl die nackte Not, die 1587/88 eine Entscheidung heranreifen ließ, die als Ergebnis heftigen Streites zwischen Politikern, Kaufleuten, Beamten, Anwohnern und Architekten kein Weltwunder der Architektur hervorbrachte, wohl aber eine Lösung, die, pragmatisch klug und durchaus auch phantasievoll, viele Ideen zusammenführte und Venedig eine Brücke bescherte, die seit Jahrhunderten hält (Abb. 48). Die Stärken Antonio da Pontes, dem die Stadt dieses Wahrzeichen verdankt, lagen im Technischen und Organisatorischen. Zu den großen Entwerfern gehörte er nicht. Deren Meister

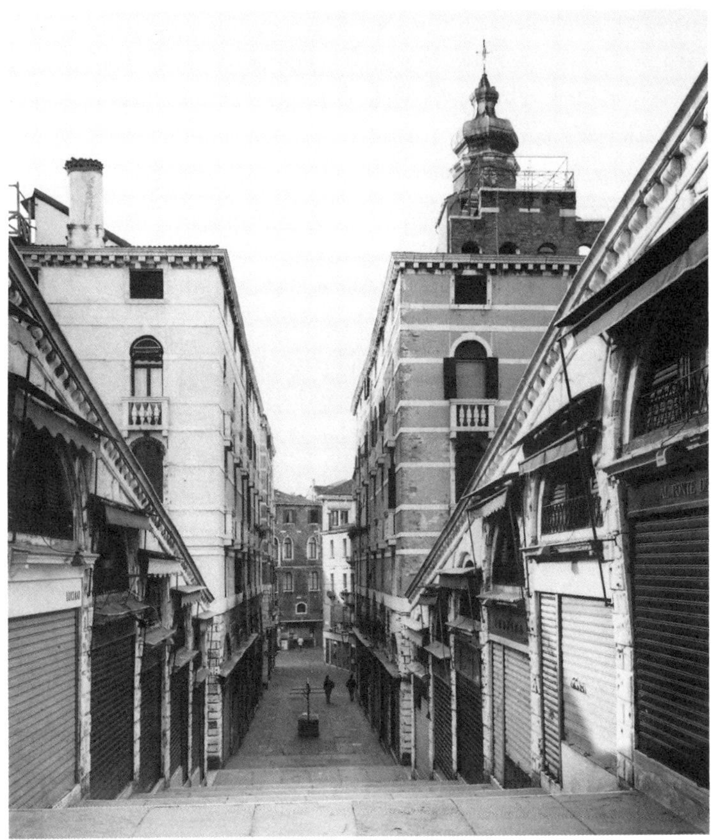

49 *Ponte di Rialto, Blick in Richtung S. Bartolomeo*

waren alle, wie Palladio und Scamozzi, für eine Brücke mit drei Bögen «all'antica» eingetreten. Drei Bögen aber hätten zwar dem südlichen Teil des Canal Grande zu einem eindrucksvollen Schlußprospekt verholfen, die Durchfahrt aber erschwert. Da Pontes Brücke dagegen bringt mit der Betonung der Wasserstraße sehr viel deutlicher zum Ausdruck, daß der Canal Grande hier nicht zu Ende ist. Der Bogen hebt die Fußgänger hoch hinaus und zeigt ihnen ein großes Stück des Canal Grande in seiner ganzen Pracht und Weite. Zugleich wird der Verkehr auf der Brücke auch vom Kanal aus sichtbar. Die Läden – es waren die mit den kostbarsten Waren – nahmen wenig Platz ein und konnten sich deshalb, Rücken an Rücken stehend, anders als heute, zum Kanal hin öffnen. Extrem schwierig waren die Anschlüsse, besonders die auf der Seite von S. Giacomo, wo es nur mit einigen architektonischen Gewaltsamkeiten gelang, die Brücke auch städtebaulich zu verankern. Auf engstem Raum sind hier zwar die Verkehrsströme einigermaßen gut organisiert, architektonisch aber bleiben viele Wünsche offen. Auf der Gegenseite, bei S. Bartolomeo (Abb. 49), hatte da Ponte hingegen Platz für zwei Kopfbauten, die nicht nur in der Wegführung, sondern auch in den Erdgeschoß-Läden, die von der Brücke auf das Ufer wechseln, und in den Mietwohnungen darüber die Verbindungen zur Bauhöhe in der Umgebung aufnehmen, ohne als Nutzarchitektur mit den Palästen in Konkurrenz zu treten.

Da Pontes Brücke ist nicht zuletzt eine Antwort auf das Projekt, das Andrea Palladio 1570 in seinen *Vier Büchern über die Architektur* veröffentlich hatte (Abb. 50). Im Verhältnis zur unmittelbaren Umgebung wollte Palladio nicht Zusammenhang, sondern Kontrast. Hohe Treppen hätten die Brücke aus der Stadt herausgehoben. Partner waren die Monumente bei S. Marco, architektonisches Handlungsfeld war die Stadt im ganzen, und zwar in Form von Gipfelgesprächen zwischen den Hauptmonumenten, nicht durch Integration der Strukturen in die jeweilige Umgebung. Sein Entwurf, so sagt Palladio, und nie sonst hat er sich selber so gelobt, sei wunderschön. Die Brücke «hätte ausgezeichnet an den Ort gepaßt, an dem sie hätte errichtet werden sollen, nämlich die Mitte einer Stadt, die zu den größten und edelsten in Italien zählt und die das Zentrum vieler anderer Städte ist. Aus allen Teilen der Welt kommen die Menschen dort hin, um Handel zu treiben. Der Fluß ist außerordentlich breit und die Brücke wäre an jener Stelle errichtet worden, an der sich alle Händler einfinden, um ihren Geschäften nachzugehen. Um der Größe und Würde jener Stadt zu dienen und sie zu bereichern, entwarf ich auf der Brücke drei Straßen, jene in der Mitte breit und schön, jene an den beiden Seiten etwas schmaler ... Darüber hinaus errichtete ich an

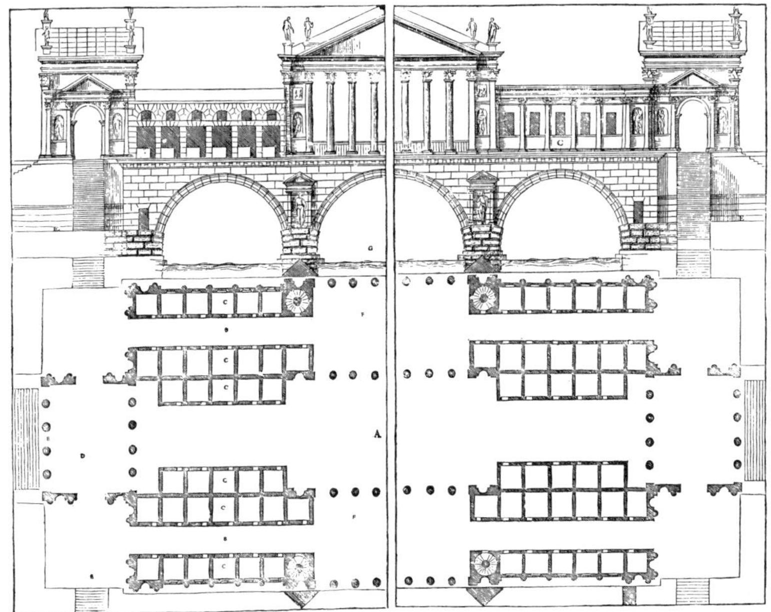

50 *Andrea Palladio, Entwurf für den Ponte di Rialto (aus:* I quattro libri dell'architettura, *1570)*

den Brückenenden und in der Mitte, also über dem Hauptbogen, Loggien, die den Händlern dazu gedient hätten, einander zu treffen und Geschäfte zu machen und die dem Ganzen größte Zweckmäßigkeit und Schönheit verliehen hätten».

Die Brücke Palladios könnte im Prinzip auch anderswo stehen, die Brücke da Pontes dagegen ist auf ihren konkreten Ort angewiesen – wie auch dieser auf sie. Zudem ist sie eine höchst charakteristische Hervorbringung ihrer Zeit, die einmal mehr von Krisen gezeichnet war. Die Epoche der großen Visionen gehörte der Vergangenheit an; ein Kreis hatte sich geschlossen. Das 16. Jahrhundert endete wie es begonnen hatte, in einer politischen und gesellschaftlichen Krise, in der architektonische Zurückhaltung und Treue zur Tradition als die höchsten Tugenden galten, nicht nur am Rialto, sondern auch an der Piazza.

V. Piazza und Bacino di S. Marco

Um 1500: Anders als in der Enge des Rialto war an der Piazza Platz und Gelegenheit für großräumigen und monumentalen Städtebau. Zwar zog die Piazza im Laufe der Jahrhunderte vielfältige Nutzungen auf sich – Prozessionen und Empfänge, Märkte und Musterungen, Lotterien und Freiheitsfeste, Stierkämpfe und Militärparaden, Hinrichtungen und akrobatische Darbietungen, Cafébetrieb und Platzkonzerte – baulich ausgeprägt hat sich aber im wesentlichen nur die Selbstdarstellung des Staates.

Mit einem Blick ist die Piazza nirgends zu erfassen, nicht einmal vom Campanile aus, der bereits im späten Mittelalter auch Reisenden zugänglich gewesen ist. Allerdings prägt sich von dort sehr deutlich ein, daß die Piazza nicht ein von Fassaden umstandener Saal unter freiem Himmel ist, sondern ein komplexes Gefüge aus Außen-, Binnen- und Innenräumen, das sich zur Stadt hin abschließt, zur Lagune hin aber weit öffnet (Abb. 51). Mit Ausnahme des erst im 16. Jahrhundert freigestellten Campanile stehen alle Bauten im Verbund, keiner, auch der Dogenpalast nicht, ist reiner Solitär. So gut wie jeder aber hat oder hatte nicht nur Nachbarn, sondern auch ein Gegenüber, dem er Antwort abverlangte und dem er auch selbst zu antworten hatte. Diese Dialoge (Palazzo – Libreria, S. Marco – S. Geminiano, Alte und Neue Prokuratien, Säulenpaar und Uhrturm) sind Teil eines vielstimmigen, gelegentlich auch dissonanten architektonischen Diskurses, in dem neben den Gebäuden auch die Räume eine wichtige Stimme haben: mit ihrer Größe, ihrer Ausrichtung, ihrer Proportionierung, ihrem Verhältnis zu den konstituierenden Bauten und ihrem so unterschiedlichen Bezug zum Boden und zum Himmel. Kontraste spielen eine Rolle, aber auch Analogien. Bedeutungen werden manchmal aufgedrängt, manchmal aber auch nur insinuiert. Die verschiedenen Zeitstile bringen sich unmißverständlich zur Geltung, zugleich aber zollen sie auch dem im Laufe der Jahrhunderte immer vielschichtiger gewordenen *genius loci* Tribut. In den Worten Le Corbusiers: «Venedig bietet am Markusplatz ein meisterliches Vorbild harmonischer Ausgewogenheit. Unbestreitbar hat hier die Poesie ihre bezauberndste Manifestation erfahren. Heiterer Ernst, fruchtbarer Wechsel, Reiz des Unerwarteten, Anmut und Majestät, dies vereinigt sich auf der Lagune zu einer einzigartigen Symphonie. Die aufeinanderfolgenden Jahrhunderte haben die gegensätzlichsten Auffassungen mit sich gebracht, die Bildung von Oppositionen und regelrechte Umstürze.»

Die ersten Bilder, die die Piazza auch in ihrer Räumlichkeit darzustellen versuchen, stammen aus dem 15. Jahrhundert. Als Gentile Bellini 1496 der Scuola Grande di S. Giovanni Evangelista ein riesiges Leinwandbild mit der Fronleichnamsprozession malte, ging es den Mitgliedern der

51 *Piazza S. Marco, im Vordergrund die Giardini Reali*

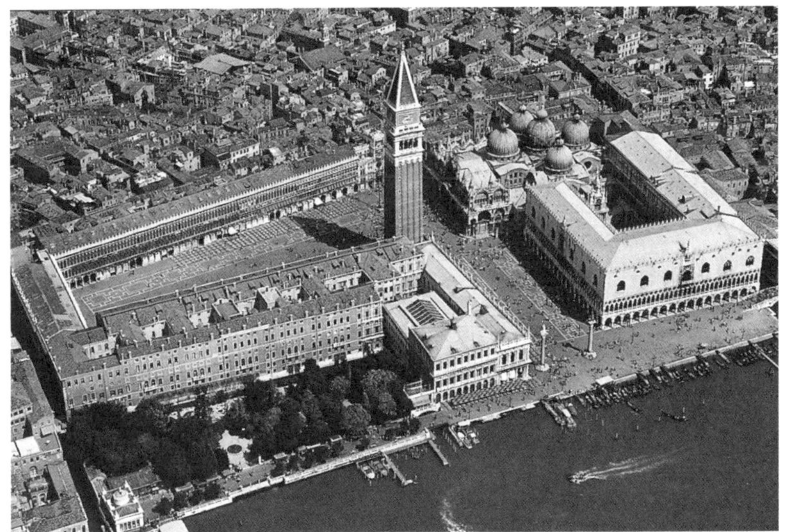

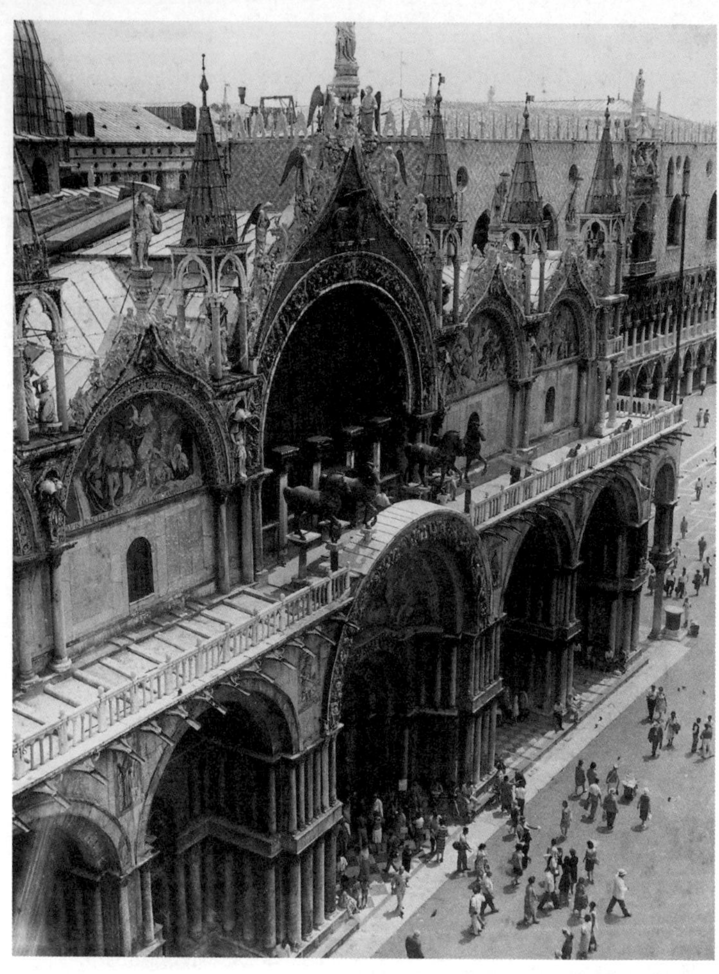

52 *S. Marco, Fassade*

Bruderschaft vor allem darum, selbst gut erkennbar im Vordergrund zu erscheinen. Dem Maler aber war der Schauplatz der Prozession, der Platz vor S. Marco, mindestens genauso wichtig. Die Staatskirche stand damals im Zenit ihrer Wirkung. Die Backsteinmauern der ersten Bauphase waren längst hinter den seit 1204 von den Kreuzfahrern in Konstantinopel geraubten Säulen und Marmorplatten verschwunden. Die im 13. Jahrhundert aufgesetzten Außenkuppeln brachten den Bau nicht nur zum Meer hin zur Geltung, sondern auch zur Piazza, die Vergoldungen der Tabernakel und der Giebel waren noch frisch, das Hauptportal gerade neu vergoldet, und auch die Mosaiken ließ Gentile leuchten, als wären sie gerade erst entstanden. Ebenso die vier Pferde aus dem Hippodrom von Konstantinopel, das wichtigste Beutestück der Venezianer überhaupt, das in der Mitte der Fassade der Staatskirche triumphal zur Schau gestellt wurde. Die vier Pferde sind auch das Zentrum der Terrassen über dem Vorbau der Atrien von S. Marco, die einen Zwischenbereich bilden, der unten und im Inneren stärker zur Kirche gehört, oben und außen hingegen stärker zur Piazza (Abb. 52). Er ist das eigentlich Originelle an der Architektur von S. Marco. Bellini hat deshalb die Ecken mit den frei in der Piazza stehenden Säulen besonders betont. Was er in einem Bild dieser Art allerdings nur andeuten konnte, sind die überaus subtilen Übergänge zwischen Kirche und Platz, die sich im Bodenbereich entfalten.

Etwa fünfzehn Jahre älter ist ein kleines Bild, wohl von Lazzaro Bastiani, das den Dogen mit Gästen und Gefolge auf dem Weg in den Palazzo Pubblico zeigt (Abb. 53). Die Schiffe zwischen den beiden Säulen haben die Gäste, vermutlich von S. Nicolò al Lido, hierher gebracht, so daß sie bereits Gelegenheit hatten, über die Abwesenheit jeglicher Befestigung zu staunen und auch den Palazzo zu bewundern. Zwei Arkadengeschosse und ein Saal, das konnte aus Padua und Vicenza vertraut sein, nicht aber die Brillanz, mit der der Architekt der Venezianer die Arkaden dem Bau nicht vorgestellt, sondern integriert hat. Von weitem scheint der Saalbau, der nicht als Körper wirkt, sondern als Gehäuse, und dessen Fenster ursprünglich Maßwerk aufwiesen, geradezu zu schweben, beim Näherkommen senkt er sich auf die Arkaden, ohne auf ihnen zu lasten.

Gegen 1340, als der Bau an der Seite zur Lagune begonnen wurde, war er in jeder Hinsicht avantgardistisch. Das Weiterbauen an der Piazzetta ein Jahrhundert später dagegen war eher ein Dokument der Treue zu dem von den Vorfahren Begonnenen. Stilistisch war der Bau jetzt konservativ,

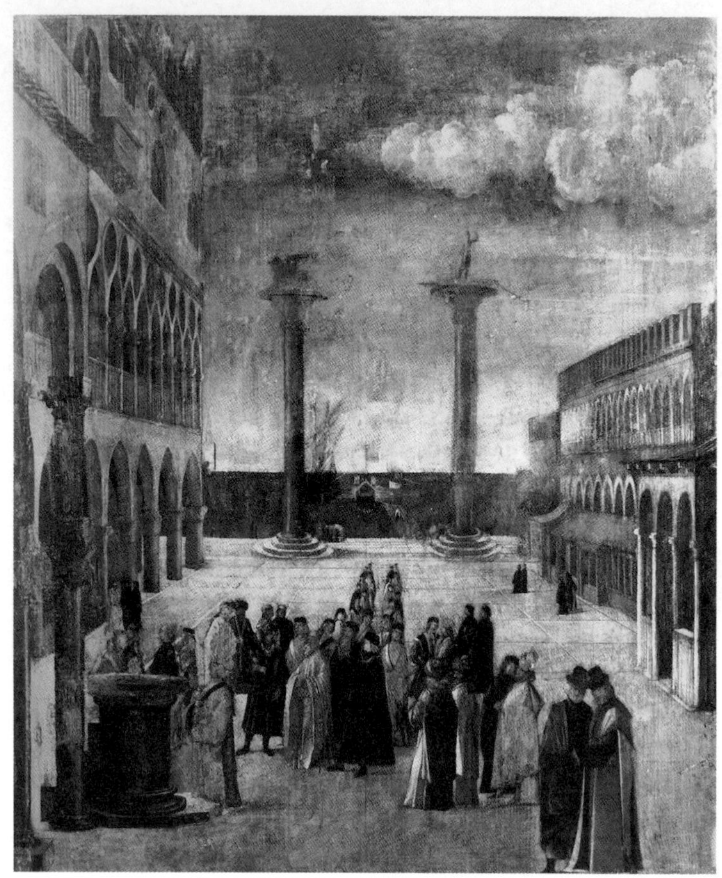

53 *Lazzaro Bastiani (?), Einzug einer Gesandtschaft, Museo Civico Correr, Venedig*

aber das änderte nichts an seinen architektonischen Qualitäten. Etwa an der Verschränkung des Platzraums mit dem Palast oder der Schönheit der Loggien im ersten Obergeschoß, bei denen die Abstände und die Bauglieder so proportioniert sind, daß die Säulen sich für das Auge nicht im Licht auflösen und die Lagune wie die Piazzetta optisch ins Innere des Palastes hineinwirken, dies aber auch wiederum nicht so stark, daß das Bewußtsein verloren ginge, im Palazzo zu sein.

Der Palast ist das Ergebnis einer glücklichen Konstellation. Nie vorher und nachher gab es eine Architektur, die den venezianischen Bedingungen so kongenial entgegenkam wie die der gotischen Paläste. Mit Filippo Calendario, der 1355 wegen Hochverrats gehängt werden sollte, stand ein Architekt zur Verfügung, der die Potentiale des Bauplatzes und der Aufgabe in genialer Weise zu entdecken verstand und für die Ecke eine konstruktiv wie ästhetisch revolutionäre Lösung fand (Abb. 54). Wäre der Palast, wie von Andrea Palladio nach den Bränden von 1577 vorgeschlagen, im Stil der damaligen Zeit neu errichtet worden, dann wäre der Verlust selbst dann groß gewesen, wenn der Auftrag an Palladio selbst gegangen wäre. An keiner Stelle in der Stadt verdichtet sich die Einzigartigkeit Venedigs architektonisch so intensiv wie in der Ecke des Palazzo, an der Stadt, Palast und Lagune in unvergleichlicher Weise zueinander finden. Das für Selbstverständnis und Propaganda des Staates so zentrale Thema der Absenz von Mauern als Symbol venezianischer Freiheit findet hier eine brillant formulierte architektonische Metapher. An Privatpalästen gibt es solche Lösungen nicht. Wäre man nicht in Venedig, dann müßten hier kräftige Sockel für den Saalbau und davor mächtige Mauern zum Schutz der Stadt stehen. Stattdessen trifft man auf einen offenen Durchgang zum Molo mit freiem Blick auf die Inseln der Lagune. In der Loggia des Erdgeschosses wird der Platz in den Palast hineingezogen, in der Loggia darüber öffnet sich der Palast zum Platz und zur Lagune. Die Konstruktion, auf eine einzige Ecksäule gestützt, ist eine Demonstration bautechnischer Bravour, aber auch eine Demonstration politischer Macht: Kein Feind kam dank der «muri salati» auch nur in die Nähe der Stadt, weshalb Befestigungen nicht notwendig waren, und auch von innen gab es keine ernstliche Bedrohung; die politische Ordnung war stabil, in der Stadt herrschte Frieden.

Unter den Mitgliedern der auf Bastianis Bild gezeigten Gesandtschaft besaß vielleicht nicht jeder einen ausgeprägten Sinn für architektonisches Raffinement. Alle aber werden aufmerksam auf die Zeichen geachtet haben, mit denen die Piazza so reich bestückt ist. So wird der Doge nicht versäumt haben, zu erklären, daß die beiden Säulen, zwischen denen die

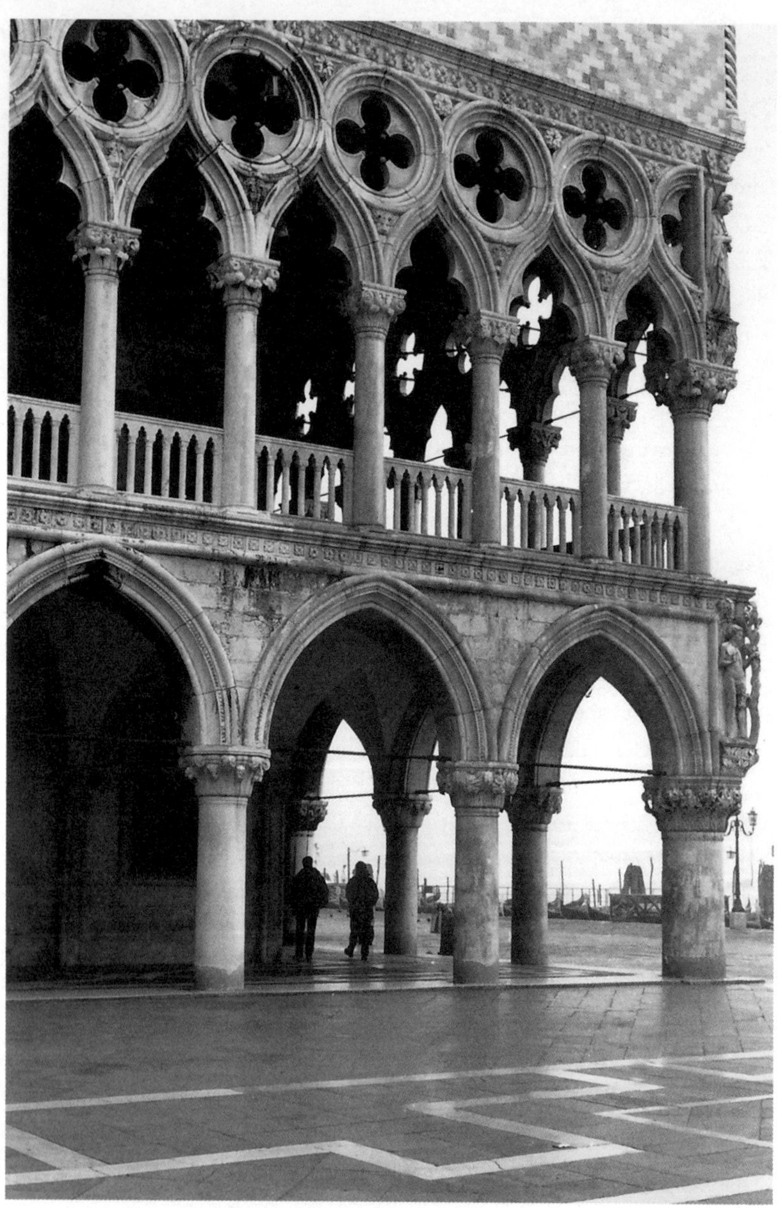

54 *Dogenpalast, Ecke zum Molo*

Schiffe anlegten, aus Konstantinopel stammten und durch die Unterordnung unter den Markuslöwen und eine Statue des ersten Stadtheiligen, des «Todaro», anschaulich demonstrieren, daß Venedig die Nachfolge der oströmischen Kaiser angetreten hatte. Staatsgäste mit militärischer und protokollarischer Erfahrung werden auch bemerkt haben, daß Todaro sein Schild falsch, nämlich in der rechten Hand, hält. Die Erklärung: Venedig habe nie angegriffen, sondern sich immer nur verteidigt. Vielleicht gab es ja *en passant* auch einen Blick auf die Eckgruppen am Palast, wo *Noahs Trunkenheit* und *Adam und Eva* biblische Exempla von Schuld, aber auch von Gerechtigkeit vor Augen stellen, wie sie im Palazzo Pubblico geübt wurde. Für die ikonographischen Einzelheiten des prachtvollen Fensters von Pier Paolo delle Massegne zum Molo hin mit seinen Heiligen und Tugenden und dem vor dem Markuslöwen knienden Dogen Michele Steno wird keine Zeit gewesen sein. Ebenso wenig für die reiche Welt der Kapitelle, in der es Völkerschaften und Lebensalter zu bewundern gab, aber auch Sternzeichen, Tugenden, Laster, Planeten, Götter, dazu Putten, Köpfe und sogar eine tragisch endende Liebesgeschichte. Daß die für die Eckgruppen und die Kapitelle verantwortlichen Künstler wie Filippo Calendario im 14. Jahrhundert und Bartolomeo Bon im 15. Jahrhundert nicht nur brillante Erzähler waren, sondern auch meisterliche Skulpteure, war ein Glück für den Palazzo wie für den Stadtraum.

Die kleine Prozession auf unserem Bild hatte Ernsteres vor sich. Der Doge wird sich den Hinweis nicht versagt haben, daß die so prächtige Markuskirche als Palastkapelle nicht der Kirche gehörte, sondern dem Staat, und damit zum Palast; der Bischof saß hinter dem Arsenal im entlegenen S. Pietro di Castello. Vor dem Eintritt in den Dogenpalast erwartete die Prozession eine kurze Wegstrecke größter architektonischer und bedeutungsmäßiger Konzentration (Abb. 55). Links bilden der mit Marmor verkleidete und von Reliefs gezierte Kubus des Tesoro zusammen mit den beiden «Pfeilern», die die Venezianer angeblich dem genuesischen Todfeind in Syrien abgenommen hatten, und die rüde an die Mauern des Tesoro versetzten Tetrarchen aus Konstantinopel ein geradezu atavistisches Ensemble aus *objets trouvés*. Rechts, an der Ecke des Palazzo, ant-

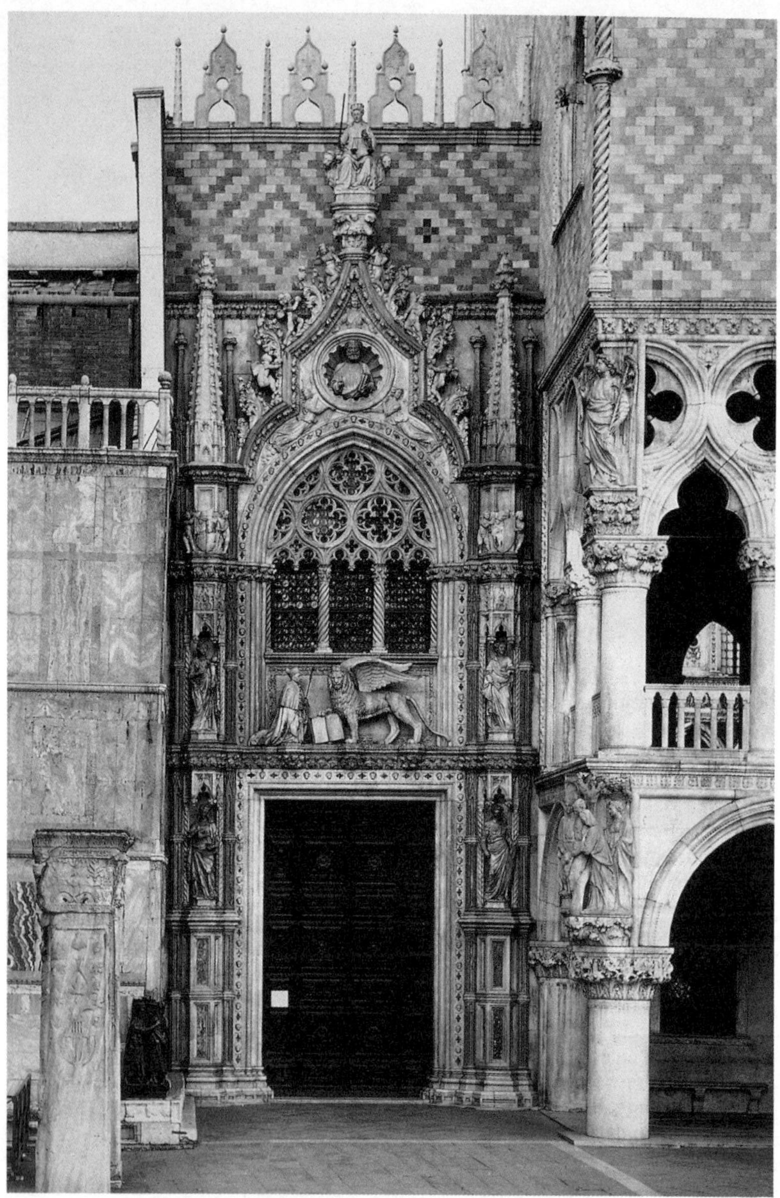

55 *Dogenpalast, Porta della Carta*

wortet ein großes Relief mit der *Gerechtigkeit des Salomon.* Bartolomeo Bon hat sie, plastisch wie psychologisch gleichermaßen subtil, als Kammerspiel inszeniert. An der 1438 errichteten Porta della Carta, die Eingang und Schauwand zugleich ist, stellen die Tugenden Temperantia, Fides, Iustitia und Caritas dem Eintretenden einen Anspruch, aber auch eine Verpflichtung vor Augen. Der amtierende Doge, Francesco Foscari, erscheint in ganzer Figur, aber auch er muß vor dem Markuslöwen, dem Symbol des Staates, in die Knie gehen. Gekrönt wird der ganze Bogen von einer Iustitia, deren löwengeschmückter Thron unmißverständlich klarmacht, daß es Venedig ist, wo Gerechtigkeit waltet. Nach dem Tor erwartete die Besucher mit dem Hof des Dogenpalastes ein weiterer reich gegliederter teilöffentlicher Bereich mit vielfältigen Funktionen und Formen, der die Piazza fortsetzt und selbst eine Art Piazza darstellt.

Das wichtigste «Fenster» in die Zeit um 1500 ist auch für den Markusplatz der Barbaroplan (Abb. 56). Bei S. Marco hat er sich um ganz besondere Genauigkeit bemüht, aber auch hier bleibt er höflich, die enkomia-

56 *Jacopo de'Barbari, Stadtansicht, 1500, Ausschnitt, Piazza S. Marco*

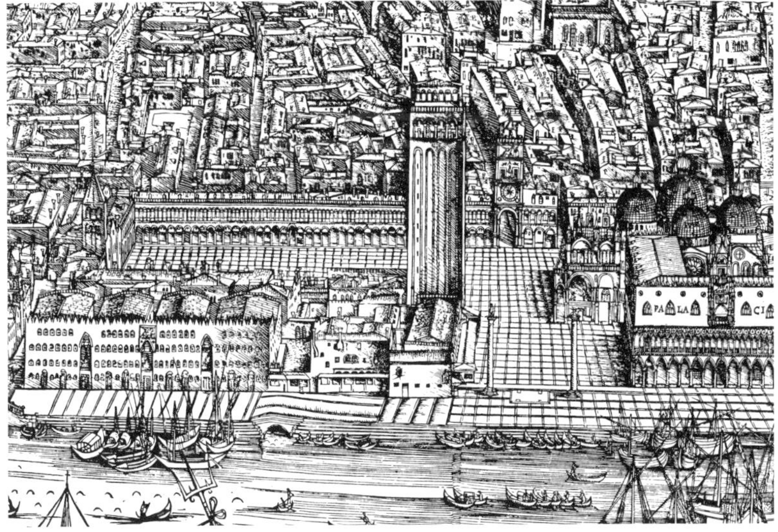

stischen Elemente des Städtelobs dominieren. Andererseits deuten die kleinen Boote bei den Säulen, einer Stelle also, wo der Bucintoro, das Prunkboot des Dogen, festzumachen pflegte, zumindest an, daß hier die Verlandung 1494 einer zeitgenössischen Quelle zufolge so weit fortgeschritten war, daß große Schiffe gar nicht mehr anlegen konnten. Barbaro lenkt den Blick auf die Ufergebäude, aber auch auf die dicht und unterschiedlich strukturierte Umgebung der Piazza. Man erkennt Kanäle, klar abgegrenzte Inseln, aber auch scheinbar ungeordnete Bereiche. Alle jedoch unterscheiden sich von der Weite und Regelmäßigkeit der Piazza, bei der Barbaro den Alten Prokuratien besonderes Gewicht gibt. Sie kündeten auch 1500 noch vom Ruhm des Dogen Sebastiano Ziani (1172–1178), der als geistiger Vater der Piazza galt. Dem Ehrgeiz und dem politischen Können Zianis war es gelungen, seine Stadt auch auf der Bühne der Weltpolitik ins Spiel zu bringen, als er 1177 in Venedig das Zusammentreffen von Papst und Kaiser zustande brachte, das dem Investiturstreit ein Ende setzte. Die städtebauliche Gestalt des so zum Schauplatz der Weltgeschichte gewordenen Ortes war freilich eher bescheiden. Die Kirche war noch zu Zianis Zeit ein Backsteinbau mit niedrigen Kuppeln. In der Nachbarschaft erhob sich ein kleiner Dogenpalast, auch einen Turm hat es wohl gegeben, dazu, der Randlage entsprechend, mehrere Hospize und, jenseits eines Kanals und eines sumpfigen Gebietes, die Kirche S. Geminiano. Im ganzen vielleicht ein reizvolles Ensemble, aber sicherlich kein städtebauliches Äquivalent zu den neuen politischen Ambitionen.

Archäologie und Quellenforschung haben gezeigt, daß die Platzgründung nicht in einem Niemandsland erfolgte. Andererseits wäre ohne die Kühnheit Zianis, seines Architekten und seiner Nachfolger, die S. Geminiano versetzten und so den Platz vor S. Marco mehr als verdoppelten, nie eine Anlage entstanden, die nicht nur mit den größten Plätzen des zeitgenössischen Europas in Wettstreit treten konnte, sondern auch – und dies vor allem – mit Konstantinopel und der römischen Antike. Die Kürze seines Dogats kann Ziani kaum für mehr Zeit gelassen haben als für die grundsätzlichen Entscheidungen. Die Realisierung hat noch Jahr-

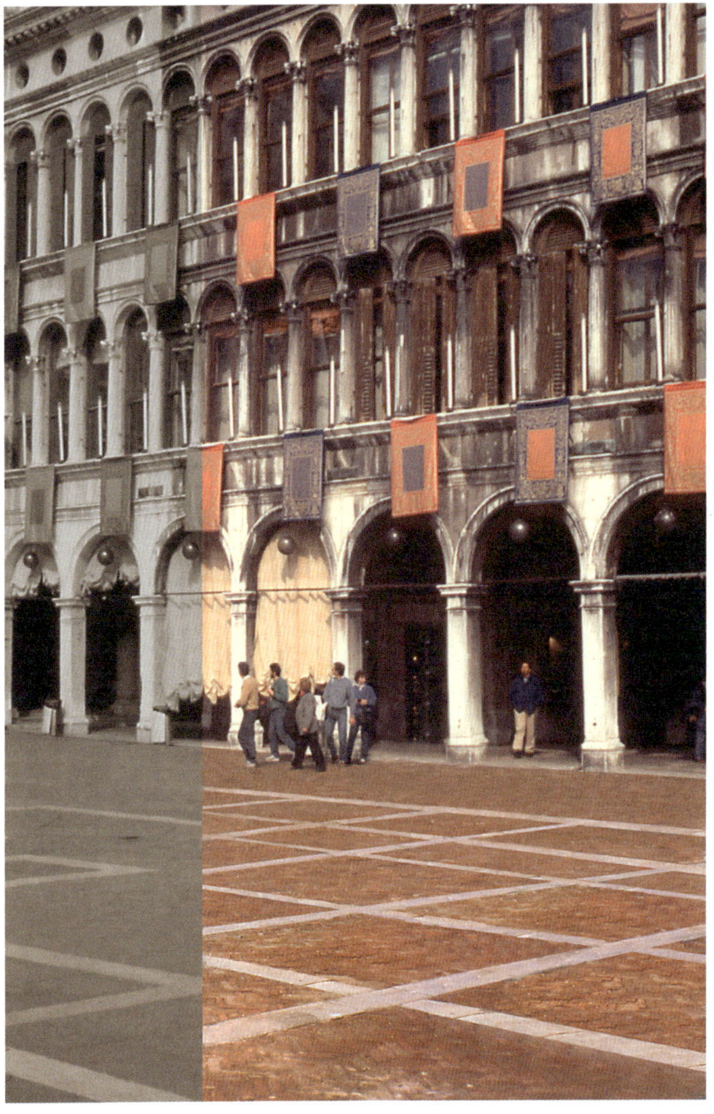

57 *Alte Prokuratien an der Piazza S. Marco, mit einem Platzboden ähnlich dem ursprünglichen (Computersimulation Jan Rössler)*

zehnte in Anspruch genommen und viele Köpfe beschäftigt. So wurde das Ufer zur Lagune erst Anfang des 13. Jahrhunderts unter dem Dogen Raniero Zen festgelegt und gepflastert.

Die beiden Säulen, die den zeremoniellen Stadteingang bewachen, hatten 1499 gerade ein Gegenüber bekommen, den Uhrturm, der den Eingang zur Stadt und den Weg zum Rialto markiert. Seine Existenz, so berichtet ein Diarist, verdankt der Turm einer Kriegslist. Die Serenissima stand vor dem Bankrott: Um den feindlichen Spionen Solvenz vorzutäuschen, begann man zu bauen. Städtebaulich war diese Kriegslist ein Glücksfall, denn durch Mauro Codussis feingliedrige Architektur entstand im Zusammenspiel mit den beiden Säulen am Ufer ein weiteres Paar, das den Bezirk von S. Marco auf eine unauffällige, aber höchst wirksame Art gliedert und ordnet. Nicht um strenge Symmetrien und Achsen handelt es sich dabei, sondern eher um Balancen, die sich beim Besuch der Piazza in wechselnder Intensität bemerkbar machen, wobei nicht die Ränder baulich fixiert sind, wohl aber die Pole. Ursprünglich hatte auch S. Marco in der uralten Kirche von S. Geminiano ein Gegenüber, das in der Franzosenzeit der Ala Napoleonica weichen mußte, deren Riegelfunktion der Piazza eigentlich wesensfremd ist.

Große Aufmerksamkeit schenkt der Barbaroplan dem Pflaster der Piazza, das regelmäßig, aber nicht schematisch Teilräume und Bauten verbindet, aber auch unterscheidet und gegeneinander abgrenzt (Abb. 57). Es war 1494 nach altem Vorbild erneuert worden. Streifen istrischen Kalksteins fügten sich zu quadratischen Rahmen, in denen fischgrätenförmig rote Backsteine verlegt waren. Wie lebendig ein solcher Platzboden aussieht, lehren die wenigen Stellen in der Stadt, z. B. vor der Scuola Vecchia della Misericordia, wo ähnliche Pflasterungen in freilich nicht unveränderter Form erhalten sind. Backstein ist allerdings ein empfindliches, vielleicht auch altmodisches Material, weshalb man 1723 seiner überdrüssig wurde. Die Backsteine böten zwar einen schönen Anblick, so heißt es in einer Quelle von damals, aber die Quadrate des alten Pflasters seien leicht gewölbt gewesen, so daß das ständige Auf und Ab beim Flanieren lästig geworden sei. Andrea Tirali bekam den Zuschlag für ein neues Pflaster, dessen robuste graue Trachitplatten der alten Piazza ebenso fremd sind wie das eingelegte Ornament aus istrischem Kalkstein, das sich in der Mitte spreizt und auch die Arkaden der Alten Prokuratien und des Palazzo in ihrer Wirkung beeinträchtigt. Das Aussehen des alten Bodens, der im 15. Jahrhundert etwa 40 Zentimeter tiefer gelegen hat als der von 1723, ist im Detail noch zu erforschen. Sicher aber ist, daß das neue Pflaster nicht allein die Farbigkeit der gesamten Piazza veränderte, sondern auch deren Proportionen aus dem Lot brachte. Statt des feinkörnigen modularen Netzes der alten Quadrate dominiert ein sich selbst genügendes großspuriges Ornament. Das Säulenpaar der Piazzetta und die Fahnenmasten vor der Kirche verlieren ihren optischen Halt, die elegante Parataxe der Arkaden der Alten Prokuratien bekommt etwas Trippelndes. Alle vor 1723 an der Piazza errichteten Bauten standen ursprünglich auf einem farbigen Boden. Für die, die einmal weiß waren, wie die Pietra d'Istria-Fronten der Prokuratien, des Uhrturms oder der Libreria wie auch für diejenigen Bauten, die mit so viel farbigem Stein und Marmor aufwarten wie der Dogenpalast und die Loggetta, hat sich die ursprüngliche Wirkung durch das neue Pflaster grundlegend verändert, und selbst der von Anfang an ungeschmückte Backsteinpfeiler des Campanile ist ein anderer geworden.

Jacopo Sansovino: Nach Sebastiano Ziani und vor Napoleon hat keine Einzelperson die Piazza so verändert wie der Toskaner Jacopo Sansovino. Seine ab 1536 errichteten Bauten haben dem Platz in wesentlichen Teilen ein Gesicht gegeben, das für viele bis zum heutigen Tage als spezifisch venezianisch gilt. Hohe künstlerische Begabung paarte sich bei Sansovino mit einer ungewöhnlichen Offenheit für die Besonderheiten der örtlichen Situation. Jacob Burckhardts *Cicerone* sah in dieser Haltung einen Verrat an allem, was Sansovino in zwanzig römischen Jahren (bis 1527) gelernt hatte. Nicht «großartig und frei nach einer inneren Notwendigkeit» habe er gestaltet, sondern sich «als bauliches Faktotum Venedigs» den dortigen Usancen angepaßt: «Es muß ihm bei großen Gaben des Geistes und des Herzens doch am wahren Stolz gefehlt haben, der lieber eine glänzende Bestellung ausschlägt, als sie gegen besseres Wissen ausführt». Tatsächlich zeigen Sansovinos Bauten auf den ersten Blick keine einheitliche Handschrift. Denn nicht um die Verwirklichung vorgefaßter Stilideale war es ihm zu tun, sondern um die angemessene Lösung für den jeweils konkreten Ort und die spezielle Aufgabe. Gebaute Manifeste waren ihm fremd. Was er vorfand, hat er nicht grundsätzlich neu zu definieren, wohl aber neu zu interpretieren gesucht.

Die Loggetta zu Füßen des Campanile (Abb. 58), das Herzstück seiner Piazza, ist ein Beispiel. Ihre Wirkung wird allerdings seit 1663 durch die damals hinzugefügte und von einem Gitter umschlossene Terrasse beeinträchtigt – ein sympathisches Stück venezianischer Barockarchitektur, aber auch ein fundamentales Mißverständnis der ursprünglichen Situation, denn die Loggetta war als unmittelbares Gegenüber der Porta della Carta und der Scala dei Giganti im Inneren des Palazzo konzipiert. Außerdem setzte sie zwischen Merceria und Molo eine markante Zäsur. Sie ist Schnittpunkt wichtiger Blick- und Bewegungsrichtungen, sie fängt auf, bündelt und verteilt. Schon ihre Vorgängerin, die möglicherweise noch aus der Ziani-Zeit stammte, hatte drei Bögen (vgl. Abb. 53). Was ihr aber fehlte, waren der hohe Sockel, die antikische Triumpharchitektur und der Bilderschmuck. Sansovino hat also hier nicht völlig neu erfunden, wie auch seine Umgestaltung der Piazza im ganzen keinen absoluten Neubeginn darstellte, sondern eher eine Reaktivierung und Klärung. Seine Arbeit war insofern ebenso revolutionär wie konservativ, das kongeniale Pendant zur Politik seiner Bauherren, die ihre überkommene Rolle als venezianische Prokuratoren bekräftigen und gleichzeitig den Staat aus römischem Geist erneuern wollten. Einerseits sollte das neue Venedig im Kern das Wesen des alten bewahren, andererseits aber sollte es auch in der Konkurrenz der zeitgenössischen Metropolen bestehen, und dort setzte nicht die venezianische Tradition die Maßstäbe, sondern die römische Hochrenaissance.

Einen definitiven, von Anfang an feststehenden Plan, wie die Piazza einmal aussehen sollte, hat es offenbar nie gegeben, möglicherweise nicht einmal im Kopf des Architekten. Sansovinos Beitrag bestand aus

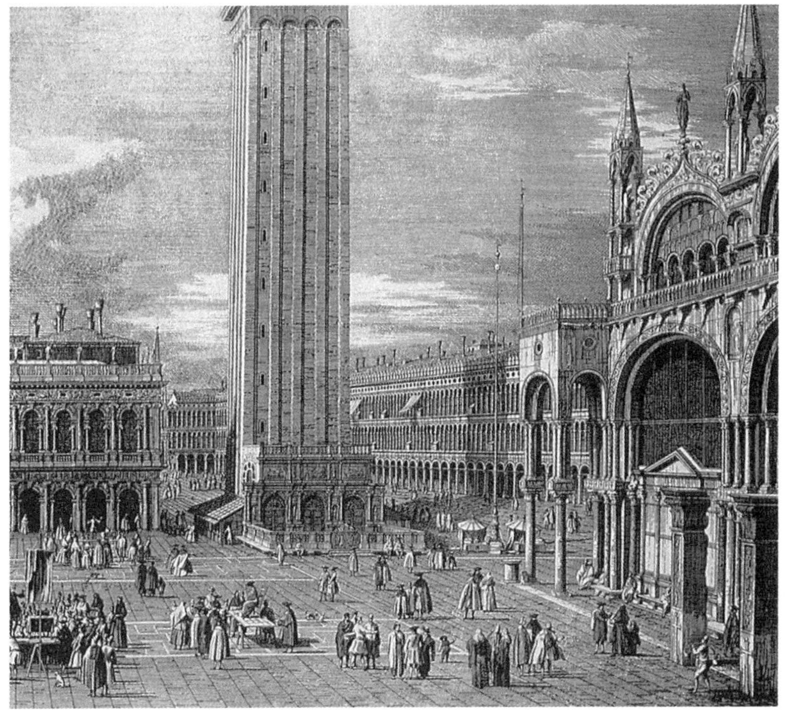

58 *Antonio Visentini nach Antonio Canaletto, Piazza S. Marco, Ausschnitt*

drei Einzelbauten, der Loggetta, der Münze und der Fassade von S. Geminiano, sowie einer grundlegenden Neudefinition der Randbebauung von Piazza und Piazzetta, der Libreria, die als multifunktionales Gebäude unter anderem auch die Dienstwohnungen der Prokuratoren beherbergte. Nicht alles ist Jacopo Sansovino gelungen, auch an der Piazza nicht. So soll er vorgehabt haben, seine Libreria-Architektur (Abb. 59) um den ganzen Platz herum zu führen, und angeblich hat er sogar überlegt, die Loggetta an allen vier Turmseiten zu wiederholen. Das freilich wäre ein radikaler Bruch mit den lokalen Gepflogenheiten gewesen, denn das Gegenüber von Loggetta und Porta della Carta, ein Meisterstück venezianischen Kontrapunktierens, wäre geschwächt worden, der Bezug der farbi-

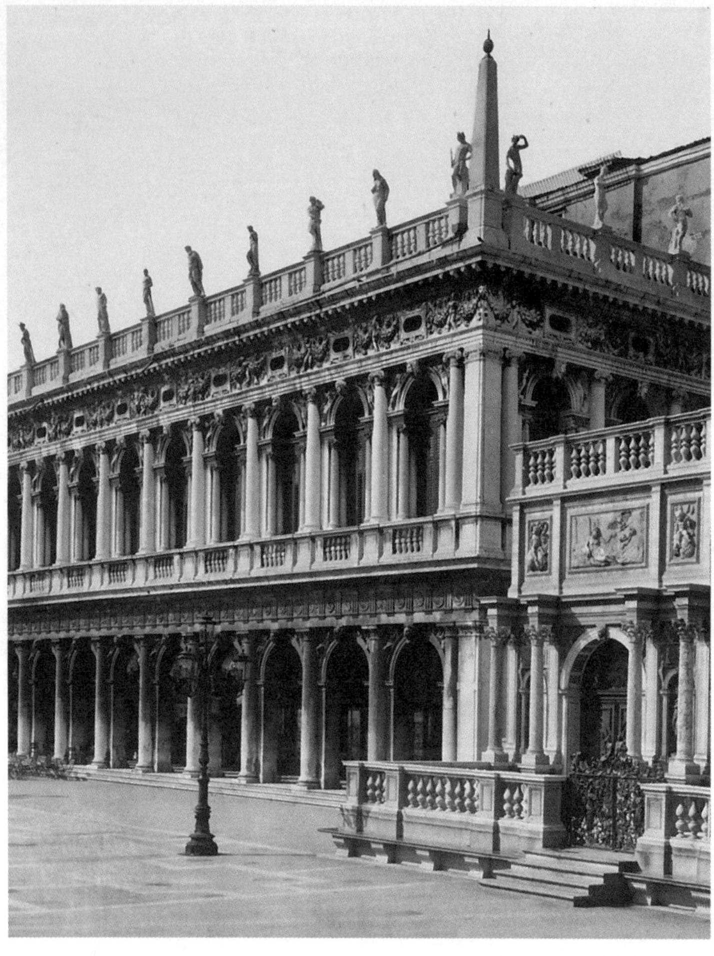

59 *Jacopo Sansovino, «Libreria» und «Loggetta», Piazza S. Marco*

gen Säulen auf die Markuskirche hätte seine Aussagekraft verloren, und auch eine Ikonographie für die drei anderen Fronten kann man sich nicht ohne weiteres vorstellen. Andererseits ist das figurale Programm der Loggetta, das zentrale Themen der venezianischen Staatsideologie zusammenführt, nicht so präzise und in sich geschlossen, daß es eine Erweiterung ausschlösse. Die Bedeutungen scheinen in jedem Fall sehr viel weniger eindeutig und unwiederholbar zu sein als die des Bildschmucks am Palazzo aus dem 14. und 15. Jahrhundert. Sie sind aber, so Francesco Sansovino in seiner Stadtbeschreibung von 1580, der wohl Erläuterungen seines Vaters weitergibt, «exquisit». Generalthemen sind die Reichweite und die Weisheit der venezianischen Regierung. So stehe Pallas für die Weisheit der Väter, Merkur – überraschenderweise – nicht für den Handel, sondern für die Beredsamkeit und für die Künste, seien diese doch Voraussetzung dafür, daß das gut und richtig Gedachte auch die Herzen erreiche. Merkurs Nachbar Apoll verkörpere die Sonne, und so wie die Sonne einzigartig sei, so sei es auch die Republik Venedig. Apollo vergegenwärtige die Musik und diese wiederum die unbeschreibliche Harmonie, die innerhalb der venezianischen Regierung wirksam sei. Die Bedeutung der Pax ist offensichtlich, die Figur sollte aber auch an das Wort Christi erinnern, «pax tibi Marce evangelista meus». Die Reliefs der Attika zeigen in der Mitte einmal mehr eine Venezia «in forma di Iustitia», daneben rufen Jupiter und Venus die damals zu Venedig gehörenden Königreiche Zypern und Kreta in Erinnerung. Die Bedeutungen überschneiden sich, sind auch nicht immer offensichtlich, und an vielen Stellen hätten selbst mythologische Handbücher der Zeit keine definitive Klarheit gebracht. Man mag darin Unvermögen sehen, tatsächlich aber handelt es sich wohl um eine bewußte und politisch listenreiche Technik des Insinuierens und Offenhaltens, die eher mit Assoziationen und Anspielungen arbeitete als mit klaren Festlegungen.

Die schwierigste Aufgabe, die Sansovino an der Piazza zu bewältigen hatte, war die sogenannte Libreria, und zwar deshalb, weil es nicht nur um die Unterbringung der staatlichen Bibliothek ging, sondern auch um die Piazza im ganzen. Deren Nordseite war 1512 durch einen Brand schwer beschädigt worden. Beim Wiederaufbau ab 1513 wurde der Raumnot der dort untergebrachten Ämter und Amtswohnungen wegen ein Stockwerk aufgesetzt. Die Form war betont konservativ, die Neuen Prokuratien hätten so auch unter Sebastiano Ziani gebaut werden können. Dieser Eindruck war gewollt, denn in den schweren politischen und militärischen

Krisen, die Venedig damals schüttelten, schien nur Rückbesinnung auf die Tugenden der Väter zu helfen. Als Sansovino in den Alten Prokuratien, gleich neben dem Uhrturm, seine Dienstwohnung bezog, waren diese noch lange nicht fertig. Bis zum Ende der vierziger Jahre, als die Planungen für die Südseite der Piazza bereits ins Werk gesetzt waren und die Loggetta vor dem Abschluß stand, hat Sansovino als Architekt der Prokuratoren von S. Marco an der Vollendung der 1513 begonnenen und inzwischen architektonisch überholten Prokuratien an der Nordseite gearbeitet. Eine fast schizophrene Situation, falls der Sohn mit der Mitteilung recht haben sollte, der Vater habe eigentlich die ganze Piazza mit seiner eigenen Architektur umgeben wollen. Nun aber stehen sich zwei Architekturauffassungen gegenüber, demonstrativ alt-venezianisch die eine, «alla Romana» die andere. Gemildert wurde der Konflikt durch Sansovinos Fassade für die Kirche von S. Geminiano (Abb. 60). Diese Kirche existierte schon vor der Erweiterung der Piazza unter Ziani und diente dem

60 *Luca Carlevariis, Westseite der Piazza S. Marco, Anfang des 19. Jahrhunderts durch die Ala Napoleonica ersetzt*

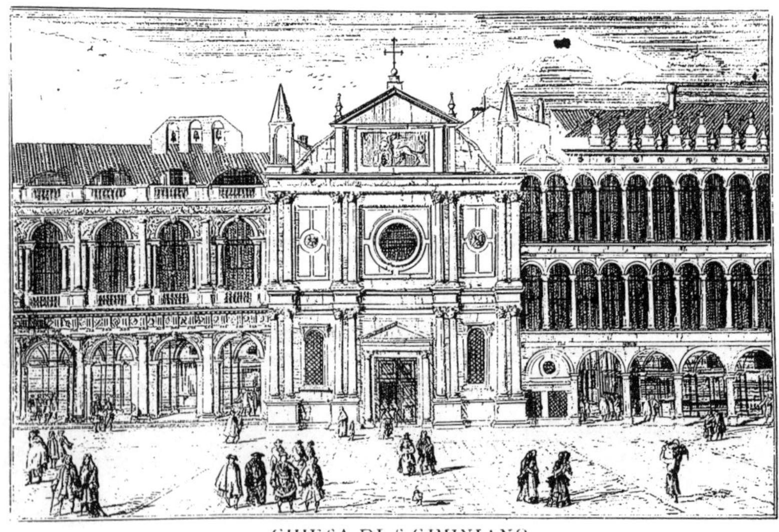

Quartier zwischen S. Marco und S. Moisè als Pfarrkirche. Ein 1505 begonnener Neubau war aus Geldmangel liegengeblieben, bis schließlich 1557 die Prokuratoren von S. Marco einschritten und Sansovino mit der Fassade betrauten. Bei deren Gestaltung übte Sansovino, der sich später in dieser Kirche begraben ließ, spürbare Zurückhaltung und entwarf eine zweigeschossige Gliederung mit Doppelsäulen, die zwischen den beiden Prokuratien vermittelt. Für die Markuskirche war sie keine Konkurrenz, aber doch ein Gegenüber, das die städtebauliche Situation klärte.

Wie die Baumeister Zianis wollte auch Sansovino bei der Libreria zweigeschossig bauen, und wie sie mußte er eine Architektur finden, die nicht nur dem Dogenpalast Paroli bieten konnte, sondern sich auch in dem riesigen Raum der Piazza behaupten würde. In der Ausgestaltung nimmt Sansovino einiges von der in den Motiven angelegten Ostentation wieder zurück: Ruhig in der Ausbreitung, großzügig und entspannt im Habitus, die Hauptformen, besonders das Gebälk, immer auf das Ganze proportioniert. Am eindrucksvollsten ist die Libreria nicht zufällig in der Schrägsicht, wo sie, anders als bei frontaler Betrachtung, primär als Teil des Stadtraums wirkt, weniger als Einzelgebäude. Dieser Stadtraum wird aber nicht mehr als Kontinuum verstanden. Zwei Stufen führen aus dem Gebäude heraus. Es sind, wie bei Sansovino nicht anders zu erwarten, flache, einladende Stufen, aber die Grundidee der alten Piazza, daß mit Ausnahme der Kirche alle Gebäude auf einem gemeinsamen Boden stehen und im Erdgeschoß räumlich direkt miteinander kommunizieren, ist aufgegeben.

Sansovinos Prokuratien, laut Palladio «das am reichsten geschmückte Gebäude seit der Antike», setzten auf Pracht und Prunk. Ein Novum für Venedig waren die verschwenderisch eingesetzten skulpturalen Elemente. Überall gibt es Markuslöwen, Viktorien, Trophäen und Flußgötter, die für die beherrschten Territorien stehen. Auf der Balustrade dann noch Statuen und Obelisken, dazu Säulen aller Art. Form und Konstruktion sind auseinandergetreten, dem Bau wird ein Ornat aufgelegt, in dem Figürliches und Architektonisches im Zusammenspiel Ruhm und Macht der Republik verkünden. Anders als am Dogenpalast, wo Eingänge, Prunkfenster, Ecken und Kapitelle eine präzise und jeweils nur ihnen eigene Ikonographie haben, die zu verstehen Aufmerksamkeit und Bildung verlangt, stellt sich die Ikonographie von Sansovinos Piazza auf ein Publikum ein, das die Mühen der Entschlüsselung scheut und mit allgemeinen Eindrücken zufrieden ist.

Der radikalste Eingriff Sansovinos an der Piazza betraf den Grundriß. Bis 1537 stand der Campanile in der Flucht der südlichen Platzfront (vgl. Abb. 56). Sansovino nahm diese um mehrere Meter zurück und stellte den Turm frei, der erst dadurch zu dem Dreh- und Angelpunkt werden konnte, als der er heute städtebaulich fungiert. Auch von der Piazza aus ist der Dogenpalast zu sehen, die Verbindung zur Piazzetta zwischen Dogenpalast und Libreria wird enger. Sansovino hatte an dieser Stelle sicherlich große Widerstände zu überwinden, und es wird kein Zufall sein, daß er, um vollendete Tatsachen zu schaffen, als ersten Schritt die Häuser südlich des Campanile einriß und mit dem Bau der Libreria-Ecke begann. Wie weit er von diesem Punkt aus nach Süden gehen wollte, ist ungewiß, aber das heutige Zusammentreffen von Libreria und Münze kann er so nicht gewollt haben. Es ist nicht Ausdruck eines besonders manieristischen Raffinements, sondern Resultat der Kämpfe innerhalb der staatlichen Institutionen, in diesem Fall der Prokuratoren von S. Marco und der Provveditori di Zecca, die dem Rat der Zehn unterstanden.

Der Neubau der Staatsmünze, des Zecca, war der erste Auftrag, den Sansovino im Bereich der Piazza realisieren konnte. Die Aufgabe war vertrackt und der Bauverlauf wenig glücklich. Schon Sansovinos ursprünglicher, zweigeschossiger Bau war gestalterisch ein Kompromiß. Das «Gefängnis des Geldes» verlangte eine Formensprache, die Festigkeit und Sicherheit symbolisierte, davon künden die martialischen Bossen, die bis in das Innere hineinreichen. Andererseits mußten so einträgliche Nutzungen wie der traditionelle Handel mit Käse und Salami berücksichtigt werden, da den Händlern kein adäquater Ersatzplatz angeboten werden konnte. Daher nutzte man die Bögen mit ihren Läden, die erst achtzehn Jahre nach Sansovinos Tod geschlossen wurden. Noch zu seinen Lebzeiten hat er ein zweites Obergeschoß hinnehmen müssen, weil in dem ursprünglichen Mezzanin die Hitze unerträglich war. Die Balance der Baukörper war damit freilich dahin, denn die Zecca wurde höher als die Bauten der Prokuratoren. Als Sansovino 1570 starb, hinterließ er ein städtebauliches Problem, die Verbindung von Zecca und Libreria. 1537, als er zu bauen begonnen hatte, stand zwischen ihnen noch die Beccaria (Abb. 61). Zu einem Zusammentreffen wäre es also gar nicht gekommen. Die Beccaria wurde bereits zu Sansovinos Zeit abgerissen, wir wissen aber nicht, wie er auf die so entstandene Lücke reagieren wollte. Tatsache ist, daß er nach dem 17. Joch aufgehört hat, da also, wo seine Libreria mit dem Dogenpalast auf gleiche Höhe gekommen war. In jedem Fall ist die Verlängerung der Libreria nach Süden städtebaulich nicht eben ein Meisterstück. Wie weit Sansovino selbst bauen wollte, ist nicht abschließend geklärt, alle Indizien aber sprechen dafür, daß er eine sehr viel subtilere Lösung im Sinn hatte als die heutige: Die Libreria hätte dort aufgehört, wo Sansovino sie liegen gelassen hatte. Sie hätte dann in einer Flucht

61 *Beccaria zwischen «Libreria» und Zecca, Zustand gegen 1560*

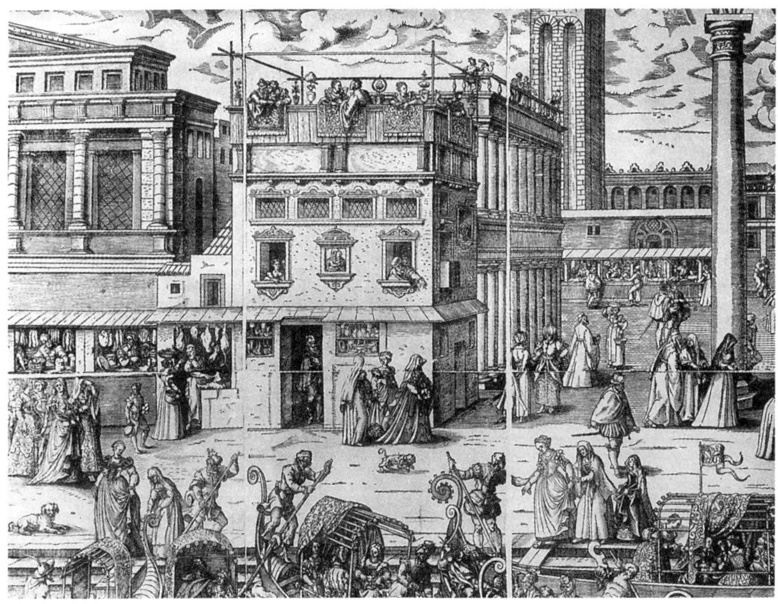

 mit dem Dogenpalast gestanden und mit der seit 1536 parallel errichteten Zecca einen rechten Winkel gebildet. Das formal absurde Aufeinandertreffen der Fassaden, das heute das Auge beleidigt, wäre vermieden worden. Wie auch sonst an der Piazza, hätte Sansovino bestehende Zusammenhänge geklärt, verstärkt, auch neu gewichtet, aber immer mit einem ausgeprägten Sinn für die Potentiale des Ortes, an dem er baute. So hätten hier mit Münze und Bibliothek zwei der Bauten, die seit der Antike zu einem Forum gehörten, einen Raum gefaßt, der den vor der Südseite des Palazzo weitergeführt hätte. Aus dem Ufer wäre wirklich ein Platz geworden, eine Bereicherung nicht nur für das Gefüge der Plätze um S. Marco, sondern auch eine Klärung der Bezüge zum Canal Grande und zum Bacino di S. Marco.

Den Nachfolgern waren solche Subtilitäten fremd. Unbekümmert um die städtebaulichen Konsequenzen wurde die Libreria bis zum Molo verlängert, und auch sonst war der Umgang mit dem baulichen und konzeptionellen Erbe Sansovinos nicht eben zimperlich. Zeitweise wurde sogar über die Aufstockung der Libreria diskutiert. Im Zeichen einer neuen politischen Situation und eines veränderten Staatsverständnisses wurde sogar erwogen, zu der alten Baulinie zurückzukehren. Außerdem solle man, so hieß es, statt der Pläne Sansovinos doch lieber die Alten Prokuratien weiterführen. Das sei bequemer, bringe mehr vermietbaren Raum und senke die Kosten. In der heftigen Debatte konnte die Ästhetik, «la ragion vera dell'architettura», immerhin einen Teilsieg erringen. Man blieb bei Sansovinos Grundriß, ließ seinen Nachfolger Vincenzo Scamozzi aber ein drittes Geschoß entwerfen.

Rückkehr zu altvenezianischer Nüchternheit und demonstrative Abwendung von der *magnificenza* der Jahrhundertmitte sind in den achtziger Jahren des 16. Jahrhunderts auch an anderen Stellen der Stadt zu finden, etwa bei der von Antonio da Ponte ausgeführten Brücke am Rialto. Da Ponte war es auch, dessen «Prigioni» (Abb. 62), eine Mischung aus Gerichtsbau und Staatsgefängnis, ab 1591 die Stadtfassade zur Lagune hin vollendeten. Mit den Gefängnissen wurde eine Teilaufgabe des Palazzo Pubblico ausgegliedert. Ihre Bedeutung stieg und wurde in der Stadt auch

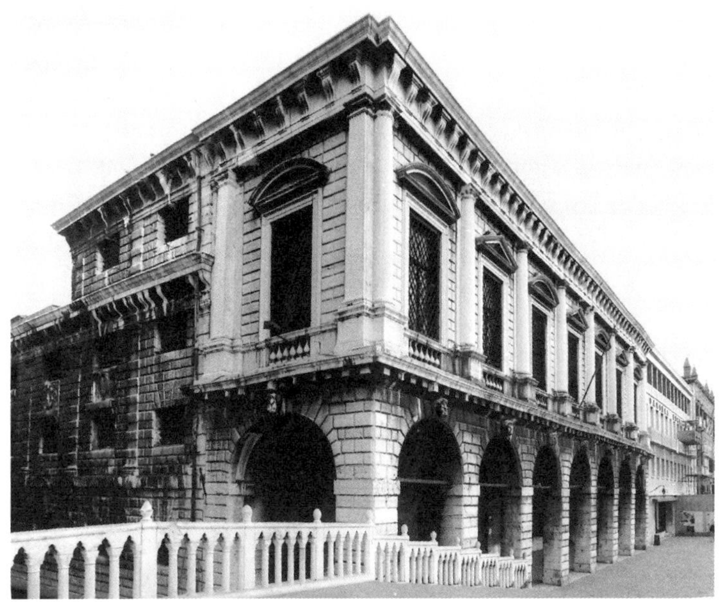

62 Gefängnisse neben dem Dogenpalast

baulich sichtbar. Ein geordnetes Gerichtswesen und ein – nach den Maßstäben der Zeit – humaner Strafvollzug waren wichtige Aufgaben eines erfolgreichen Staatswesens. Antonio da Ponte, der den neuen Gefängnissen das architektonische Gesicht gab, hatte schon am Rialto formale Zurückhaltung geübt, aber auf klare Lesbarkeit geachtet. So auch hier, wenn er die beiden Hauptfunktionen des Gebäudes, zugleich Ort der Richter und Ort der Gefangenen zu sein, so scharf auseinanderhielt, daß aufmerksame Betrachter des Bauwerkes immer wieder einen Plan- oder sogar einen Architektenwechsel vermutet haben. Die Seite zur Riva degli Schiavoni gehörte den Richtern. Im *piano nobile* residierten die gefürchteten Signori di Notte, dort wurde auch in minder schweren Fällen Recht gesprochen. Außerdem waren hier das Archiv und die Folterkammer untergebracht. Die Rustika zeigt nach außen an, daß innen Schwerwiegendes geschieht. Bögen und große Fenster aber signalisieren auch Offenheit und die Zugehörigkeit zu den anderen Bauten an der Piazza. An der Kanalseite dagegen wird schon nach dem ersten Joch abrupt ein sehr viel weniger verbindlicher Ton angeschlagen. Strenge Rustika überzieht die Mauern – formale Metapher für die Wehrhaftigkeit und Strenge staatlichen Strafens. Nicht die Wohnung des Dogen wurde, wie im 16. Jahrhundert mehrfach diskutiert, aus dem Palazzo Pubblico ausgegliedert und durch ein eigenes Gebäude aufgewertet, sondern Teile der Gerichtsbarkeit und des Strafvollzugs, auch dies – im Verbund mit der neuen Einfachheit der Architektur – ein Akt staatlicher Selbstdarstellung, aber einer mit ganz anderen Inhalten als es die der Sansovino-Zeit gewesen waren.

Der Bacino di S. Marco: Als mit dem 16. Jahrhundert auch die Arbeiten an der Piazza ihrem Ende entgegengingen, hatte bereits ein neues Spiel begonnen, die Transformation der Wasserfläche zwischen S. Marco und der Giudecca in einen Stadtraum, der seinesgleichen sucht (Abb. 63). So stark seine Wirkung ist, so schwierig ist seine Beschreibung, bildlich wie verbal. Schon die Benennung ist nicht einfach, denn der heutige Name scheint sich erst nach dem Ende der Republik Venedig eingebürgert zu haben. Nicht einmal Antonio Canaletto und Francesco Guardi ist es gelungen, das einzigartige Zusammenspiel von Wasser, Architektur und Himmel, von Orten, Wegen und Prospekten in Bilder zu fassen, die dem, was man in Venedig erleben kann, auch nur annähernd gerecht werden. Selbst Goethe scheiterte, als er den Weimarer Freunden von der Erfahrung berichten wollte, die ihn an seinem ersten Venedigtag so begeistert hatte: «Wie dem grosen Canal wohl keine Strase in der Welt sich vergleichen kann; so kann dem Raume vor dem Markus Platz wohl auch nichts an die Seite gesetzt werden. Den grosen Spiegel Wasser meyn ich der an der einen Seite von dem eigentlichen Venedig im halben Mond umfaßt ist, gegen über die Insel St Giorgio hat, etwas weiter rechts die Giudecca und ihren Canal, noch weiter Rechts die Dogana und die Einfahrt in den Canal Grande. Ich will auf dem Plan von Venedig den ich beylege zum Uberfluße Linien ziehen auf die Haupt Punkte die in das Auge fallen wenn man aus den zwey Säulen des *Heil.* Markus

Plaze heraustritt». Der Nachsatz: «ich habe es unterlaßen weil es doch kein Bild giebt.»

Der Blick für das Landschaftliche dieses Stadtraumes wäre dem 16. und auch noch dem frühen 18. Jahrhundert fremd gewesen. 1535 meinte Alvise Cornaro, den Bacino, das Wasserbecken vor S. Marco, für ihn wohl städtebauliches Niemandsland, durch eine künstliche Insel mit einem «bello monticello», einem Hügel mit Aussichtstempel aufwerten zu müssen, und noch 1714 wurde eine Brücke vorgeschlagen, die von S. Marco zur Punta della Dogana und von dort zur Giudecca führen sollte. Ein verändertes Bewußtsein deutet sich an, als 1779 die Riva degli Schiavoni erweitert wurde. Anlaß war die extreme Verlandung, die großen Schiffen das Anlegen dort unmöglich machte. Das Ufer wurde bis zur Höhe des Molo vor dem Palazzo herausgerückt, neue Brücken sollten der Stadt auch hier «Anstand und würdige Erscheinung» verleihen. Der Bacino bekam durch die neue Riva an einer Seite eine städtebauliche Fassung, und dabei spielten auch die Belange der Spaziergänger eine Rolle. Bereits 1766 ist von einer Unterhaltung zwischen Privatleuten die Rede, die sich die Vorteile ausmalten, die eine Verbreiterung der Riva degli Schiavoni von den Prigioni bis nach S. Biagio mit sich brächte: Das Wasser würde an dem begradigten Ufer schneller fließen und vielleicht die Sandbänke abtragen. Die Fußgänger könnten Bequemlichkeit erwarten und die Stadt neue Schönheit. Von den Stufen der neuen Kirche S. Maria della Pietà werde der Blick bis zu den Inseln schweifen.

Der Spaziergang an der Riva degli Schiavoni zeigt noch heute, daß der Bacino als urbanistisches Phänomen weniger ein Zustand ist als ein Prozeß. Die Konstellationen verändern sich, allerdings nicht in abrupten Schnitten, sondern in fließenden Übergängen. Am Ende der alten Promenade, beim Rio dell 'Arsenale, gewann früher, als der Lido noch kaum besiedelt war, die Lagune mit ihren Klöstern die Oberhand. Beim Rückweg vom Lido nach S. Marco zieht bis heute die Einfahrt zum Canal Grande die Aufmerksamkeit auf sich. Noch einmal anders sind die Konfigurationen vom Wasser aus, denn einen definitiven Blickpunkt gibt es dort nirgends. Wer vom Westen kommt, vom Canale della Giudecca

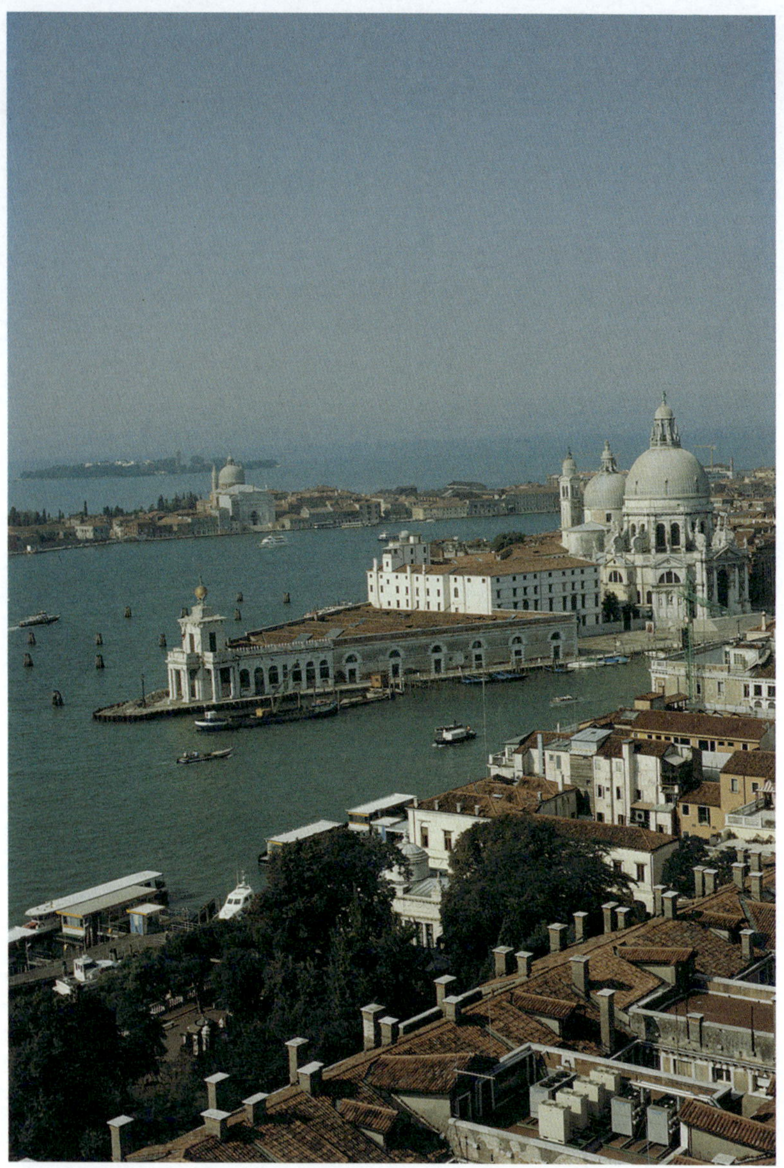

63 *Blick vom Campanile di San Marco auf S. Maria della Sallute und die Punta della Dogana, im Hintergrund Il Redentore*

oder vom Canal Grande, kann den Bacino als ein städtebauliches Phänomen eigenen Rechtes gar nicht wirklich wahrnehmen. Für den Blick von dort dominiert die Stadtfassade von den Prigioni bis zu den Magazinen. Ganz anders bei der Einfahrt in die Stadt, die früher die offizielle und damit die maßgebende war, der von S. Niccolò al Lido. Staatsbesucher wurden dort vom Dogen abgeholt und nach S. Marco geleitet. Dabei wollte man anfangs sicherlich nicht mit der heute begeisternden Stadtlandschaft beeindrucken, sondern mit der Abwesenheit der überall in Europa immer mächtiger werdenden Befestigungen. Man wird die Gäste aber nicht nur auf das Ziel, den Palazzo Pubblico, aufmerksam gemacht haben, sondern auch auf die beiden nach Pestepedemien errichteten Staatskirchen, Il Redentore und S. Maria della Salute.

Andrea Palladio, der durch seine Bauten für diese Stadtlandschaft mehr getan hat als jeder andere, hat sie vermutlich weder gesehen noch gewollt. Als er 1566 mit der Klosterkirche S. Giorgio begann, war an den Redentore noch kein Gedanke, und der Vorplatz von S. Giorgio war nach S. Marco hin durch einen zweistöckigen Querbau abgeriegelt. Nach dem Willen des Benediktinerabtes sollte vor der Kirche sogar noch ein weiteres Gebäude errichtet werden. Es war nicht Palladio, sondern der Doge Leonardo Donà, der 1609, zwanzig Jahre nach Palladios Tod, die Freilegung durchsetzte und damit aus dem Inselkloster S. Giorgio einen Protagonisten des neu eröffneten städtebaulichen Schauspiels Bacino di S. Marco machte. Seine Begründung für die Freilegung argumentierte, gut venezianisch, mit dem Gegenüber von Bauten: «damit die Kirche von allen auf der Piazza oder im Dogenpalast gesehen werden kann.» Die Initiative Donàs war sicherlich auch eine Reaktion auf Palladios Redentore. Für den hatte der Architekt sich allerdings einen ganz anderen Standort gewünscht, nämlich am Canal Grande. Sein grundsätzliches Ziel: «Wir wählen die Standorte der Tempel so aus», so heißt es in seinem Traktat, «daß wir sie in den edelsten und berühmtesten Teilen der Stadt errichten, fern von unehrenhaften Gegenden und auf schönen und geschmückten Plätzen». Dergleichen Orte waren auch in Venedig selten. Die Suche nach einem Bauplatz für die in den Nöten der Pestzeit 1576 dem Erlöser gelobte Kirche gestaltete sich entsprechend schwierig, zumal auch ein freier Zugang für die gleichzeitig eingerichtete alljährliche Staatsprozession erforderlich war. Palladios Freund und Förderer Marc Antonio Barbaro votierte für einen Standort am Canal Grande bei S. Vitale, also im Herzen der Stadt. Entwürfe Palladios für einen Zentralbau an dieser Stelle haben sich erhalten. Auch die Nonnen von S. Croce, deren Kirche zusammen mit S. Vitale und dem Kapuzinerkloster auf der Giudecca in der engeren Wahl stand, argumentierten gegen die Giudecca, denn zum Wohle des Volkes müsse die neue Kirche im «corpo» der Stadt liegen und nicht außerhalb und weit entfernt, «fuori e lontano». Dort könnten die Armen kaum hinkommen und das sei wider den Sinn des Gelöbnisses. Die entscheidende Stimme für die Giudecca als Standort der neuen staatlichen Votivkirche kam von Leonardo Donà, dem späteren Dogen.

Es muß für eine Stadt nicht immer ein Nachteil sein, wenn Architektenträume sich nicht erfüllen. Palladios Redentore jedenfalls ist ein städtebaulicher Glücksfall. Er ist auch alles andere als antivenezianisch, wie gelegentlich behauptet wird, weder im Urbanistischen noch im Architektonischen, denn so antikisch sich die Fassade gibt, so venezianisch ist der Baukörper. Im heutigen Zustand zeigen die beiden Palladio-Kirchen einen scharfen Kontrast zwischen dem Weiß der Steinfassaden und dem Rostrot der verputzten Wände. Möglicherweise – verläßliche Untersuchungen fehlen – war der Zusammenhang ursprünglich enger. Die städtebauliche Wirkung könnte sich dabei steigern, denn noch stärker als jetzt kämen die gelassene Feierlichkeit und der große Atem zur Geltung, mit denen Palladio seine Baukörper zu dimensionieren verstand. Besonders die Kuppeln würden profitieren. Wir wissen nicht, wessen Entscheidung es war, die Herausforderung durch Michelangelos gerade entstehende Kuppel von St. Peter in Rom auszuschlagen und an der den Venezianern von S. Marco vertrauten Form festzuhalten. Der Bezug zum Ort war wichtiger als der zur eigenen Zeit. Hier, so die Botschaft, ist man in Venedig, wo der Dialog mit der Antike durchaus gepflegt wird, aber auch der mit der eigenen Tradition. Es dauerte nicht lange, und zu den Kuppeln von Il

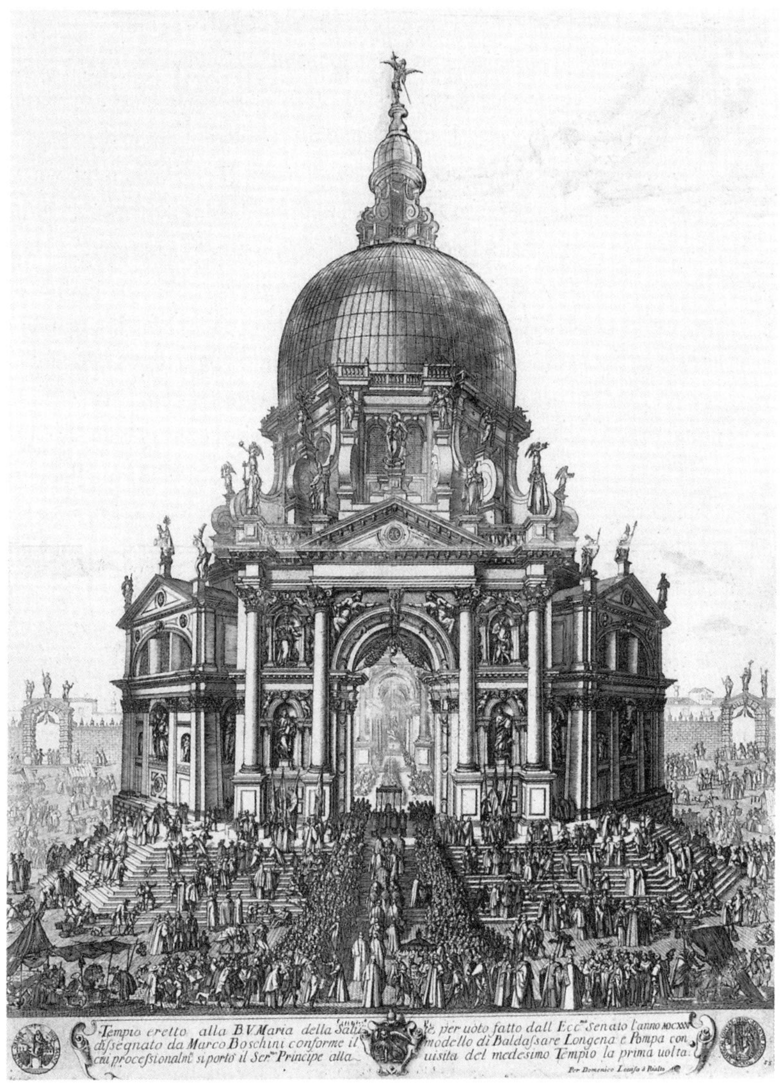

64 *Staatsprozession, S. Maria della Salute, Stich von Domenico Lovisa*

Redentore und S. Giorgio kam eine dritte, die der zwischen ihnen gelegenen Kirche der Zitelle, die von Palladio inspiriert, vielleicht sogar vorbereitet wurde. Die Größe dieser Kuppel ist aus dem bescheidenen Inneren nicht zu verstehen, wohl aber aus dem städtebaulichen Zusammenhang.

Zum wichtigsten Mitglied der so entstandenen Kuppelfamilie wurde S. Maria della Salute (Abb. 63). Wieder wütete die Pest, als am 22. Oktober 1630 der Senat eine neue Kirche gelobte, wenn die Gottesmutter der Stadt so beistehen würde, wie es 1576/77 der Erlöser getan hatte. Im Ergebnis ist es vor allem der Bau von S. Maria della Salute, der aus dem Gegenüber des «corpo» der Stadt und der Inseln S. Giorgio und Giudecca einen Stadtraum entstehen ließ, in dem er beiden einen gemeinsamen Bezugspunkt gab. Dies freilich war weder zwangsläufig noch selbstverständlich, denn sonst hätten nicht drei Senatoren einen Monat lang in der ganzen Stadt nach einem Platz für die neue Kirche suchen müssen. Acht Standorte kamen in die engere Wahl. Die einen aber lagen zu weit ab, bei anderen war das Grundstück schlecht geschnitten oder die Erschließung zu kompliziert. Schließlich aber wurde man sogar mitten im «corpo della città» noch fündig, zwischen S. Trinità und der Dogana del Mar, am Eingang des Canal Grande.

Ein Architekt freilich fehlte. Die Sachverständigen empfahlen, in Rom zu suchen, der Senat aber war seinen Untertanen gegenüber weniger skeptisch und vertraute auf einen lokalen Wettbewerb. Die Entscheidung fiel zwischen handwerklicher Erfahrung und entwerferischem Wagemut. Der Sohn des Francesco Smeraldi, der auf der Grundlage von Palladio-Ideen die Fassade von S. Pietro di Castello errichtet hatte, mußte zurückstehen. Sieger wurde ein Entwurf, der der Kirche «die Form einer Marienkrone» gab. Für seinen Autor, den jungen Baldassare Longhena, kam der Auftrag vielleicht einige Jahre zu früh, denn in vielen Einzelheiten ist sein Bau eher ungelenk. Ein Palladio ist Longhena auch im reiferen Alter nicht geworden, als Szenograf jedoch war er schon in der Jugend ein Meister. So inspirierte ihn die Vorgabe, man müsse bei der alljährlich stattfindenden staatlichen Dankprozession schon bald das Innere der Kirche sehen können, zu einer ingeniös konzipierten Fassade, die sich als Triumphtor vom Baukörper löst, zu dem hohen polygonalen Treppenpodest und dem Vorplatz zum Canal Grande. Im Alltag mag an dieser architektonisch lockeren Komposition manches unentschieden wirken, am Tage der Prozession jedoch, wenn die Portale weit geöffnet waren und viele Schaulustige die prächtig gekleideten staatlichen und geistlichen Würdenträger empfingen, muß sie von faszinierender Stringenz gewesen sein (vgl. Abb. 64).

Aber nicht nur zum Inneren der Stadt, sondern auch zur weiteren Umgebung hin erwies sich der junge Longhena als Meister urbanistischer Bühnenbilder. Seine beiden Kuppeln grüßen die von S. Giorgio und Il Redentore. Als man erwog, seine Kirche an einer nun wahrhaft spektakulären Stelle zu realisieren, an der Punta della Dogana nämlich, widerstand er der Versuchung. Da er Bauplatz und Bauwerk in einem symbiotischen Verhältnis sah, meldete er für den Fall einer Verlegung erhebliche Veränderungsnotwendigkeiten an. Städtebaulich wäre die Verlegung auch kein Gewinn gewesen, denn der Canal Grande hätte ein so exponiertes Gebäude an dieser Stelle nur schlecht vertragen, wäre doch das Zusammenfließen mit dem Canale della Giudecca nicht mehr so eindringlich zur Geltung gekommen wie heute, und auch S. Giorgio und der Redentore wären in den Hintergrund gedrängt worden.

Bei der Neugestaltung der Punta della Dogana mußte sich Longhena einem Giuseppe Benoni geschlagen geben, der in der Architekturgeschichte ein Schattendasein führt, obwohl ihm hier, an einer der empfindlichsten Stellen der Stadt, ein Meisterwerk der Bescheidenheit und der Prägnanz gelungen ist. Heute ist es etwas durch die massiven Salzmagazine beeinträchtigt, die Alvise Pigazzi dort in den 1830er Jahren errichten konnte, denn im Vergleich zu ihnen wirken Benonis Formen leichter als sie gemeint waren. Höhepunkt ist der Kopfbau mit dem Turm in der Mitte und der den Winden ausgesetzten mobilen «Fortuna» als Bekrönung. Darunter gibt es nach drei Seiten Terrassen zur Kontrolle des Schiffverkehrs, Vorposten des «corpo della città», S. Marco und dem Canal Grande ebenso zugewandt wie der Giudecca und dem maritimen Stadteingang bei S. Niccolò al Lido.

VI. Von den Vedutisten zu Byron und Ruskin

Das Venedig der Veduten: Zum Wesen einer Stadt gehören nicht nur ihre Menschen, ihre Geschichte, ihre Straßen und ihre Gebäude, sondern auch die Bilder und Vorstellungen, die es von ihr gibt. Venedigs Geschichte ist deshalb nicht nur Baugeschichte, sondern auch Wahrnehmungsgeschichte; und zeitweise sind die Veränderungen in den Köpfen nicht weniger wichtig gewesen als die Projekte, die in der Stadt realisiert wurden. Daß Venedig seit Jahrhunderten so fest im Bilderhaushalt der Welt verankert ist, verdankt es nicht zuletzt der Deutungskraft von Malern wie Antonio Canaletto und Francesco Guardi. Ob in Postkarten oder Werbungsprospekten – bildlich ist Venedig bis heute im wesentlichen das der Veduten des 18. Jahrhunderts geblieben. Trivialisiert und anonym, lassen sie auch das Massenpublikum nicht unberührt, das heute fotografierend und filmend durch die Gassen Venedigs zieht.

Stadtporträts gab es in Venedig bereits am Ende des 15. Jahrhunderts, als eine Reihe von Historienbildern entstand, in denen Orte der eigenen Stadt zum Thema wurden (vgl. Abb. 25). Der Platz dieser Bilder waren die Scuole Grandi und der Dogenpalast, ihre Entstehung verdankten sie der jeweils zu erzählenden Geschichte, aber der Augenschein beweist, daß zumindest für die Maler die Schauplätze ebenso wichtig waren. Von solchen Bildern hätte es deshalb eigentlich nur ein kurzer Weg zu den Veduten sein können, aber dieser Weg ist nicht gegangen worden. Da die Stadtdarstellung in der Malerei ihre Funktion und Legitimation nur in der Historienmalerei hatte, gab es für sie lange Zeit weder einen eigenen Bedarf noch einen eigenen Ort. Dies änderte sich dank besonderer Umstände im 18. Jahrhundert. Keine andere Stadt, Rom ausgenommen, bot so viel Stoff, und in keiner anderen Stadt, Paris ausgenommen, erlebte die Malerei damals eine vergleichbare Blüte. Mit Antonio Canaletto und Francesco Guardi trafen in Venedig zwei große Begabungen auf ein kongeniales Thema und ein bereitwilliges Publikum. Dieses Publikum bestand im wesentlichen aus den Fremden, deren Interessen sich zum Teil direkt über Bestellungen bei den Malern, zum Teil aber auch indirekt, über einen florierenden Kunstmarkt, artikulierten, der für lange Zeit das Was und das Wie der Darstellung bestimmte. Die Fremden kamen vor allem des alten Venedig wegen, Neubauten sind in den Veduten deshalb selten, und auch der Alltag bleibt weitgehend ausgespart. Wer Venedig nur aus den Veduten kannte, hätte sich keine Vorstellung von den Bestrebungen einer Architekturreform machen können, die es im Venedig des 18. Jahrhunderts durchaus auch gegeben hat: bei Andrea Tirali etwa, der der spätbarocken Eleganz von Giorgio Massaris Palazzo Grassi die Schmucklosigkeit seines Palazzo Diedo bei S. Fosca entgegenstellte, oder im Kirchenbau, von Tiralis Vorhalle für S. Niccolò dei Tolentini bis zu Tommaso Temanzas Kirche der hl. Magdalena.

Antonio Canaletto: Die Venezianer sind in den Veduten Komparsen in einer Stadt, die dem touristischen Blick als Museum oder Bühne erschien, nicht als Ort gegenwärtigen Lebens. So gut wie nirgends wird gearbeitet, so gut wie nirgends wird gebettelt, und so gut wie nirgends sind die vielen tausend Fremden zu sehen, die besonders in der immer länger werdenden Karnevalszeit über Monate hinweg das Stadtbild dominierten. Aber auch von der alten Stadt wurden fast nur die Sehenswürdigkeiten gemalt und auch diese nur, wenn sie mit spektakulärer Architektur aufwarten konnten wie die Piazza S. Marco oder der Canal Grande. Schon der Rialto kommt nur selten ins Bild, und von den großen Kirchplätzen hat allein der von SS. Giovanni e Paolo größeres Interesse gefunden. Die meisten Gebiete der Stadt kommen in den Veduten überhaupt nicht vor, obwohl der junge Canaletto mehrfach erfolglos versucht hatte, neue Motive ins Spiel zu bringen. Die scheinbar prästabilierte Harmonie zwischen dem Maler und seinem Publikum entstand erst allmählich. Canalettos Frühwerk drängte in eine ganz andere Richtung als die, die er selbst später genommen hatte. Begonnen hatte der gelernte Bühnenmaler mit vergleichsweise riesigen Formaten, in denen sich eine frühmorgendliche, fast menschenleere Stadt auftut. Wo sich Leben regt, ist es nicht das der großen Staatsaktionen, sondern das eines bescheidenen Alltags. Selbst die Piazza S. Marco präsentiert sich im Frühwerk Canalettos nicht als die festlich ausgeleuchtete Architekturbühne der späteren Bilder, sondern als ein zu großen Teilen verlassenes Areal, in dem sich nur am Rand und vor der Kirche einige Menschen und Verkaufsstände eingefunden haben. Kolorit und Beleuchtung sind fahl, von der Schönheit und der einstigen Bedeutung des Ortes ist kaum etwas geblieben. Gelegentlich gibt es dafür in diesen Bildern – immer in dem großen Format, das eigentlich der Historie zustand – Einblicke in ein Venedig der unteren Schichten. So bei der Darstellung des Rio dei Mendicanti, bei der nicht nur das Kloster von S. Lazzaro dei Mendicanti ins Blickfeld kommt, sondern auch die überfüllten Mietshäuser und die Bootswerft auf der anderen Seite des Kanals, oder bei der berühmten Ansicht einer Maurerwerkstatt bei S. Vitale (Abb. 65).

Dieses Venedig hat bei den Sammlern aber keine Liebhaber gefunden. Während es von der konventionellen Ansicht des anschließenden Campo von SS. Giovanni e Paolo zahlreiche Wiederholungen gibt, blieb das Bild mit der Bootswerft ein Unikat. Canaletto hat seine Versuche, die Vedute mit einer städtischen und, ansatzweise, auch sozialkritischen Genremalerei zu verbinden, nicht lange verfolgt. Schon bald ließ er die dunklen Wolken aus seinen Bildern wieder abziehen und warmes Sonnenlicht leuchten. In einem zunehmend osmotischen Verhältnis zu seinem Publikum hat er seit den vierziger Jahren des 18. Jahrhunderts der verklärenden Sicht der Besucher die Stadtkenntnis und das künstlerische Vermögen des ortskundigen Cicerone zur Verfügung gestellt und damit wie kein anderer die Erfahrungen, die Erinnerungen und die Erwartungen der Venedig-Besucher geprägt. Die Zeit scheint still zu stehen, die Geschichte außer Kraft gesetzt. Von der Disposition bis in die Details ver-

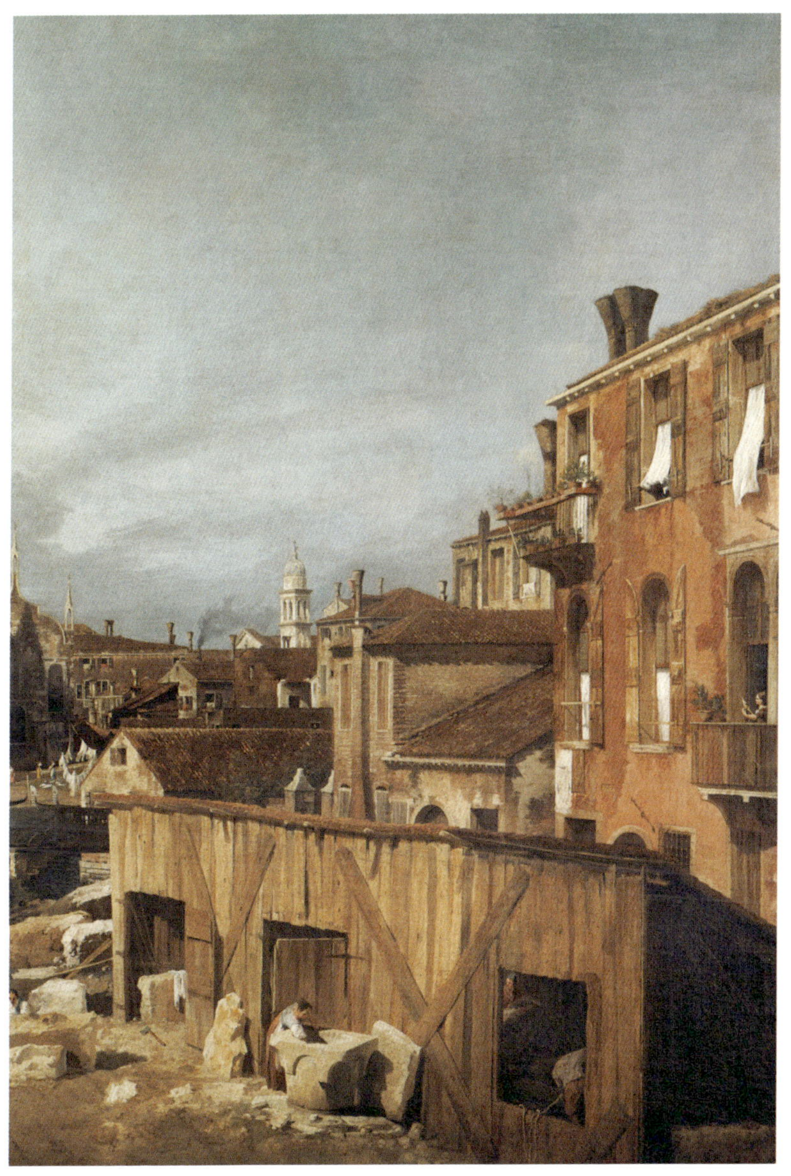

65 *Antonio Canaletto, Maurerwerkstatt bei S. Vitale, Ausschnitt, National Gallery, London*

148 traut Canaletto auf die ordnende Kraft von Horizontale und Vertikale, auf die Stereometrie der Körper, auf Symmetrien und Analogien (Abb. 66, vgl. Abb. 46). Er verbirgt nicht, daß Venedig seine Jugend hinter sich hat, aber sein Venedig ist auch nicht moros wie das seines unruhigen Zeitgenossen Michele Marieschi. In einem hellen, klaren Licht, von allen Extremen frei, friedlich und festlich auch im Alltag, scheint das Venedig des Antonio Canaletto das einzig selbstverständliche, schlechterdings richtige Venedig zu sein, und doch ist auch sein Venedig nur eines unter anderen, und nicht nur eine Entdeckung, sondern auch eine Erfindung.

Von den wachsenden politischen und ökonomischen Problemen einer Stadt und eines Staates jedenfalls, in dem für die Hälfte des Jahres der Karneval regierte, der wichtiger geworden war als Handel und Politik, ist in diesen Bildern nichts zu ahnen. Selbst regierende Herrscher kamen nur noch selten auf Staatsbesuch, sondern reisten, möglichst incognito, der weltberühmten Vergnügungen auf den Straßen und Plätzen, der Kaffeehäuser, der Theater und des Spielkasinos wegen. Zugespitzt: Statt der anderswo erstrebten politischen Freiheit gab es in Venedig die private Libertinage. Im Schutz der Masken schienen für mehrere Monate im Jahr die sozialen Grenzen aufgehoben zu sein. So wichtig war diese Fremdenindustrie, daß ihr selbst fundamentale Gebote der Religion und des Anstandes zum Opfer fielen. Als der vorletzte Doge, Paolo Renier, 1789 mitten im Karneval starb, wurde sein Tod drei Wochen lang bis zum Beginn der Fastenzeit verheimlicht. Selbst die Zeremonien des Staates verwandelten sich in Veranstaltungen für die Fremden; die konkreten Anlässe, Inhalte und Abläufe wurden marginal. Was zählte, war das Spektakel, das Bild. Selbst für den so geschichtsbewußten Goethe war eine Prozession wie diejenige, die an kein geringeres Ereignis erinnerte als den Sieg von Lepanto 1571, in dem das Abendland sich gegen die Übermacht der Türken behaupten konnte, ein rein ästhetisches Erlebnis: «Heut früh war ich bey dem hohen Amte das der Doge, an diesem Tage, wegen eines alten Türcken Sieges, abwarten muß (...) Wenn die vergoldeten Barcken ankommen, die ihn und einen Theil des Adels bringen, die seltsam bekleideten Schiffer sich mit ihren rothen Rudern bemühen, am Ufer die Geistlichkeit, die Brüderschafften mit denen hohen auf Stangen und tragbaren langen silbernen Leuchtern gesteckten Wachskerzen stehen und drängen und warten, und die langen Violeten Kleider der Savii, dann die langen rothen der Senatoren auftreten und endlich der Alte im langen goldnen Talar mit dem Hermelin Mantel aussteigt, drey sich seiner Schleppe bemächtigen, und dann wieder soviel Nobili folgen, alles vor dem Portal einer Kirche, vor deren Thüre die Türckenfahnen gehalten werden; so glaubt man aufeinmal eine alte Gestickte Tapete zu sehn, aber eine recht gut gezeichnete Tapete.»

Wenn es nach den Reformern gegangen wäre, die es im Venedig des 18. Jahrhunderts gelegentlich auch gegeben hat, dann hätte Goethe auf solche Erlebnisse verzichten müssen. 1768, im Todesjahr Canalettos, trug Antonio Memmo, Beauftragter für Fragen des Zeremoniells, Savio ai Ceremoniali, den Pregadi die Ergebnisse von Untersuchungen vor, mit denen er zwei Jahre zuvor beauftragt worden war: Der alte Brauch, Staatsgäste so festlich zu empfangen wie nirgends sonst auf der Welt, sei fragwürdig und zu teuer geworden. Üblicherweise wurden mit der Betreuung und Bewirtung Adlige betraut, die auch die Kosten zu übernehmen hatten – im 18. Jahrhundert mehr und mehr ein Danaergeschenk. Was einst eine Ehre gewesen sei, sei nun ein Grund zur Klage. Denn während die fürstlichen Gäste früher aus gewichtigen politischen Gründen gekommen seien, was den Aufwand rechtfertigte, kämen sie nun, wie alle anderen Besucher auch, der Einzigartigkeit der Stadt, der Großartigkeit des Schauspiels und der Fülle der Vergnügungen wegen. Goethe war eine Ausnahme, als er am 9. Oktober einen ganzen Tag mit einem Ausflug bis nach Pellestrina verbrachte, «wo die großen Baue sind, die die Republick gegen das Meer führen läßt. sie sind von gehaunen Steinen und sollen eigentlich die lange Erdzunge sichern, welche die Lagunen von dem Meere trennt, ein Höchst nöthiges und wichtiges Unternehmen. (...) Die Lagunen sind eine Würkung der Natur, daß in dem Busen des Adriatischen Meers sich eine ansehnliche Landstrecke befindet welche von der Fluth besucht und von der Ebbe zum theil verlassen

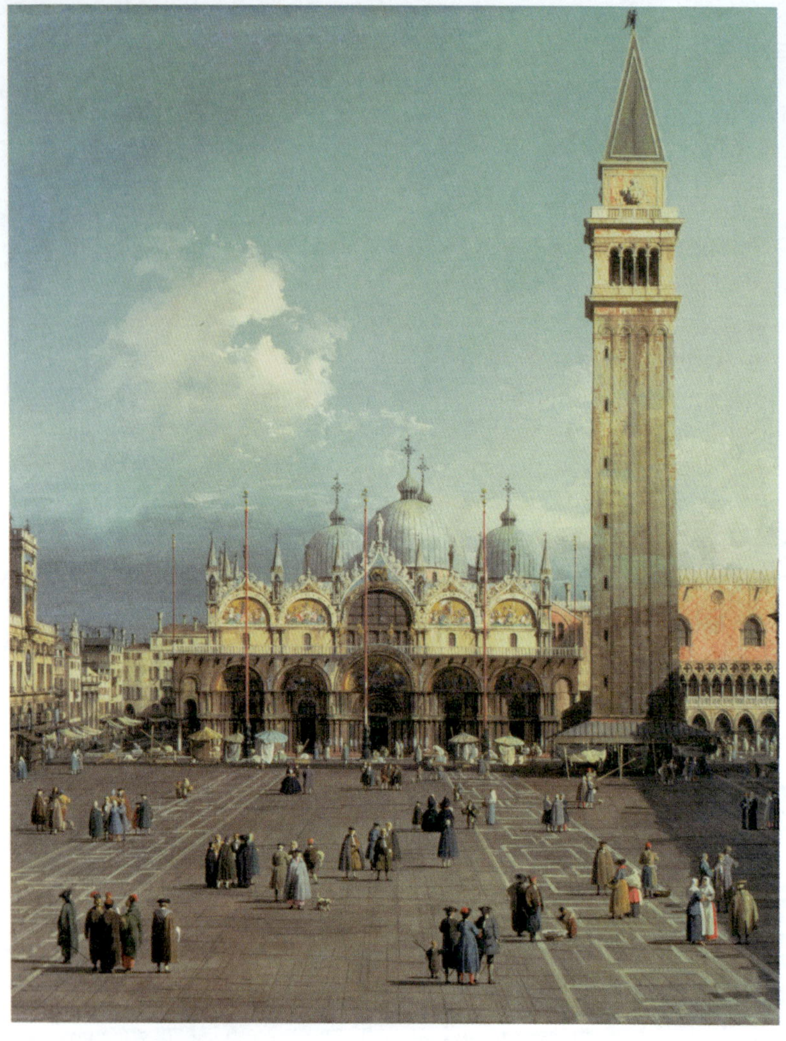

66 Antonio Canaletto, *Piazza S. Marco*, *Ausschnitt*, *Fitzwilliam Museum*, *Cambridge*

wird. Wie Venedig, die Inseln, die Canäle die durch die Sümpfe durchgehn und auch zur Zeit der Ebbe befahren werden ietzt stehn und liegen, ist ein Werk der Kunst und des Fleißes; und Kunst und Fleiß müßen es erhalten.»

Francesco Guardi: Hatte die Stadtdarstellung früher bei der Historienmalerei ein Unterkommen suchen müssen, so kehrten sich die Verhältnisse nun um, und die Veduten wurden nicht selten zur Heimat auch solcher Themen, die früher einem Historienmaler zugefallen wären, zum Beispiel das der Staatsprozessionen. Luca Carlevariis, einer der Väter der venezianischen Vedute, hatte auch deshalb am Anfang des Jahrhunderts auf das Zeremonielle, auf korrektes Kostüm, angemessene Mimik und standesgemäße Körpersprache viel Aufmerksamkeit verwandt und sich in minutiösen Zeichnungen auf seine Bilder vorbereitet. Bei Antonio Canaletto gibt es in dieser Hinsicht schon weniger zu sehen, das Personal ist reduziert, aber wie alles bei ihm, sind auch die Figuren klar zu erkennen. Auch in den Veduten des Francesco Guardi, von Haus aus ohnehin «figurer», also Figurenmaler, waren die Menschen mehr als nur Staffage. Im Frühwerk gab er sie im Verhältnis zur Architektur viel zu groß, im Laufe der Jahre wurden sie dann immer kleiner und immer weniger spezifisch. Standesunterschiede verlieren sich, erkennbare Tätigkeiten werden immer seltener, während die Zahl der Figuren zunimmt. Diese sind immer häufiger Teile anonymer Mengen, die als geballte erscheinen können, aber auch als zunächst zerstreute und dann sich sammelnde (Abb. 67).

Goethe hatte an seinem ersten venezianischen Abend notiert: «Die Hauptidee, die sich mir immer wieder aufdrängt, ist wieder Volck. Große Masse! und ein notwendiges unwillkürliches Dasein.» Guardis Venedig wird von Menschen durchzogen, die unbestimmten, aber offenbar fernen Zielen zustreben, die meisten gebeugt, wie unter schweren Lasten, andere unmotiviert tänzelnd, fast schwebend. Seinem melancholischem Blick erscheint Venedig nicht als leuchtendes Bild und auch nicht als fein gewebte Seidentapete, sondern als eine nicht nur alt gewordene, sondern

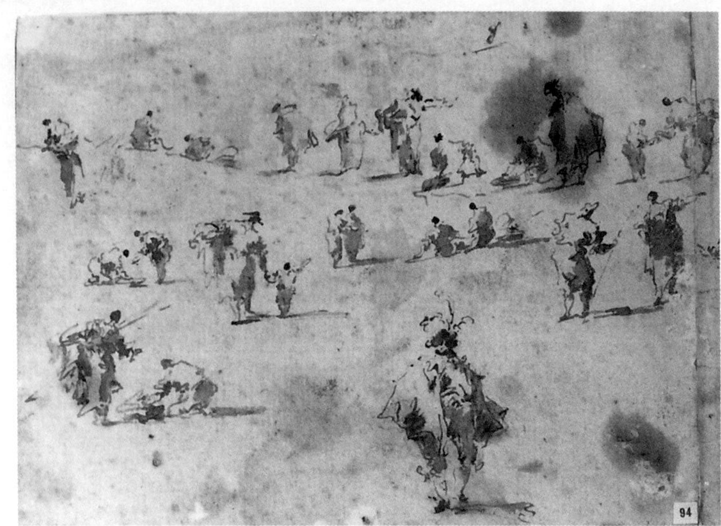

67 Francesco Guardi, Figurenstudien, Ausschnitt, Museo Civico Correr, Venedig

auch bereits halb verlassene Stadt. Von vorn gesehene Figuren und beschreibbare Handlungen werden im Laufe seiner Entwicklung selten, die Menschen verwandeln sich zu anonymen, im Spätwerk dann fast schemenhaften Figurinen. Die erhöhten Blickpunkte, die Guardi in der Regel wählte und seine Malweise, die selbst das Nahe wirken läßt, als sei es von fern gesehen, machen die Distanz unüberbrückbar. Wurden bei Canaletto die Naturphänomene in der Stadt, Wasser und Himmel, zunehmend schematischer und trockener, so gewann bei Guardi die Natur immer mehr an Gewicht und nicht selten sogar die Oberhand. Begegnungen mit holländischer Landschaftsmalerei, die auch in Venedig gesammelt wurde, mögen ihm geholfen haben, Wasser und Luft koloristisch fast die gleiche Konsistenz zu geben wie den Bauten, an denen nicht die Stereometrie hervorgehoben ist, sondern die unregelmäßig gealterte Oberfläche.

Die Stadt wird zur Landschaft, die Glanzzeiten, die ihre Architektur hervorgebracht hatten, sind unwiederbringlich dahin. Aber nicht Aufbegehren oder gar Anklage ist die Reaktion, sondern Fügung in ein naturgesetzlich, nicht gesellschaftlich-politisch verstandenes Geschehen. Einen verborgenen revolutionären Gehalt in Guardis Bildern zu vermuten, wäre daher verfehlt. Sie zeigen in melancholischer Distanz ein gebrechlich gewordenes Venedig, aber sie denunzieren es nicht als dekadent; und schon gar nichts ist von einem revolutionären Gegenideal zu erahnen, das in Venedig, wo es einen selbstbewußten Dritten Stand nicht gab, auch jeder gesellschaftlichen Basis hätte entbehren müssen. Man betrachte ein Bild (Abb. 68) wie das mit dem Schaugerüst vor der Scuola Grande di S. Marco, das für Papst Pius VI. errichtet wurde, der der Serenissima 1782 den letzten bedeutenden Staatsbesuch abstattete, den sie erleben sollte. Fünfzehn Jahre später war sie am Ende. So objektiv das Venedig Canalettos erscheint und so subjektiv das des Guardi – zumindest unterschwellig hat das Guardische mehr mit der damaligen Realität zu tun. «Venedig», so Goethes Tagebuch, «ist ein groses, respecktables Werck versammelter Menschenkraft, ein herrliches Monument, nicht *Eines Befehlenden* sondern eines *Volcks.* und wenn ihre Lagunen sich nach und nach ausfüllen und stincken und ihr Handel geschwächt wird, und und ihre Macht gesuncken ist, macht dieß mir die ganze Anlage der Republick und ihr Wesen nicht um einen Augenblick weniger ehrwürdig. Sie unterliegt der Zeit wie alles was ein erscheinendes Daseyn hat.»

Napoleon: So ruhmreich die Geschichte der Republik Venedig gewesen war, so kläglich war ihr Ende. Am 12. Mai 1797 stahlen sich der Doge, Daniele Manin, und der Große Rat von der weltgeschichtlichen Bühne, auf der ihnen ohnehin nur noch eine Statistenrolle geblieben war. Ohne Gegenwehr überließ man dem französischen Konsul Bonaparte das Feld, die älteste Republik der Welt mußte der jüngsten weichen. Ob und wie das Ende kommen würde, war nicht genau vorherzusehen, daß es aber bevorstand, war Hellsichtigen schon lange vor 1797 klar. Venedig wurde nun zum Spielball fremder Politik. Der Jubel der Demokraten vom Sommer 1797 währte nicht lange, denn schon im Oktober überließ Frankreich die Stadt den Österreichern. 1805 wurde erneut getauscht, und im Herbst zog die Armee Napoleons, der inzwischen Kaiser

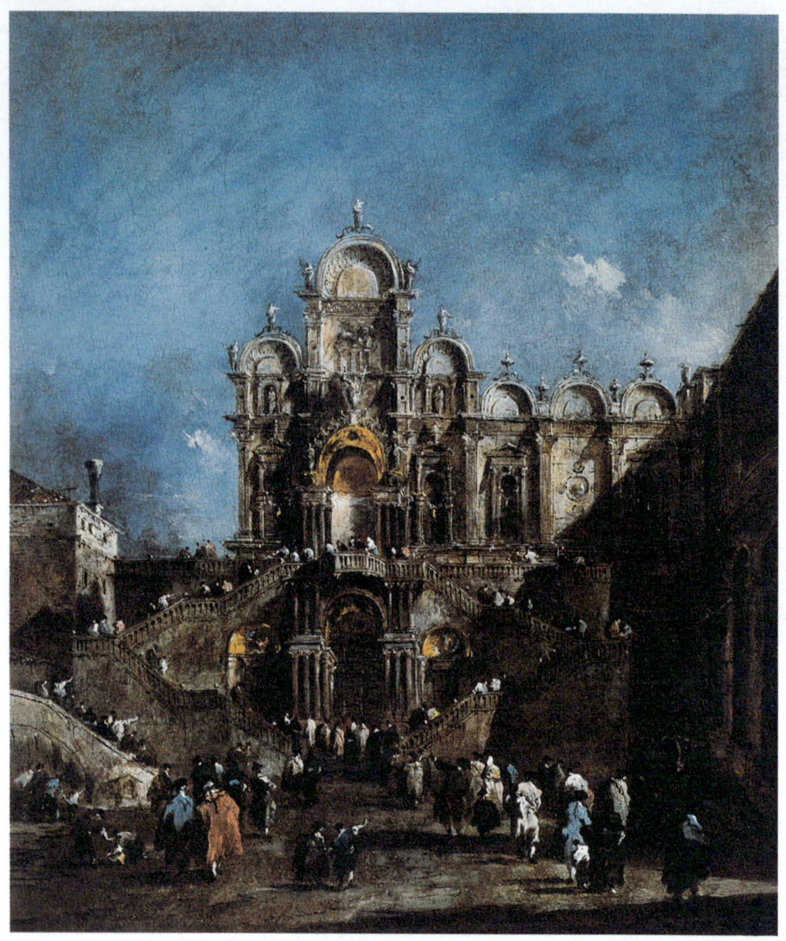

68 *Francesco Guardi, Festarchitektur vor der Scuola Grande di S. Marco anläßlich des Besuchs von Papst Pius VI., National Gallery of Art, Washington*

geworden war, wieder in Venedig ein. Die Franzosen hielten sich auch diesmal nicht allzu lange, der Wiener Kongreß schlug Venedig 1815 wieder den Habsburgern zu.

Die Freiheitsbäume und Festapparate der republikanischen Feste des Sommers 1797 waren ephemer geblieben, und auch Napoleon, der Befreier, hat bauliche Spuren nur in Form von Zerstörungen hinterlassen. Anders Napoleon, der Kaiser, der Ende November 1807 für zehn Tage in der Stadt weilte, während derer er die Weichen für ein neues Venedig stellte. Hauptstadt seines Regno d'Italia war Mailand. Venedig war ein Provinzort am Rande, aber dann doch nicht irgendeiner, sondern die frühere Hauptstadt einer Großmacht. Als Sieger raubte Napoleon in nahezu atavistischer Weise die wichtigsten Kunstschätze, allen voran die antiken Bronzepferde von S. Marco; in der Person seines Vizekönigs Eugène Beauharnais nahm er Besitz von der Piazza; als Wohltäter des Volkes sorgte er sich um Einrichtungen des Handels, der Gesundheit und der Erholung. Mit dem Venedig der Serenissima hatte er wenig im Sinn. Vor allem für das kirchliche Venedig gab es viele nie wieder geheilte Verluste. Die meisten Klöster wurden aufgelassen, viele Kirchen geschlossen. Die Gebäude nutzte man für Aufgaben, die mit ihrer ursprünglichen Bestimmung nichts mehr zu tun hatten. Aus dem Kloster der Carità etwa wurde ein Museum, aus dem von SS. Giovanni e Paolo ein Krankenhaus; andere wurden zu Arbeitshäusern, wieder andere zu Kasernen und nochmals andere zu Archiven. Die Inselklöster fielen an das Militär. Auch hier blieben die baulichen Veränderungen bei den großen Inseln eher gering, während die unbewohnten kleinen Inseln in Festungen verwandelt wurden. Ein Schutzschild entstand, das für die Stadt auch die Funktion einer Gefängnismauer hatte.

An der Piazza S. Marco verhielten sich die Franzosen diplomatischer. Anfangs wäre der Vizekönig schon mit der Amtswohnung der Dogen im Palazzo Pubblico als Domizil zufrieden gewesen. Die war dann aber doch zu unansehnlich und zudem nach außen kaum sichtbar. Man ging deshalb an den Markusplatz, wo der ganze Westflügel mit der Kirche S. Geminiano einem Neubau weichen mußte. Napoleons Architekten wollten die Piazza zum Residenzplatz machen, dies aber zugleich auch wieder verschleiern. Die Ala Napoleonica gibt sich deshalb in ihrer Fassade als Weiterführung der Neuen Prokuratien, Teil einer imperialen Selbstdarstellung, die noch der Rechtfertigung gegenüber den neu gewonnenen Untertanen bedurfte. Auf besonders eifrige Architektenvorschläge, etwa durch einen am Pariser Louvre orientierten Palast mit hohem Sockel oder einen Durchgang zur Stadt mit riesiger Tempelfassade gegenüber der Staatskirche der besiegten Serenissima auch architektonisch aufzutrumpfen, hat Napoleon verzichtet. Sein Bauwerk ist als zusammenfassender Riegel konzipiert, was die Piazza in einem Nervenpunkt traf. Erst durch diesen Umbau wurde sie zu dem «schönsten Salon der Welt», als den Napoleon sie gerühmt haben soll. Zum Bacino hin, also an der Schauseite der Stadt, wollten die neuen Herrscher anfangs deutlicher werden. Nach dem Abriß der grandiosen gotischen Kornspeicher entwarf der Architekt Gaetano Pinali für den «Palazzo Imperiale Reale di Venezia» eine Fassade, die auf den Louvre Ludwigs XIV. Bezug nehmen wollte, zugleich aber über die Mitteltreppe auch zum Garten und zum Wasser eine Verbindung suchte (Abb. 69). Statt eines venezianischen Louvre entstand am Ende ein Schloßgarten. Die Unansehnlichkeit der Rückwand von Scamozzis Neuen Prokuratien hat man in Kauf genommen. Wichtiger – das bürgerliche Zeitalter hatte begonnen – war

69 *Gaetano Pinali, Entwurf für einen Palazzo Reale am Bacino di S. Marco*

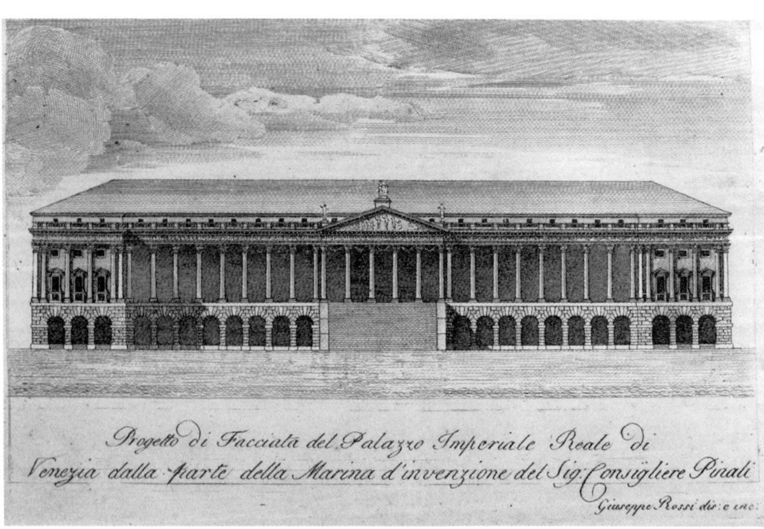

der private Blick über den Garten hinweg auf die Landschaft. Die alte Stadtfassade mit ihren Selbstdarstellungsaufgaben hatte ausgedient.

Neben den Herrschenden sollten aber auch die Bürger nicht leer ausgehen. So wurden die Hafeneingänge modernisiert, bei S. Giorgio entstand ein Freihafen, Kanäle wurden zugeschüttet; zwischen Murano und den Fondamente Nove entstand ein zentraler Friedhof. Ambitionierte Projekte wie ein Atelier an den Zattere für Antonio Canova, damals der berühmteste Künstler der Welt, blieben aber ebenso auf dem Papier wie Denkmäler des Friedens und der Alpendurchquerung Napoleons im Winter 1797 oder eine neue Kunstakademie. Um die Traditionen der gerade untergegangenen Republik hat sich dabei niemand gekümmert. Venedig ist zufälliger und gelegentlich lästiger Ort von Maßnahmen und Bauten, die genauso oder fast genauso auch in Mailand hätten entstehen können. Die venezianische Geschichte und die Eigenart des Ortes waren keine Mächte mehr, denen man hätte kraftvoll begegnen müssen.

Viele Architekten haben damals mit mehr oder minder kompetenten Projekten der neuen Regierung zu gefallen versucht. Nur einer von ihnen, Giovanni Antonio Selva, stand als Entwerfer wie als Planer auf der Höhe der internationalen Entwicklung. Sogar mit der Revolutionsarchitektur von Etienne Boullée und Jean Nicolas Ledoux war er vertraut. Glück für den Imperator war zudem, daß mit dem Klassizismus ein Stil seine Herrschaft antrat, der aus den lokalen Bedingungen herausstrebte und universellen Anspruch erhob. Selva war auch der Verantwortliche für die beiden Großprojekte, an denen Napoleon persönlichen Anteil genommen haben soll, den öffentlichen Gärten im Gebiet von S. Antonio di Castello und der «Passeggiata Pubblica» auf der Giudecca. Dieser Spaziergang hätte genau im Blickfeld des königlichen Palastes gelegen, war aber nicht zur Stadt hin orientiert, sondern nach außen, zur Lagune. Neben der Natur sollten die Bürger dort vor allem das Militär erleben: Ein Exerzierplatz, eine «Piazza d'Armi», war geplant, etwa doppelt so groß wie der Markusplatz und in einem dicht besiedelten Gebiet gelegen. Zu den notwendigen Abrissen ist es noch gekommen, das Militär

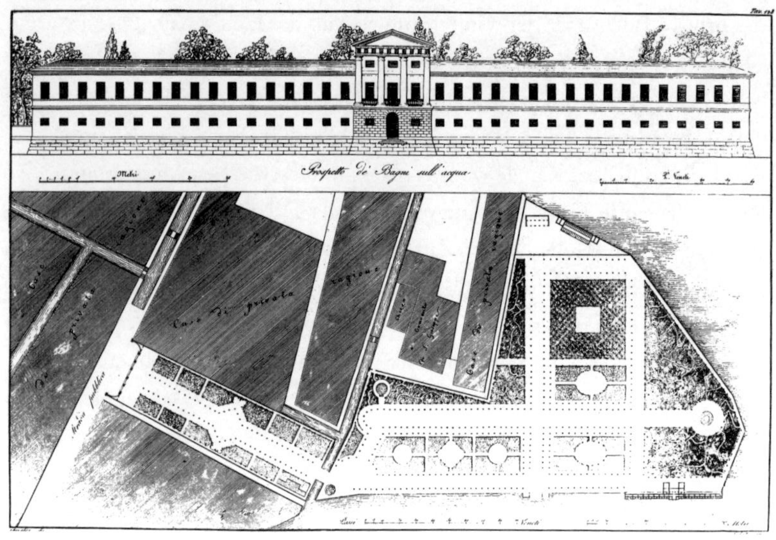

70 Giovanni Antonio Selva, Plan für die Öffentlichen Gärten bei S. Antonio di Castello

aber ist hier nie erschienen. Nur der Name Campo di Marte, Marsfeld, ist dem Gebiet geblieben.

Die eingesparten Gelder wurden dem zweiten städtebaulichen Großprojekt Napoleons zugeschlagen, den öffentlichen Einrichtungen an der Punta di S. Antonio (Abb. 70). Als Akt fürstlicher Wohlfahrt sollten sie der Bequemlichkeit, Erholung und Gesundheit der Bürger dienen. Deshalb gab es Kaffeehäuser, ein großes Badehaus und Verkaufsstellen, an denen zum Beispiel die Mütter Milch für ihre Kinder kaufen konnten. Auch eine Reitbahn sollte nicht fehlen. 1812 fertiggestellt, sollte der Garten auch den Feiern am Geburtstag und am Jahrestag der Krönung des Kaisers zur Verfügung stehen. Um der zu erwartenden Volksmassen Herr zu werden, war er geometrisch angelegt, nur der abschließende Hügel zur Lagune hin folgte englischen Vorbildern. Aus dem Trümmermaterial der für den neuen Garten zerstörten Häuser und Kirchen wurde ein Hügel angelegt, dessen bekrönender Tempel die Venezianer an ihren

Wohltäter erinnern sollte, wenn sie dort die Aussicht genossen. Heute zugewachsen und Teil des Biennale-Geländes, markierte dieser Hügel zu Napoleons Zeit das Ende der Stadt, denn S. Elena war noch eine selbständige Klosterinsel und der Lido noch kaum besiedelt. Giannantonio Moschinis Stadtführer von 1815 verschweigt den gerade nach St. Helena verbannten Napoleon und preist einen Garten, der vor allem auf Aussichtspunkte und auf Panoramen hin angelegt war, in denen Stadt und Landschaft in neuer Weise zusammenwachsen. Schon vom Eingang aus eröffnete sich ein prächtiges Bild, eine «magnifica prospettiva», zu der die Inseln der Lagunen gehören, die Colli Euganei in der Ferne, die nahe Kirche von S. Giuseppe und gegenüber Venedig selbst. Auch die Aussicht vom Hügel wird gepriesen, gebe sie doch einen Eindruck davon, wie die Stadt sich in einem großen Bogen mit der Insel von S. Giorgio und den Inseln der Lagune verbinde.

Von Lord Byron zu John Ruskin: Die Besucher der Stadt haben das neue Venedig weitgehend ignoriert, was sich nur zum Teil dadurch erklären dürfte, daß dieses neue Venedig auch ein napoleonisches war. Parallel zur Modernisierung entstand ein Venedigbild, das der alltäglichen Wirklichkeit der Stadt eine virtuelle literarische entgegenstellte, die bald die mächtigere werden sollte und schließlich auch auf das tatsächliche Geschehen in der Stadt zurückzuwirken begann. Anfangs lagen beide Wirklichkeiten noch nahe zusammen, denn als Lord Byron 1816 nach Venedig kam, hatte die Stadt nach dem Abzug der Franzosen politisch, wirtschaftlich und emotional den tiefsten Punkt ihrer Existenz erreicht. Und daran änderte sich zunächst auch unter den Österreichern wenig, die Triest den Vorzug gaben. «Der erste Eindruck», so nörgelte der junge Franz Grillparzer 1819 in seinem Tagebuch, «war fremd, einengend, unangenehm. Diese morastige Lagune, diese stinkenden Kanäle, der Schmutz und das Geschrei des unverschämten betrügerischen Volkes geben einen verdrießlichen Kontrast mit dem kaum verlassenen heiteren Triest.»

Lord Byron hatte die Stadt damals gerade verlassen. Er war nicht als Tourist gekommen, sondern für mehrere Jahre, aber die physische und soziale Wirklichkeit der Stadt blendete er aus seiner Dichtung ebenso aus wie die Neuerungen der napoleonischen Zeit. Während seines Aufenthaltes publizierte er 1816 den dritten und 1818 den vierten Gesang seines Versepos *Child Harold's Pilgrimage*, das ihn zu einem der gefeiertsten Dichter seiner Zeit machen sollte. Über den Tag hinaus wirkten vor allem die Verse zu Beginn des vierten Buches, die er Venedig widmete. Bezeichnend ist schon der Standort, von dem aus das lyrische Ich das Schicksal der Stadt besingt. Denn die Seufzerbrücke liegt zwar im Herzen der Stadt, aber durch ihre Fenster ist von dieser so gut wie nichts zu sehen. Byrons Klagegesang unterscheidet sich von der skeptischen Melancholie eines Guardi nicht weniger als von dem Glanz und Elend gleichermaßen einbeziehenden Venedig-Bild Goethes. Byrons Venedig war ein literarisches Venedig, vorgeprägt von Werken wie Shakespeares *Othello* und *Der Kaufmann von Venedig*, aber auch von Schillers *Geisterseher*, von Schauerromanen wie Otways *Venice Preserved* oder Mysterienromanen wie Anne Radcliffes *The Mysteries of Udolpho*. In einer Übertragung von Otto Gildemeister 1868 lesen sich die entscheidenden Zeilen so: «Ich schaute von Venedigs Seufzerbogen / Ein Kerker, ein Palast zu jeder Hand; / Ich sah die Bauten steigen aus den Wogen / Wie Zaubrers Blendwerk; ein Jahrtausend stand / Vor mir die dunklen Flügel ausgespannt; / Sterbender Glanz umfloß die siegesgewohnte / Versunkene Zeit, da manch bezwungendes Land / Dem Marmorsitz des Flügellöwen fronte / Wo stolz Venezia auf hundert Inseln thronte … / Die Zeit ist hin! Doch weilt noch Schönheit hier. / Staaten vergehen, die Kunst sinkt in Verfall / Nur die Natur ist ewig und vor ihr / Ist noch Venedig für die Völker all / Der Tummelplatz der Lust Italiens Karneval … / Als Kind schon liebt ich sie; sie war von je / wie eine Feenstadt des Herzens mir; / Wie Wassersäulen stieg sie aus der See / der Markt des Reichtums und der Lust Revier / Und Schiller, Otway, Shakespeare hatten ihr / Bezaubernd Bild geprägt ins Herz. / Und selbst noch jetzt, trotz ihrer welken Zier / Ist sie mir teurer fast in ihrem Schmerz / als da sie ganz Getränk und Zauber war und Scherz …»

Auch Ruskins *Stones of Venice*, das einflußreichste Venedigbuch des

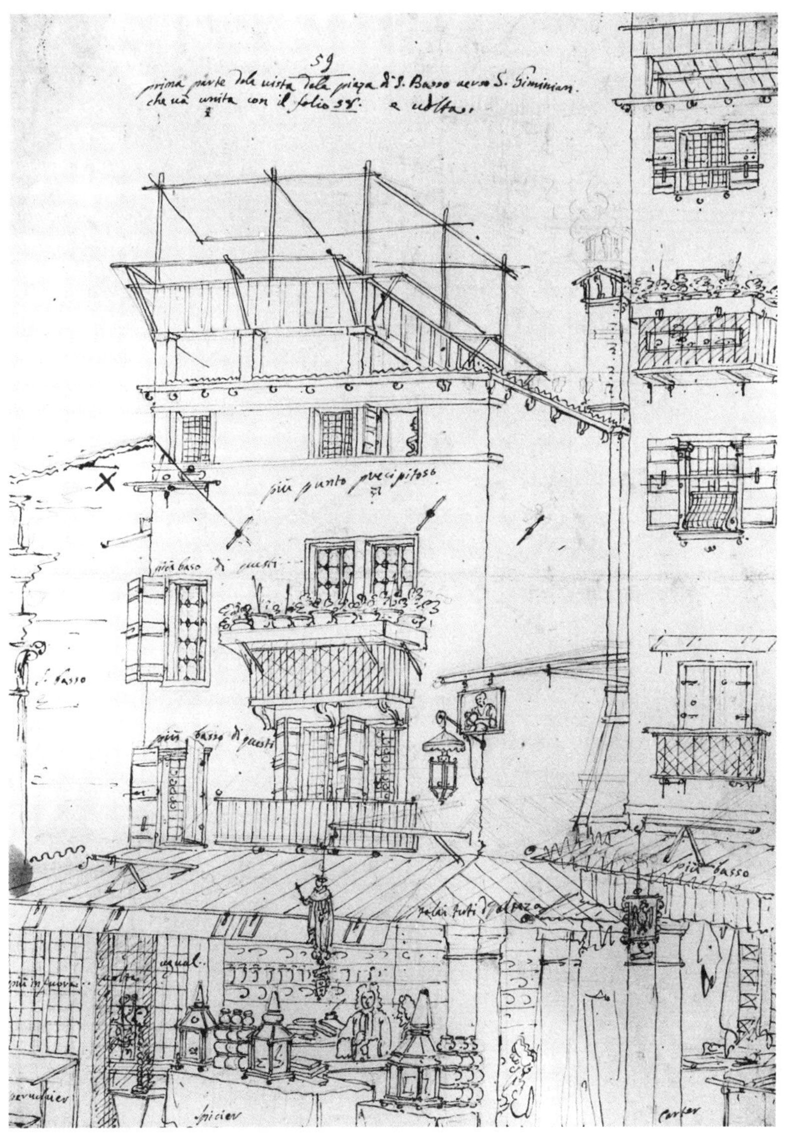

71 *Antonio Canaletto, Studienblatt, Kupferstichkabinett, Museen Preußischer Kulturbesitz, Berlin*

 19. Jahrhunderts, beginnt in der Tonlage und mit den Themen Lord Byrons. Auch ihm war Venedig zugleich Memento Mori und Denkmal: «Seit zuerst die Herrschaft des Menschen sich über das Weltmeer geltend machte, sind drei Reiche von höherer Bedeutung als alle anderen an seinen Gestaden errichtet worden: die Reiche von Tyrus [= Atlantis], Venedig und England. Von der ersten dieser großen Mächte besteht nur die Erinnerung, von der zweiten der Verfall; die dritte, die ihre Größe erbt, kann, wenn sie ihr Beispiel vergißt, durch stolzere Erhöhung zu minder beklagtem Untergang geführt werden. Die Erhebung, die Sünde und die Strafe von Tyrus sind für uns aufgezeichnet worden in den vielleicht rührendsten Worten, die die Propheten Israels jemals gegen die Städte der Fremden äußerten. Aber wir lesen sie wie einen lieblichen Gesang und verschließen unsere Ohren vor dem Ernst ihrer Warnung; denn gerade die Tiefe des Falles von Tyrus hat uns blind gemacht gegen seine Tatsächlichkeit und wir vergessen, wenn wir die bleichen Felsen im Sonnenschein an der See aufleuchten sehen, daß sie einst waren wie in Eden, dem Garten Gottes. Ihre Nachfolgerin, die ihr in der Vollkommenheit der Schönheit gleich kam, wenn auch weniger in der Dauer der Herrschaft, ist uns noch geblieben und wir dürfen sie in der Schlußphase ihres Niederganges betrachten; ein Gespenst am Gestade der See, so schwach – so still – so beraubt alles Besitzes, nur nicht ihrer Lieblichkeit, daß man im Zweifel sein kann, wenn man ihr mattes Abbild in der Spiegelung der Lagune erblickt, welches die Stadt und welches der Schatten ist.»

Die *Stones of Venice* sind vieles in einem, nur ein geschlossenes Ganzes sind sie nicht, dafür sind die Ziele, die der Autor sich gesteckt hatte, zu heterogen. Einem Steinbruch gleich enthält das Buch zum Beispiel mit der Philippika gegen Renaissance und Klassizismus Beiträge zur zeitgenössischen Kunstdiskussion und mit den Passagen über Carpaccio und Tintoretto flammende Plädoyers für in Vergessenheit geratene Künstler. Die größte Wirkung war weltweit dem Abschnitt *The Nature of Gothic* beschieden, in dem Venedig Ausgangspunkt, aber nicht mehr Thema ist, geht es doch um eine brillante Kritik der Entfremdung des Menschen von seiner Arbeit in der Industriegesellschaft, die schnell zu einem der kate-

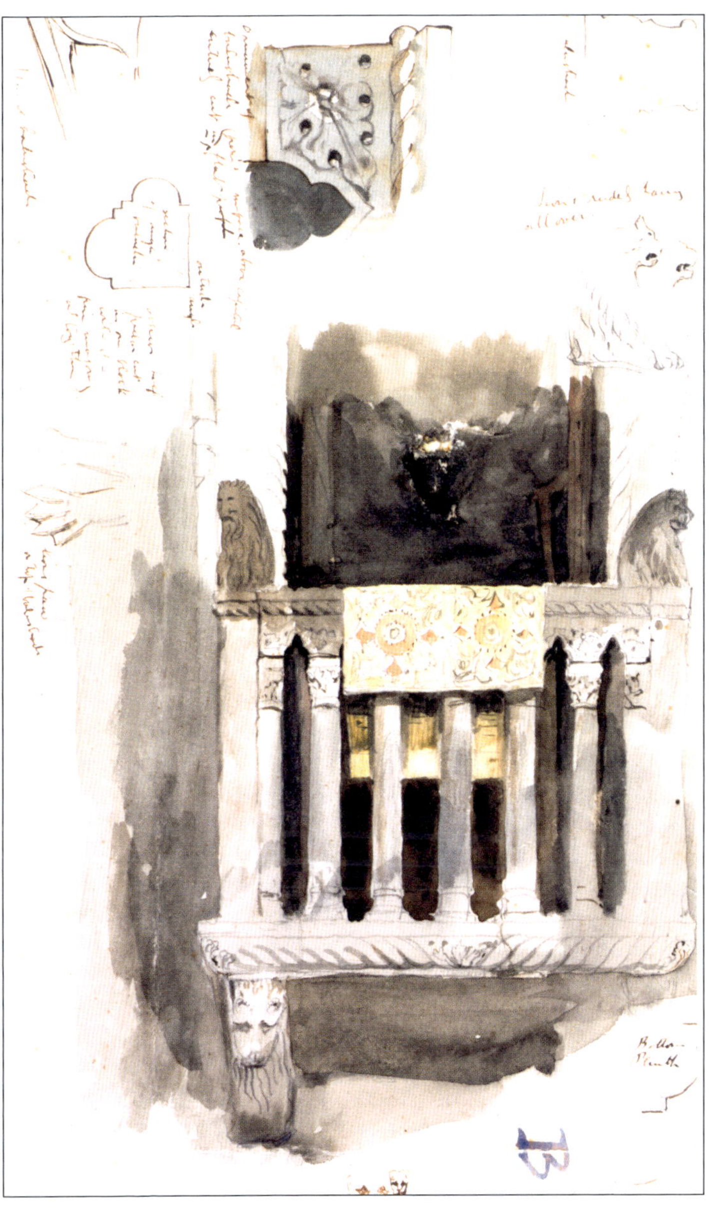

72 *John Ruskin, Studienblatt, Victoria und Albert Museum, London*

 chetischen Texte der Arbeiterbewegung werden sollte. Auch für Ruskin stand das Buch in einem mehr als lokalen Zusammenhang, denn als er 1849 nach Venedig kam, um mit der Arbeit an den *Stones* zu beginnen, hatte er mit den *Seven Lamps of Architecture* gerade eines der bahnbrechenden architekturtheoretischen Bücher seines Jahrhunderts veröffentlicht. Darin hatte er als erster Autor überhaupt in den Altersspuren erhaltener Gebäude – nicht zu verwechseln mit den Ruinen des 18. Jahrhunderts und der Romantik – einen eigenen Wert erkannt. Das Venedig, in das er 1849 reiste, war allerdings von den äußeren Zeichen der modernen Zivilisation, deren Häßlichkeit ihm als Zeichen moralischen und gesellschaftlichen Verfalls galt, nicht unberührt geblieben, und es war zudem gezeichnet von den Zerstörungen und Leiden, die der gescheiterte demokratische Aufstand gegen die Österreicher im Jahre 1848/49 hinterlassen hatte.

Seine wesentliche Aufgabe sah John Ruskin in der systematischen Erforschung der mittelalterlichen Architektur Venedigs, sofern, und das ist das Neue an seiner Vorgehensweise, sie aus den Bauwerken selbst abgelesen werden kann. In detaillierten Vergleichsketten werden Elemente wie Tür- und Fensterprofile zusammengestellt und in eine relative Chronologie gebracht. Die Darstellung der Fassaden im ganzen überließ er dem neuen Medium der Fotografie, deren Anfänge er begeistert begrüßte, sah er in ihr doch eine der wichtigsten Waffen im Kampf um die Erhaltung einer untergehenden Welt. Um Grundrisse, Innenräume oder Querschnitte hat Ruskin sich nicht gekümmert, und dies wohl nicht nur aus pragmatischen Gründen wie der Unzugänglichkeit der meisten Paläste.

Die überaus gründlichen Vorarbeiten zu seinem Buch sind in den vielen Bänden mit Zeichnungen erhalten, die Ruskin vor Ort anfertigte (Abb. 72). Dank seiner intellektuellen Redlichkeit lernt man bei ihrem Studium mehr als einen Ruskin kennen. Jeder von ihnen aber ist auf seine eigene Art höchst modern: der Aquarellist, der mit großer Sorgfalt und staunenswertem Können den Farb- und Stimmungswerten nachspürt, die gerade von den durch ihr Alter belebten und bereicherten Oberflächen ausgehen, ebenso wie der Bauforscher, der rastlos Details vermißt und zeichnet, Formen und technische Sachverhalte notiert und dabei in seinen Zeichenbüchern einen Schatz von Informationen und Einsichten zusammengetragen hat, der bis heute der Erschließung harrt und vielleicht der lebendigste Teil seines venezianischen Vermächtnisses ist.

Mit großem Aufwand hat Ruskin sich auch darum bemüht, seinem Buch wenigstens einige kolorierte Abbildungen beizugeben, denn nur die vom Alter gezeichneten Oberflächen galten ihm als die authentischen, zeigten sich doch in ihnen nicht nur die Spur derer, die in Zeiten nicht entfremdeter Arbeit an ihnen gearbeitet hatten, sondern auch die Spuren, die die Zeit hinterlassen hatte.

Ruskin hat ganze Generationen Wert und Würde des Alterns in der Architektur respektieren gelehrt, das er als eine Form des Lebens verstand, nicht als eine Vorform des Todes. Explizit spricht er nur von einzelnen Gebäuden, aber in deren Summe entsteht zusätzlich ein höchst komplexes, die Gefährdung einbeziehendes Bild von der Stadt im ganzen. Wie unbeschwert dagegen konnte im Jahrhundert davor der Blick des Antonio Canaletto sein: Unvoreingenommen und «ohne Brille», wie er noch auf einer Alterszeichnung stolz vermerkt hat, studierte Canaletto immer wieder neu zeichnend eine Stadt, die er doch kannte wie kein zweiter (Abb. 71). Seine Blätter zeigen die Einzelheiten bei aller Genauigkeit nicht isoliert, sondern immer im Verbund der ganzen Häuser und der Stadt. Bei Ruskin dagegen wirken die Antinomien des Zeitalters bis in das einzelne Blatt hinein. Das in den Arbeitsblättern unvermittelte Nebeneinander einer die Bauformen liebevoll umschmeichelnden Zuwendung im Aquarell und der sezierenden Untersuchung durch das Messen und Zeichnen konnte selbst ein Ruskin nicht mehr zur Synthese führen.

VII. Eine Stadt wie jede andere?

Venezia industriale: Jahrhundertelang war die Insellage einer der Ruhmestitel Venedigs und einer der Grundpfeiler seines Selbstverständnisses. Gelegentliche Vorschläge, die Teile durch Brücken miteinander zu verbinden, so die 1700 von Vincenzo Coronelli entwickelte Idee, von S. Marco aus eine Brücke zur Salute und von dort zur Giudecca zu schlagen, blieben Kuriosa. Im Zeitalter der Industrialisierung aber wurden die Vorschläge häufiger, und sie betrafen nicht mehr nur die innerstädtischen Beziehungen, sondern auch die zum Festland. Bereits 1823 erschien die Studie *Über Ursprung, Wachstum, Aufstieg und Verfall des venezianischen Handels und über die Mittel, die man in der gegenwärtigen Situation einsetzen könnte, den drohenden Untergang zu verhindern.* Während um S. Marco überbordende Energie und unnatürliche Aktivität herrsche, regierten in den Pfarrsprengeln am Rande der Lagune Trägheit und Tod. Rückbesinnung auf den Handel, die eigentliche Lebensgrundlage der Stadt, tue not. Eine Brücke über den Canal Grande bei S. Stefano, auf der Höhe der Accademia, könne das Stadtviertel Dorsoduro aus seinem Abseits reißen, vor allem aber bedürfe es einer Straße vom Festland durch Cannaregio bis zur Sacca della Misericordia, 110 Fuß breit und von Bürgersteigen und Bäumen gesäumt. 1830 – immer noch vor Einführung der Eisenbahn – gab es einen zweiten Brückenplan: Die Venezianer seien der Verbindung mit der großen Familie des Universums beraubt und zu einem höchst engen, eingezwängten Leben gezwungen. Venedig dürfe sich aber nicht zum Sklaven seiner Schönheit machen, das Inselgefängnis müsse aufgebrochen werden. Auch diese Straße sollte bis zur Sacca della Misericordia führen. Mit der Trockenlegung des Rio della Sensa werde man «die schönste, längste, geradeste und weiteste Fahrstraße bekommen, der sich je eine Stadt auf dem Festland hätte rühmen können». Im gleichen Jahr gab es auch den Vorschlag, eine Fahrstraße an der Lagunenseite der Giudecca entlang bis zum Freihafen von S. Giorgio zu führen.

Die Eisenbahn brachte ab 1846 Personen und Güter so einfach und schnell nach Venedig, wie niemand sich das vorher hatte vorstellen können. Aber eben nur an den Rand der Stadt. Das Umsteigen von den neuen auf die alten Verkehrswege, der Schritt von der neuen in die alte Welt, war lästig und dem Fortschritt hinderlich. Eine Lösung, so 1850 Giuseppe Jappelli, könnte darin bestehen, die Eisenbahn an den Zattere entlang bis zur Salute fahren zu lassen, von wo aus eine Brücke nach S. Marco die Innenstadt erschließen würde. Dem Handel wäre so vielleicht Genüge geschehen, vielleicht auch dem Tourismus. Auf jeden Fall wären Bewegungsformen und Geschwindigkeiten ganz neuer Art in die Stadt gekommen, die «Stadtzeit» hätte sich verändert, aber die Altstadt wäre aller Wahrscheinlichkeit nach im Windschatten der neuen Verkehrswege verkümmert. Die Eisenbahn blieb am Rande der Stadt, und optisch, auf den ersten Blick zumindest, waren die Veränderungen auch dort nicht wirklich gravierend, fügte sich doch der erste Bahnhof architektonisch eher moderat in die Baulinien am Canal Grande ein. Daß der Bahn und ihren Anlagen ein ganzes Quartier mit so charakteristischen Bauten wie der Kirche der in ganz Italien verehrten hl. Lucia zum Opfer gefallen war, konnten die Ankömmlinge nicht wissen.

Die Stadtbaugeschichte Venedigs wird oft mit der politischen parallelisiert: 1797 erste französische Besetzung, 1798 Übergabe an Österreich-Ungarn, 1805 Rückkehr der Franzosen, die 1815 von den Habsburgern vertrieben wurden, die die Stadt – unterbrochen nur von den republikanischen Monaten 1848/49 – bis 1866 beherrschen, als Venedig Teil des Königreiches Italien wurde. Tatsächlich aber ist die städtebauliche Entwicklung nicht synchron zur politischen verlaufen. Noch bis in die vierziger Jahre des 19. Jahrhunderts entstanden Bauten, die nach Aussehen und Funktion auch napoleonisch sein könnten, der Schlachthof am Rio Cannaregio zum Beispiel, die Salzspeicher und die «Saloni» in der Nachbarschaft der Punta della Dogana oder die Wachgebäude beim Arsenal. Weder 1814 noch 1861 wurden grundsätzliche Entscheidungen des jeweils vorausgegangenen Regimes rückgängig gemacht. Viel stärker als die politischen Wechselbäder waren die Grundwellen der gesellschaftlichen Veränderungen, deren sichtbares Zeichen die unter den Habsburgern eingerichtete Eisenbahn war, die sicher auch von den Franzosen oder den Italienern gebaut worden wäre, hätten diese damals Venedig regiert. Und ebensowenig hätten sie die Industrialisierung aufhalten wollen oder können, die Venedig in den folgenden Jahrzehnten ein neues Gesicht geben sollte.

Einer der wenigen Orte, an denen man sich heute noch einen gewissen Begriff von Blüte und Nachleben der *Venezia industriale* (Abb. 73) verschaffen kann, ist die Giudecca, die von Alters her ein wichtiger Teil der Gesamtstadt war, aber nicht eigentlich zu deren «corpo» gehörte, denn dafür war die trennende Wirkung des Canale della Giudecca zu

73 *Likörfabrik Pizzolotto, Ansicht vom Canale della Giudecca (zerstört)*

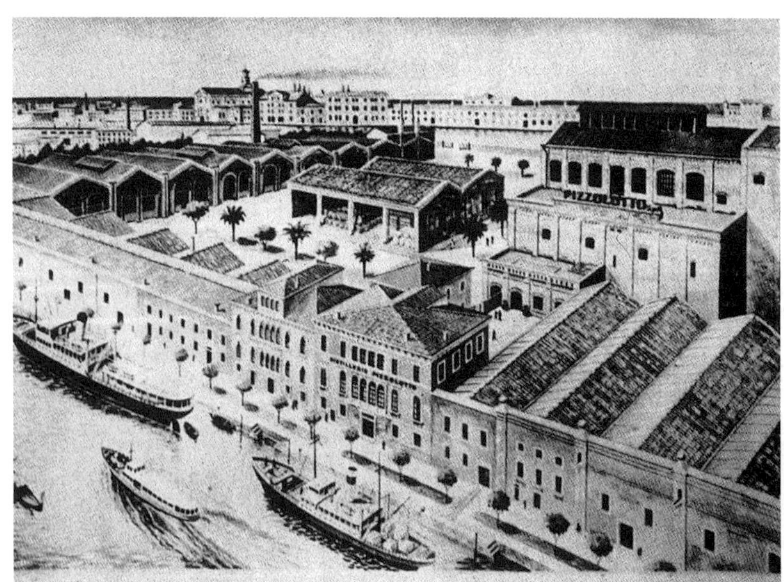

stark. Der Barbaroplan zeigt die Giudecca als einen Ort adliger Villeggiatur mit Gärten und Villen, in denen auch Gäste Aufnahme fanden, die dem Trubel der Stadt entfliehen wollten, wie 1527 Michelangelo Buonarroti. Die Giudecca war zudem Sitz von Akademien und das Ziel feucht-fröhlicher Ausflüge einer *jeunesse dorée*, die nicht zuletzt durch die Spielkasinos angezogen wurde, die Anfang des 17. Jahrhunderts zum Schutz der öffentlichen Moral von der Regierung geschlossen werden mußten. Von diesem Glanz gibt es kaum noch Spuren. Eine verspätete ist die ehemalige Villa des Fabrikanten Herriot, der noch nach dem Ersten Weltkrieg baute, als sei die Neugotik lebendig. Ein Stück weiter nach Westen, an der Lagunenseite, liegt ein heute verwildertes Gartengrundstück, das 1884 von Lord Eden gekauft und 1966 von der Flut schwer beschädigt wurde, der «Garten Eden», der jahrzehntelang als eines der Weltwunder neuzeitlicher Gartenkunst galt. Sonst sind von der Gartenkultur der Giudecca nur einige Nutzgärten und die Ruderalvegetation der aufgelassenen Industrieanlagen geblieben.

Noch aber gibt es den alten Uferweg, von dem aus bis heute das Innere der Insel erschlossen wird, und noch gibt es dort auf längeren Strecken eine Bauweise ähnlich der, die in den kleinen Orten der Lagune bis heute bestimmend ist. Eine der Gassen führt den Inselwanderer zur Corte Cordami, einer Wohnanlage aus dem 17. Jahrhundert, die einen als Arbeitsbereich dienenden Platz umfaßt, der so lange gestreckt werden mußte, daß hier Taue gedreht werden konnten. Am Rio delle Convertite, weiter zum Festland hin, steht das frühere Kloster der Convertite, in dem gefallene junge Mädchen, weit entfernt von den Versuchungen des Stadtlebens, zur Tugend zurückfinden sollten. Frauen ist das Gebäude auch heute noch zugedacht, nur dient es seit 1857 – eine bezeichnende Umnutzung des Industriezeitalters – nicht mehr als Kloster, sondern als Erziehungsheim und Gefängnis. Ihm gegenüber, auf der anderen Seite des Rio delle Convertite ist der Standort der alten Brauerei Dreher, die heute zum Teil für experimentelles Wohnen genutzt wird (vgl. Abb. 95). Im ganzen also eine städtebauliche Collage heterogenster Elemente verschiedener Zeiten und Nutzungen, nicht sonderlich pittoresk, aber doch

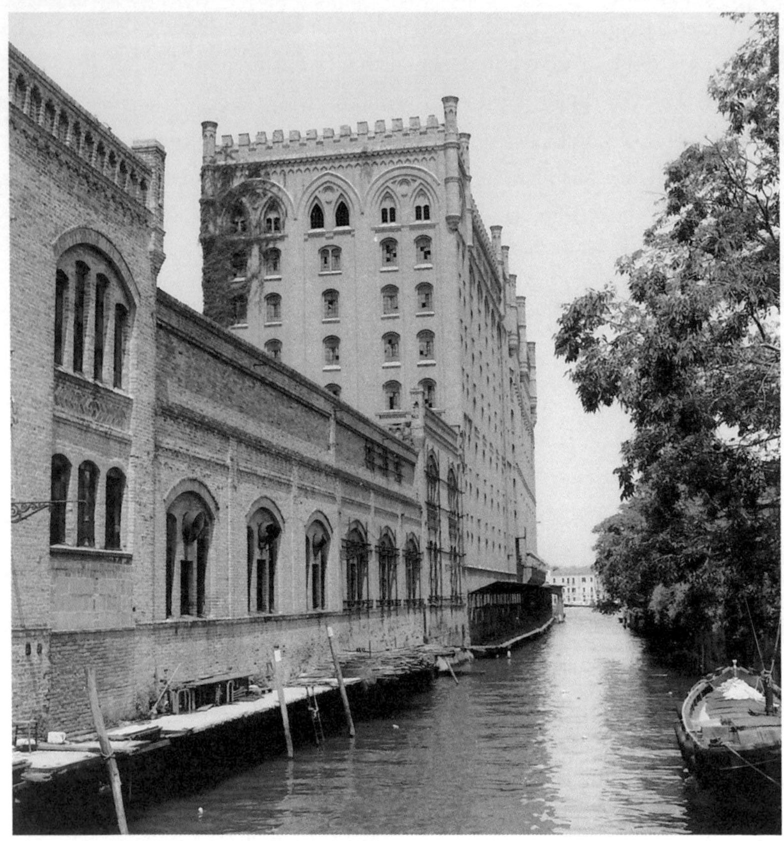

74 Mulino Stucky, Seitenansicht, Giudecca

von einem hohem planerischem Potential, das durch die anschließende Siedlung, mit der Gino Valle am Ende des 20. Jahrhunderts versuchte, ein besonders «venezianisches» Stück Venedig zu schaffen, sicherlich nicht ausgeschöpft wurde (vgl. Abb. 92).

Noch heute steht das Gebiet im Schatten der jüngst durch einen Brand schwer beschädigten Mühle, Mulino Stucky (Abb. 74), deren Backsteinmassen in Venedig einzig in den Großkirchen der mittelalterlichen Bettelorden eine gewisse Entsprechung finden. Die aber waren Bauten von

Glaubensgemeinschaften, nicht Bauten eines neureichen Großinvestors, der 1908 sogar den letzten großen Palast der venezianischen Aristokratie, Giorgio Massaris Palazzo Grassi am Canal Grande, an sich zu bringen verstand. Als Stucky seine Kornmühlen zusammenfaßte und zu einer Industrieburg auftürmte, gab es die Industriezone Marghera noch nicht. Für die Reisenden vom Festland wie für den Blick von den Zattere war der Mulino Stucky das architektonische Zeichen schlechthin, daß auch in Venedig ein neues Zeitalter begonnen hatte. Als Architekten holte sich Giovanni Stucky keinen Venezianer, sondern einen Professor aus Hannover, Ernst Wüllekopp. Bezüge zur lokalen Tradition waren nicht gefragt, wohl aber das Bestehen in der Konkurrenz der zeitgenössischen Industriearchitektur. Die Stadtgestaltungskommission, die Commissione all'ornato, protestierte: Das Projekt befinde sich in so großer Dissonanz mit dem Charakter aller venezianischen Bauten, daß es in die Stadt eine Note hineintrage, die einem Degenstoß gleichkäme. Der Widerstand war freilich schnell gebrochen, das von Sanmicheli errichtete Kloster S. Biagio hatte zu weichen, nur einige Säulen überdauern als Vorhalle von S. Eufemia. Bis 1927 wurde gebaut, aber schon 1958 mußte die Produktion eingestellt werden. Seitdem wartet dieser schlafende Riese – lange Zeit nur auf den Abriß, inzwischen auf eine adäquate Nutzung.

Im Inneren der Stadt: Schon im November 1866, wenige Wochen nach dem Ende der österreichischen Fremdherrschaft, gab es einen Offenen Brief an den Bürgermeister, in dem sich die gesellschaftliche Physiognomie der kommenden Jahrzehnte deutlich zu erkennen gibt: In den Städten, die ihre alte Struktur bewahrt hätten, werde der Wunsch immer stärker, die Verkehrswege nach den Bedürfnissen der neuen Zeit zu ordnen und die alten Behausungen in gesunde Wohnungen für den Mittelstand zu verwandeln, der den gegenwärtigen Stand der Zivilisation bestimme. Mit neuen Möglichkeiten von Teilung und Organisation der Arbeit und einer größeren Anwendung von Eisen und Beton sei es möglich, solche Bauten billiger und mit geringerem Flächenverbrauch zu bauen als bisher. Spontan habe sich erhebliches Kapital für größere Projekte angeboten, in Ermangelung eines Entwicklungsplanes könnten aber weder die bereits vorhandenen Projekte für neue Straßen koordiniert noch die notwendigen Kapitalgesellschaften begründet werden. 1867, Venedig war inzwischen Teil des Königreichs Italien geworden, wies ein königliches Dekret Gelder für breitere Straßen an. Grundlage war ein Bericht des Präfekten «über die besonderen Bedingungen der Stadt Venedig und die Notwendigkeit, viele ihrer internen Straßen zu verbreitern, so daß im Blick auf die hygienischen Belange der Einwohner der Mangel an Durchlüftung behoben werden und außerdem besser für die Bedürfnisse des Handels gesorgt werden kann».

Eine eigene Kommission für das Studium eines Planes zur Reformierung der Straßen und Kanäle nahm umgehend ihre Arbeit auf. Um die Kanäle hat man sich allerdings wenig gekümmert, denn die galten im damals modernen Venedig nur noch als Ärgernis, und an vielen Stellen begann man sogar, sich ihrer zu entledigen. «Rio terrà», zugeschütteter Kanal, ist seitdem ein häufiger Straßenname. Von 1797 bis 1966 wurden 50 Kanäle in einer Länge von 7860 m, das waren etwa 13% des Wassernetzes, zugeschüttet. Eine Karte von 1906 zeigt, daß schon damals nur knapp 20 Prozent der verbliebenen Kanäle die Kraft zur Selbstreinigung bewahrt hatten und als wirklich aktiv bezeichnet werden konnten, während ungefähr gleich viele als tot galten. Der langlebigste und erfolgreichste Langzeitversuch in ökologischer Stadtplanung, den die europäische Geschichte kennt, wurde abgebrochen, und das ohne jede Not.

Das Bewußtsein von der Komplexität der Probleme war ebenso verloren wie die Kenntnis der Instrumentarien zu ihrer Bewältigung. Als 1844 mit Giovanni Paleocapa ein Fachmann von Rang zur Verfügung stand, hatte er es schwer, den Verantwortlichen nahezubringen, daß Stadt und Lagune einen untrennbaren Zusammenhang bilden und daß es deshalb nicht ausreichen konnte, nur auf die Zustände in der Stadt selbst zu reagieren. Dabei war das Ziel von Paleocapas Denkschrift ein bescheidenes: Er wollte zunächst nicht mehr als einen Aufschub. Sei es doch wider alle Regeln guter Verwaltung und todbringend für die Stadt, wenn die bisherige Praxis weiterginge, diesen oder jenen Kanal in diesem oder jenem

Teil der Stadt zuzuschütten, unter Berücksichtigung allein der engsten lokalen Gesichtspunkte, ohne jede Koordination, ohne jede Verankerung in einem allgemeinen Zusammenhang und ohne jedes reifere und ausgreifendere Nachdenken über die wechselseitigen Einflüsse bei der Speisung und Belebung der Kanäle. Unter hydraulischen Gesichtspunkten, so trug Paleocapa vor, könnten auch Entwicklungen in weit von der Stadt entfernten Teilen der Lagune größte Bedeutung für Venedig haben, denn das innere Netz der Kanäle sei an den Rändern mit den umgebenden Kanälen verknüpft. Einerseits stelle es ein Verkehrssystem für die Stadt und deren Umgebung dar, andererseits sei es integraler Bestandteil der Lagune. Die Bedeutung, die die Weisheit der alten Venezianer der Erhaltung der Lagune im ganzen hätten zuteil werden lassen, müsse nun auch dem Teil der Lagune zugewandt werden, der die Stadt umspüle und sich in sie hinein ausbreite.

In Venedig aber interessierte man sich nicht mehr für alte Kanäle, sondern nur noch für neue Straßen. Als erste entstand 1867 bis 1871 die Via Vittorio Emmanuele, heute Strada Nova genannt. Ihr folgte der Campo S. Bartolomeo, der erweitert wurde und von dem auch nach S. Salvatore hin, Durchbrüche entstanden. Später kam die Via XXII Marzo von S. Moisé bis kurz vor S. Maria del Giglio hinzu; aber auch eine Maßnahme wie die breite Calle Gallina, die direkt auf die Fassade von SS. Giovanni e Paolo zuführt und aus Bedürfnissen des Durchgangsverkehrs nicht mehr zu erklären ist. Weitere Eingriffe in den Grundriß der Stadt und damit auch in das prekäre Gleichgewicht von Wasser und Land brachte die Zuschüttung vieler Kanäle. Venedig drohte allmählich von einer Stadt im Wasser zu einer Stadt wie jede andere zu werden.

Das implizit zugrundeliegende Stadtkonzept war konventionell und eindimensional. Viel mehr als die Probleme des Landverkehrs, vielleicht noch die des Handels, hatte in den Köpfen der meisten Zeitgenossen keinen Platz. Einer der wichtigsten Planer war die Gedankenlosigkeit. Das Verständnis für das höchst komplexe Ganze, das in den Zeiten der Republik mittel- und langfristig in aller Regel doch die Oberhand behalten hatte, gab es nicht mehr. An die Stelle jahrhundertelanger Erfahrung trat eine nicht selten naive Begeisterung für alles, was nur irgendwie neu schien. Manchen mag die Verzweiflung über den desolaten Zustand der Stadt in die Flucht nach vorn getrieben haben, andere haben wohl ganz einfach ihrer Phantasie freien Lauf gelassen. Dies konnte zu Vorschlägen führen wie dem aus dem Jahr 1867, der vorsah, zwischen dem Ponte Cavaletto bei S. Marco und der Riva Carbon am Rialto eine Glasgalerie anzulegen und zwar nicht zwischen den Häusern, sondern über diesen. Ein anderer Vorschlag begeisterte sich für eine Hochstraße, die von S. Marco bis zu den Giardini führen sollte, 8 m hoch, 3,50 m breit, 800 m lang, von 600 eisernen Säulen gestützt. Venedig wäre zu einer Stadt der Ingenieure geworden.

Der älteste der neuen Wege, der vom Bahnhof zum Rialto, ist bis heute der wichtigste geblieben. Ein erstes, gerades Stück führt bis S. Geremia, von dort bis S. Fosca gibt es eine Strecke, die auch frühere Wege und Kanäle einbezieht und so mit vergleichsweise wenigen Abrissen auskam. Bei S. Fosca wechseln Zielrichtung und Habitus: Auch danach führt der Weg nicht durch Niemandsland, sondern durch dicht besiedeltes Gebiet, aber trotzdem geht es nun schnurgerade auf das Ziel los, nach S. Felice zunächst und dann mit einem Knick nach SS. Apostoli. Daß es zu solchem Vandalismus auch Varianten gegeben hätte, beweist eine 1867 publizierte Alternative, die auch in diesem Bereich einiges von den vorhandenen Strukturen aufzunehmen versuchte und diese nicht als ein Dickicht verstand, in das es mit dem städtebaulichen Buschmesser mutig eine Schneise zu schlagen galt, sondern als eine urbane Textur, deren Qualitäten Anspruch auf Rücksicht und Respekt gehabt hätten. Für Venedig brachte die neue Wegführung quantitativ wie qualitativ einen Sprung. Eine 400 Meter lange geräumige Straße, so schon die Planer, bedeute etwas Schönes und Außerordentliches, und 800 Meter von zur Luft und zum Licht geöffneten Geschäften ließen die Kosten von 750 000 Lire erträglich erscheinen. 400 Meter geradeaus und ohne Brücke, das hatte es bisher nur bei der noch unter Napoleon angelegten Via Eugenia, heute Via Garibaldi, im fernen Castello jenseits des Arsenals gegeben. Daß die neue Straße auch auf dem Festland liegen könnte, hätten die Planer sicherlich nicht als Kritik empfunden, sondern als Kompliment.

Eine gewisse Bindung an den Ort zeigt sich allerdings in der zurückhaltenden Architektur, die dem baulichen Alltag des alten Venedig und der *Venezia minore* näher ist als der Stilarchitektur zeitgenössischer Repräsentation. Diese Zurückhaltung machte die Strada Nova zumindest optisch stadtverträglicher und resistenter gegen das Veralten als die so viel ambitioniertere Via XXII Marzo, die ab 1873 verwirklicht wurde. Sie ist das Hauptstück der neuen Verbindung von S. Marco über S. Maria del Giglio nach S. Stefano, wo die Achse Rialto – Accademia – Dorsoduro erreicht wird. Hier, im Zentrum der Stadt, waren die Ambitionen größer als in der Nähe des Bahnhofes. 1875 gab der Stadtrat freie Bahn für weitreichende Enteignungen, die einem privaten Investor den notwendigen Baugrund verschaffen sollten. Der Städtebau kommt über das übliche Schema nicht heraus. In der Architektur der Banken und Bürohäuser, etwa am Kopfbau der südlichen Front, gegenüber S. Moisé, werden zunächst Fäden zu den traditionellen Wirtschaftszentren der Stadt gesponnen. Die Architektur des Rialto hingegen schien dann wohl doch zu spröde und wurde deshalb durch Motive von den Großpalästen des Canal Grande ergänzt. Einen vorläufigen Abschluß bildete 1924 die grobschlächtige Börse, die die Bauten der achtziger Jahre des 19. Jahrhunderts im nachhinein in einem versöhnlicheren Licht erscheinen läßt.

Venezia in restauro: Am Stadtrand die Eisenbahn, neue Straßen durch alle Quartiere und überall zugeschüttete Kanäle – das mußte in einem im ganzen so konservativen Milieu wie Venedig beunruhigen und empören. Aber nicht nur reaktionäres Ressentiment bildete den Nährboden des sich formierenden Widerspruchs, sondern auch die Sorge, daß mit den rücksichts- und gedankenlosen Zerstörungen die Identität der Stadt in Gefahr gerate. Einer der Protagonisten des Protestes war Pompeo Molmenti, der 1887 mit einer Streitschrift *Delendae Venetiae* auf den Plan trat. Provoziert hatte ihn ein Schreiben des Bürgermeisters an den Stadtrat, das sich mit der Stadthygiene und der Gesundheit der Bürger beschäftigte. Breitere Straßen und Abrisse, besonders in den übervölkerten Quartieren der Armen, sollten Platz schaffen für gesündere Woh-

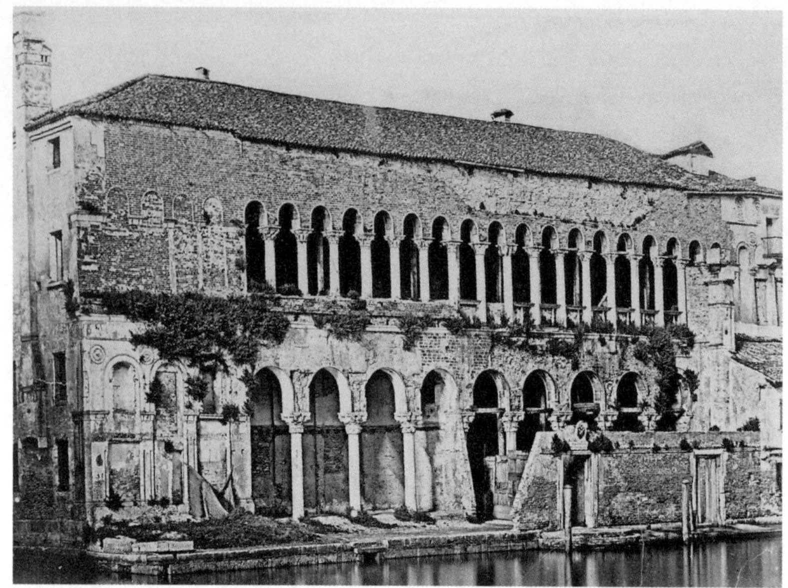

75 *Fondaco dei Turchi, Canal Grande, vor der Restaurierung*

nungen, und in den Randgebieten müßten, notfalls durch Enteignungen, sonnige und luftige Häuser für den Mittelstand entstehen. Solchen Konzepten hielt Molmenti die Verluste entgegen, die sie mit sich brachten: «Seit Jahren reißt man Häuser ab und legt Kanäle trocken. Man nimmt Venedig sein originäres Gepräge, um es den anderen Städten gleich zu machen. Und es ist nicht übertrieben zu sagen, daß man alles niederreißt, was alt ist, nur weil es alt ist.» Hygiene habe ihr Recht, aber das heiße nicht, daß Venedig erst dann neu erstehen könne, wenn aus dem Canal Grande eine Promenade für Kutschen geworden sei: «Wir erinnern uns an ein anderes Venedig, pittoresk, poetisch, voller Faszination und Geheimnis, das zerstört wurde», und zwar nicht zum «Nutzen und Schmuck der Stadt, nicht für größeren Wohlstand oder durch die Ansiedlung neuer Industrien, sondern durch die Begierde, alles neu zu machen.» Wer Venedig zu einer ärgerlichen monotonen modernen Stadt mit breiten Straßen machen wolle, der begehe ein künstlerisches

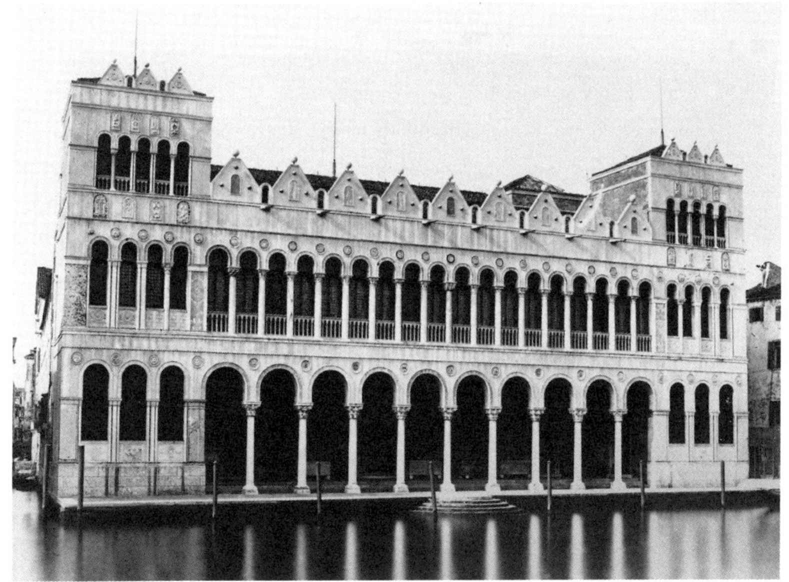

76 Fondaco dei Turchi, nach der Restaurierung

Verbrechen, gegen das alle aufstehen müßten, die den Kult und die Verehrung des Schönen pflegten. Anders als bei John Ruskin, für den Schön und Häßlich letztlich moralische und damit implizit auch politisch-gesellschaftliche Werte waren, ging es Molmenti und seinen Mitstreitern weniger um Geschichte als um Schönheit. Auch die Stadt im ganzen sahen sie als Kunstwerk. Schutz und Pflege einzelner Gebäude reichten deshalb nicht aus, da die Monumente eine harmonische Umgebung brauchten. Wäre der Markusplatz nur über breite Straßen mit uniformen Häusern zu erreichen, dann, so Molmenti, könne auch von S. Marco nicht mehr die Bewunderung ausgehen, die die «Seele erfüllt und umarmt».

Zu den Bestrebungen, die Schocks der Modernisierung zu lindern, gehörte auch in Venedig die Denkmalpflege. Wo so viel verloren ging, sollte wenigstens einiges bleiben, wenn nicht gar «im alten Glanze» wiedererstehen. Der Fondaco dei Turchi (Abb. 75, 76), ursprünglich ein

 Privatpalast, hatte in seiner wechselvollen Geschichte auch türkischen Kaufleuten als Unterkunft gedient, daher der Name. Nachdem der Handel mit dem Osmanischen Reich zum Erliegen gekommen war, verwahrloste der Bau und wurde schließlich 1838 auf Abbruch verkauft. Der neue Besitzer wollte einen Teil des Abbruchmaterials veräußern und an der Stelle des Palastes einen Bauhof errichten. Dagegen regte sich in der Stadtverwaltung Widerstand, aber die vorgesetzten österreichischen Behörden gaben den Weg zum Abriß frei. Die Kommune stimmte schließlich unter der Voraussetzung zu, daß die Fassade erhalten werde. Nach der Revolution von 1848/49 war die Stadt etwas selbstbewußter und ließ sich von der Kunstakademie empfehlen, die Fassade so zu rekonstruieren, wie sie im Moment der Erbauung gewesen sei. Dazu gehörte auch die Ergänzung der beiden erhöhten Seitenteile, über deren ursprüngliches Aussehen man freilich kaum etwas wußte.

Molmenti sah allein den Verlust einer malerischen und kostbaren Ruine, «die sich mit magischem Effekt im Wasser des Canal Grande spiegelte und dem Geist das melancholische Bild des Sängers des befreiten Jerusalems in Erinnerung rief, der einst Gast im Palast der Herzöge d'Este war».

Das Ergebnis der Restaurierung ist nach den Usancen damaliger Denkmalpflege kaum zu beanstanden, denn der beauftragte Architekt, Giambattista Meduna, bemühte sich um den älteren Zustand, auch durch Einbeziehung vorhandener Teile und eine sorgfältige Dokumentation. Andere Bauten am Canal Grande folgten diesem Beispiel. So wie der Fondaco dei Turchi, dies die Botschaft, sah das alte, das frühe, das eigentliche Venedig aus. Am Canal Grande wurde eine historische Schicht herauspräpariert, in erheblichem Maße auch erst geschaffen, die nicht nur ihm, sondern auch der Stadt im ganzen ein verändertes Gesicht gab. Daß die damit suggerierte Geschichtlichkeit eine fiktive, ein Produkt der damaligen Gegenwart war, hat Molmentis ästhetische Kritik zumindest geahnt.

War der Streit um den Fondaco dei Turchi noch ein lokaler gewesen, so schlug die Restaurierung von S. Marco Wellen über Venedig hinaus.

Denn S. Marco, so John Ruskin, war von allen Gebäuden Europas, das reichste an Erinnerung, das schönste und das am vollständigsten erhaltene. Der Restaurator, einmal mehr Giambattista Meduna, war ein angesehener Mann, versiert in neugotischer Architektur, aber auch im Umgang mit Bauten aus dem Mittelalter. Er tat, was alle seine Kollegen zu seiner Zeit getan hätten, indem er auswechselte und erneuerte, was nicht in einem Zustand war, der einem Neubau entsprochen hätte. Immerhin begann er an den Seiten und nicht an der Hauptfassade. Daß diese dann seinem Zugriff entzogen blieb und noch heute in ihren Oberflächen sehr viel lebendiger und reicher ist als die Fassade im Süden und teilweise auch die im Norden, verdankt die Kirche dem leidenschaftlichen Einspruch eines jungen Adligen, Alvise Piero Zorzi, dessen Streitschrift von 1877 implizit auch von der Stadt, seiner Stadt, im ganzen sprach, wenn er bei den Oberflächen von S. Marco unter Berufung auf John Ruskin das Lob der «göttlichen Patina der Jahrhunderte» sang.

Um 1900: Sichtbare Modernität hatte und hat es in Venedig schwer. Wären die vielen eisernen Brückengeländer nicht, wäre das Venedig der Ingenieure so gut wie gar nicht mehr zu erkennen. Die beiden größten und wichtigsten eisernen Brücken, die vor dem Bahnhof und die vor der Accademia, gaben freilich nur ein kurzes Gastspiel. Schon beim Besuch von Kaiser Ferdinand 1838 hatte der jahrhundertealte Plan eines Brükkenschlages von S. Stefano zu dem nahen, aber doch schwer erreichbaren Sestiere Dorsoduro Wirklichkeit werden sollen. Die geplante dreibogige Zugbrücke kam aber nicht zustande. Erst der Ingenieur Neville zerschlug 1854 den Knoten der Probleme, als er, im Handstreich und auf eigene Kosten, eine Eisenbrücke errichten ließ, die in England präfabriziert und dann in kürzester Zeit in Venedig montiert wurde (Abb. 77). Wenig später folgte die Brücke vor dem Bahnhof. Mit beiden meldete sich sehr vernehmlich und an prominenten Stellen ein ganz neues Material und mit diesem eine neue Architektur zu Wort, die sich freilich auch als moderne Fortsetzung der Tradition leichten Bauens interpretieren läßt, die in Venedig so bedeutende Leistungen aufzuweisen hat. Nach den Fotos zu

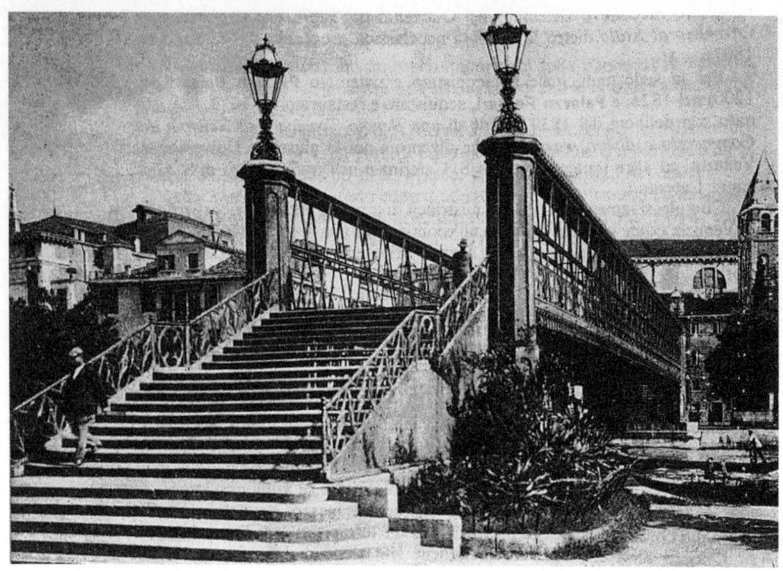

77 *Eisenbrücke bei der Accademia, zerstört*

urteilen, waren die neuen Brücken auch mit dem alten Stadtbild gut verträglich. In jedem Fall war Nevilles Coup so erfolgreich, daß er bald hinter S. Rocco eine eigene Gießerei eröffnen konnte, die die Stadt mit vielen eisernen Brücken oder doch zumindest Brückengeländern versorgte. Die kleinen Brücken sind geblieben, die großen aber wurden nicht sehr alt. Die vor dem Bahnhof verschwand 1932 und wurde durch eine steinerne Brücke ersetzt, die vor der Accademia folgte 1933, doch ist man hier über ein Provisorium nicht hinausgekommen, da es bis heute nicht gelang, eine überzeugende Lösung für den Brückenschlag an dieser städtebaulich außerordentlich sensiblen Stelle zu finden. Einig war man sich nur darin, daß die neue Brücke «venezianischer» aussehen müsse als die eiserne.

Revenezianisiert wurde auch am Rialto. Dort stand für einige Jahre neben den Fabbriche Nuove des Sansovino am Canal Grande eine eiserne Halle für den Fischhandel, die Pescheria, eher ein Stück des «arredo urbano», der Stadtmöblierung, als der Architektur. Seit 1868 hatte ein Konsortium von Geschäftsleuten die umfassende Modernisierung des Rialto betrieben, von der das Verwirklichte nur ein kleiner Teil gewesen ist. 1884 schließlich wurde eine Metallkonstruktion errichtet, über die Pompeo Molmenti höhnte, sie sehe aus wie eine Trambahnstation in der Provinz, deren Entwurf die Stadtverwaltung einem Architekturstudenten im Anfängerkurs übertragen habe. Besonders das «schreckliche» Dach erregte allgemeinen Zorn. Nachdem mehrere Überarbeitungsversuche gescheitert waren, wurde die eiserne Halle abgerissen und 1900 bis 1908 durch den heutigen Backsteinbau ersetzt, der die Gewichte am Rialto und damit am Canal Grande in Richtung Gotik verschob (Abb. 78). Er ist das Werk eines Malers, Cesare Laurenti, der den jungen Architekten Domenico Rupolo hinzuzog, der vorher am Dogenpalast gearbeitet hatte. Von funktionellen Verbesserungen gegenüber dem Vorgängerbau, der sicherlich kein Meisterwerk gewesen ist,

78 *Pescheria am Rialto*

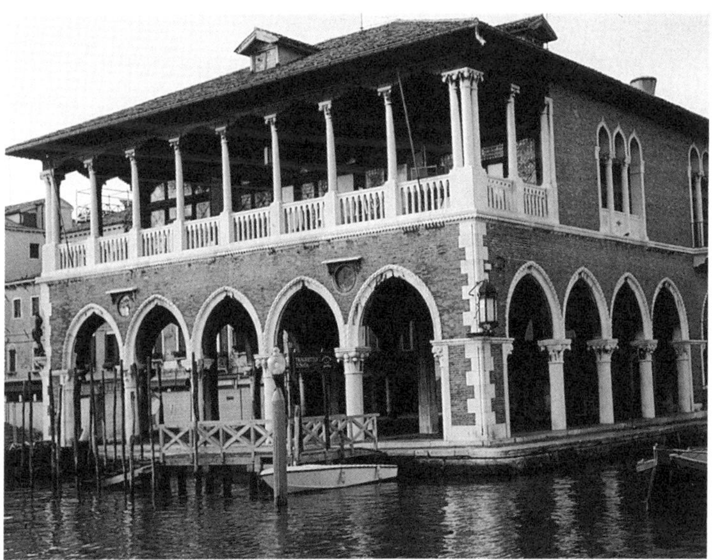

 aber doch seinen Zweck erfüllt zu haben scheint, ist nichts bekannt. Aber es ging auch nicht um die Fischhändler, sondern um das Stadtbild, über das eine eigene Kommission wachte, die sich bis ins Detail um Fragen wie die Gestaltung von Balkongeländern oder Werbetafeln kümmerte und besonders ausgefallene Ideen von Architekten zu verhindern suchte.

Die Rolle der Exoten fiel auch in Venedig den Künstlerhäusern zu, etwa der Casa de Maria auf der Giudecca. 1912/13 von einem bolognesischen Maler erbaut, der sich mit düsteren Beschwörungen venezianischer Geschichte einen Namen gemacht hatte, spielt sie in aller Bescheidenheit auf den Dogenpalast an, der Volksmund allerdings dachte mit seiner Bezeichnung «Casa dei Tre Ochi» eher an die drei schönen Töchter des Bauherrn. Zumindest verwaltungsintern wurden Vorbehalte laut, die das Projekt allerdings nicht aufhalten konnten. Die Einzelheiten, so hieß es da, paßten nicht zu den Dimensionen des Gebäudes, die dekorativen Teile seien nicht ansprechend und nicht im Einklang mit dem gewählten Stil, und überhaupt sei das Projekt im ganzen disharmonisch, vor allem wegen der Dimension und der Verteilung der Öffnungen, die eine Parodie des Palazzo Ducale darstelle.

Ein ganzes Stück phantasievoller war da schon das Haus, das sich der Architekt Giulio Torres ab 1901 am Rio Gaffaro hatte bauen können (Abb. 79). Dieses intelligente Pasticcio fiel schon durch die Stilwahl aus dem Rahmen: Es gab nicht Gotik, sondern Byzantinisches, Gegenwart und Frühzeit Venedigs vermischen sich. Selbst die alten Ziegelformen, die *altinelle*, fanden Verwendung, daneben aber auch viel Holz, ein deutliches Echo der englischen Arts-and-Crafts-Bewegung. Hinzu kommt das gekonnte Spiel mit auskragenden Dächern, Öffnungen, Oberflächen und Kubaturen, das die Baumasse aussehen läßt, als sei sie in mehreren Stufen gewachsen und doch gleichzeitig zu erkennen gibt, daß alle diese Stufen vom selben Zeichenbrett stammen. Solche Farbtupfer gab es in Venedig allerdings nicht viele. Nur der Lido, architektonisch damals bereits eine Welt für sich, bietet Ausnahmen. Prägend für die Stadt wurde eher eine Alltags- und Gebrauchsarchitektur, die zum Teil durch ambitioniertes

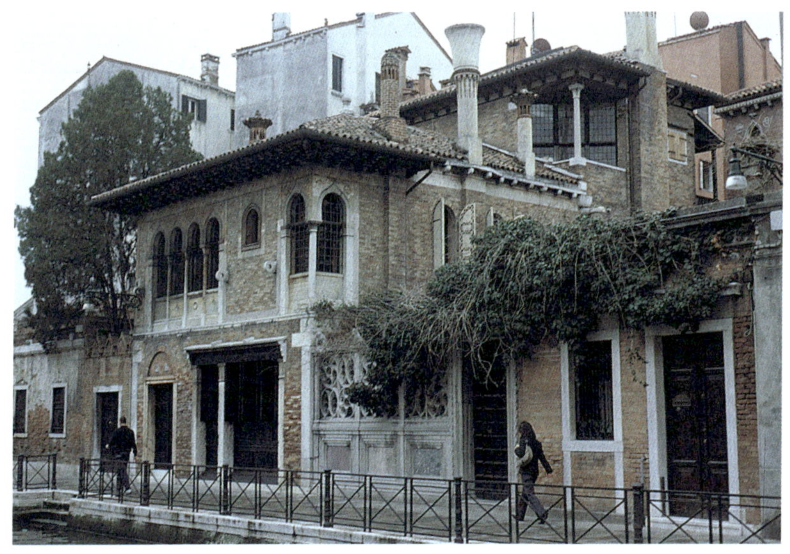

79 Haus Giulio Torres, Rio Gaffaro, Sestiere S. Croce

Mittelmaß gekennzeichnet ist, zum Teil aber auch dadurch, daß ihre gelungenen Partien der Stadt eine architektonische Kohärenz geben, die oft erst gegen 1900 entstanden ist.

Selbst am Canal Grande, etwa zwischen S. Silvestro und der Brücke am Rialto, sind viele Häuser erst nach dem Ende der Republik entstanden, und an nicht wenigen Stellen sind erst sie es, die den Kanalfronten die Geschlossenheit geben, die heute als besonderes Charakteristikum des alten Venedig gilt. Vor mehreren Jahren gab es von den baulüsternen Gegnern des historischen Venedig den listigen Vorschlag, man möge ruhig alles bis 1797 Gebaute erhalten, dafür aber alles, was danach entstanden sei, vom Schutz ausnehmen. Die Zustimmung war zuerst einmal groß; groß war aber auch der Schrecken, als sich herausstellte, daß bei der Verwirklichung dieses Vorschlages in der Innenstadt, besonders zwischen Rialto und S. Marco, Brachen entstanden wären, aus denen nur die Kirchen und einige wenige Paläste herausgeragt hätten. Aus dem späten 19. und frühen 20. Jahrhundert sind ja nicht nur die Strada Nova und die

 Via XXII Marzo, sondern auch so typische Plätze wie der Campo S. Bartolomeo, der Campo Manin oder der Campo S. Luca, und neu sind auch so große Bereiche wie der Weg vom Campo S. Luca bis zum Markusplatz. Der unerfahrene Besucher nimmt dies kaum wahr, denn nichts dort ist sonderlich spektakulär, das meiste eher mittelmäßig gediegen, aber dadurch im ganzen doch stadtverträglicher als plakative Moderne es gewesen wäre. Im einzelnen gibt es auch in dieser Architektur erhebliche Unterschiede. Wo sie gelang, kann sie durch Zurückhaltung und Anpassung Ruhe in ihre Umgebung bringen, Lücken schließen und so integrieren. Wie wenig selbstverständlich solche Tugenden sind, sollten am Ende des 20. Jahrhunderts die Versuche zeigen, im Zeichen der Postmoderne an venezianische Traditionen anzuknüpfen.

Auch die Knotenpunkte in den zentralen Bereichen unterscheiden sich nach Einzelqualität und Stadtverträglichkeit. Dem Campo Manin mußte eines der charakteristischen Ensembles des alten Venedig geopfert werden, denn nur durch die Zusammenlegung zweier Campi, so schien es, konnte für das Denkmal des Revolutionshelden genügend Platz geschaffen werden. Nach zum Teil heftigen Protesten mußte auch der älteste Campanile der Stadt, der von S. Paternian, einem riesigen Querriegel weichen, der später die Stadtsparkasse aufnahm. Der Platz ist bis heute im Stadtleben ein eilig passierter Durchgangsbereich, kein Aufenthaltsort. Anders der benachbarte Campo S. Luca, der baulich wie sozial gut «eingewachsen» ist. Das Haus dort, das am ältesten aussieht, ist allerdings das jüngste (1913). Schon dreißig Jahre vorher, um 1880, war ein bis heute überzeugendes Wohn- und Geschäftshaus (Abb. 80) in lombardesker Stilart entstanden. Leicht und fast elegant in Proportion und Habitus und unten ganz ein Teil des Platzraumes, ist es gut über die Zeit gekommen.

Ein Stück weiter, kurz vor S. Marco, findet sich mit dem Bacino Orseolo eine ebenso charakteristische wie problematische Situation. Ein direkter Wasserweg vom Inneren der Stadt zur Piazza, der den Umweg über den Canal Grande ersparte, war schon seit Napoleons Tagen ein Traum der Planer gewesen. Verwirklicht wurde er im Zeichen des Tou-

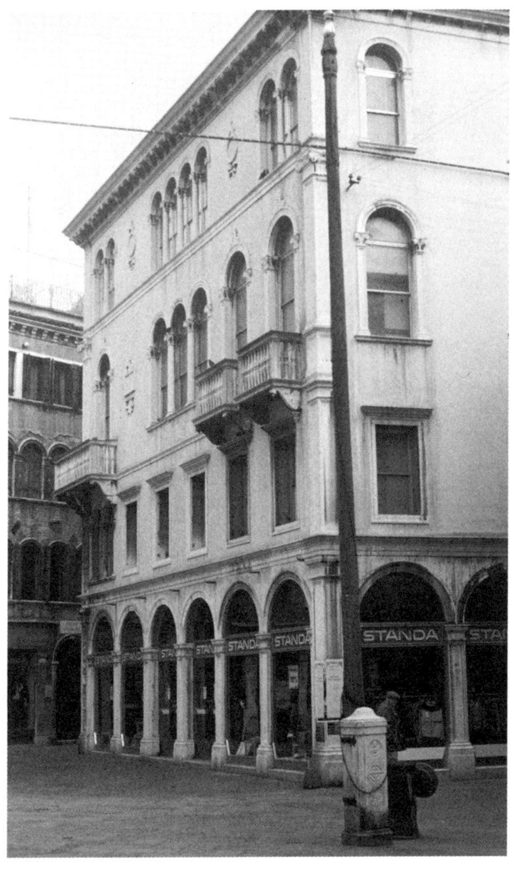

80 *Campo S. Luca*

rismus, der um die Jahrhundertwende zum wichtigsten Wirtschaftsfaktor der Stadt geworden war. Im Hinterhof der Piazza entstand eine Art Wasserparkplatz ohne Zu- und Abfluß, mit allen hygienischen Folgeproblemen. Die Zeiten, in denen Venedig vom Wasser her gedacht wurde, waren längst vorbei. Zwischen dem Bacino Orseolo und dem Campo S. Luca entstand bis zum Ersten Weltkrieg das ambitionierteste Ensemble der Jahrhundertwende. Architektonisch reichte das Spektrum von verschiedenen Renaissanceverschnitten bis zu einer vage an Wiener Secession erinnernden Architektur. Wortführer waren Hotels, Banken und Versiche-

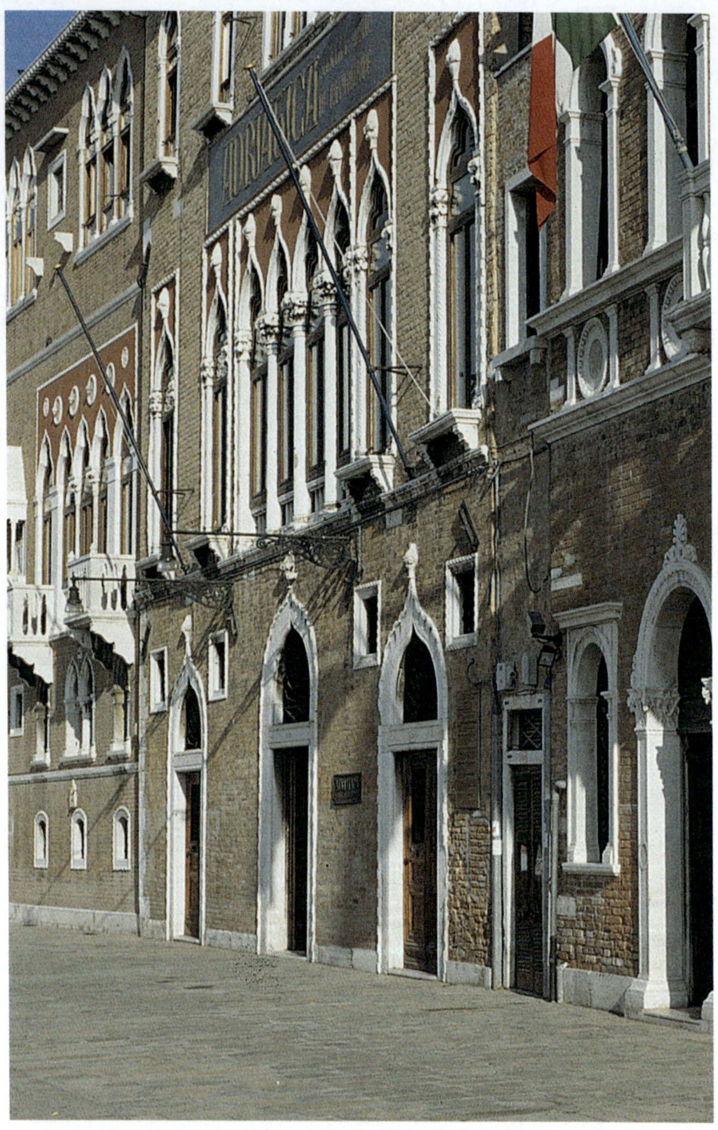

81 *Wohn- und Geschäftshäuser an der Fondamenta Zattere*

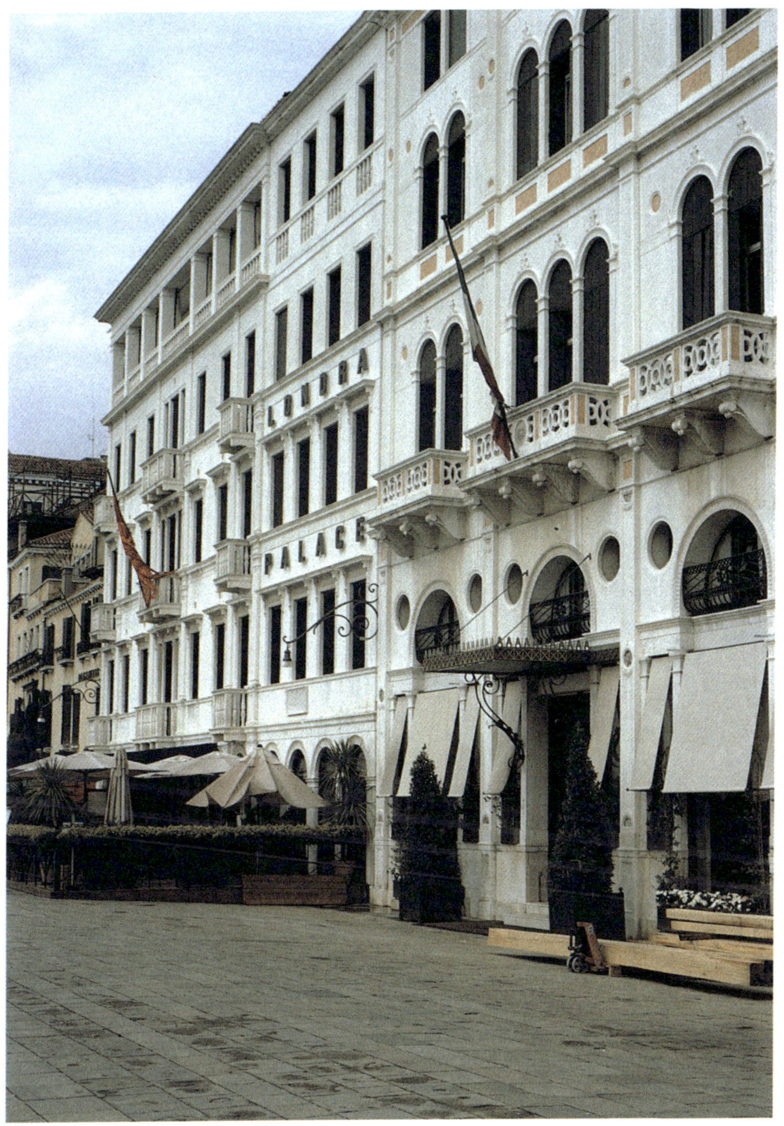

82 *Hotel an der Riva degli Schiavoni*

rungen, meistens freilich solche, bei denen der eigentliche Firmensitz gar nicht in Venedig lag.

So allgemein und oberflächlich am Bacino Orseolo die Bezüge zum alten Venedig waren, so sehr wurden sie an den Zattere herausgekehrt, die um die Jahrhundertwende ein Aussehen bekamen, das den vermuteten Erwartungen der Gäste des Personenhafens entgegenzukommen suchte und sie deshalb sehr viel «venezianischer» machte, als sie es je gewesen waren (Abb. 81). Jahrhundertelang ein Randbezirk, den auch die Veduten und ihr Publikum nur ganz selten erinnerungswert fanden, hatten die Zattere besonders in ihrem westlichen Teil lange in einem Dornröschenschlaf gelegen, während der östliche, S. Marco nähere Teil, eine ganze Reihe von Bauten aufgenommen hatte, die man im Inneren der Stadt nicht unbedingt sehen wollte, Magazine zum Beispiel, kleine Bootswerften und Hospitäler für die unheilbar Kranken. Dies änderte sich, dank der Brücke über den Canal Grande bei der Accademia, vor allem aber durch die Einrichtung der Stazione Marittima, des Passagierhafens, der die alte Fischersiedlung an der Punta S. Marta in eines der Zentren des neuen Venedig verwandelte und Reisebüros, Schiffsmakler, Versicherungsagenturen von der Riva degli Schiavoni hierher zog. Die Reisenden wurden standesgemäß in einem betont «venezianischen» Ambiente empfangen. Aus der Casa Scarpa an der Ecke zum Rio S. Trovaso zum Beispiel war deshalb beim Umbau von 1911 aus einer Gebrauchsarchitektur für den Stadtrand ein Palast geworden, der auch am gotischen Canal Grande Figur gemacht hätte. Sie war das Werk eines Architekten, Giovanni Sardi, der gerade beim Hotel Excelsior auf dem Lido ein architektonisches Feuerwerk im modernsten maurisch-orientalischen Stil gezündet hatte.

Nach 1900 wurde es immer selbstverständlicher, daß sich die Angekommenen, so sie dazu finanziell in der Lage waren, zuerst einmal nach dem Lido fahren ließen, um in einem der dortigen Hotels Quartier zu nehmen. Der Lido löste in dieser Funktion teilweise die Riva degli Schiavoni ab (Abb. 82). Als diese noch nicht vom öffentlichen Nahverkehr mit Beschlag belegt wurde, blühte dort die gehobene Hotellerie. Besonders die Häuser zur Piazza hin zählten lange zu den ersten Adressen der Stadt, und in den sechziger Jahren des 19. Jahrhunderts hatte sich für die Riva auch eine Architektur gefunden, deren Originalität nicht in Stilbezügen liegt, sondern in einer fast lässigen Eleganz, wie sie an den drei Bauten des heutigen Londra Palace Hotels zu bewundern ist. Bauten wie diese sind freilich nur ein schwacher Abglanz dessen, was um die Jahrhundertmitte für die Riva geplant worden war. 1842 hatte der Stadtrat eine Kommission eingesetzt, die Vorschläge für die Errichtung einer großen Badeanstalt einholen sollte, und bereits 1843 war von einem «Gran Albergo Cosmopolitano» in der Nähe des Markusplatzes die Rede, das mit einer Badeanstalt verbunden werden und außerdem Cafés, Billardzimmer, Ballsäle und Leseräume erhalten sollte. Das Projekt, das sich der Unternehmer Giovanni Bussetto von dem jungen Architekten Lodovico Cadorin entwerfen ließ, ging im Programm und in den Dimensionen noch sehr viel weiter und hätte mit einer Länge von 600 Metern wohl selbst in Paris oder London Aufsehen erregt (Abb. 83). Vom Canale dell'Arsenale bis zu den Prigioni beim Dogenpalast hätte der Komplex als Stadt in der Stadt die ganze, noch einmal um 70 Meter verbreiterte Riva degli Schiavoni in Anspruch genommen. Etwa 500 Zimmer suchten Platz, dazu ein Theater, eine Börse, Spielsalons, öffentliche Hallen und Freibäder, hängende Gärten, Aussichtstürme, Sternwarten, romantische Gärten mit Brunnen – ein Traumschloß, das sogar den Royal Pavillon im englischen Seebad Brighton in den Schatten gestellt hätte.

Die Architektur hätte die Baumasse in eine Vielzahl von Teilen aufgelöst, bei der formalen Instrumentierung bravourös auf der Klaviatur der stilistischen Möglichkeiten gespielt und vom Byzantinischen bis zum Rokoko keinen der historischen Stile unberücksichtigt gelassen. Städtebaulich allerdings ist das Projekt ein Alptraum, denn Venedig wäre damit zu einem Badeort des 19. Jahrhunderts mit Altstadt im Rücken geworden. Die zuständige Behörde zeigte sich vielleicht auch deshalb starrköpfig: Der Schiffahrt ginge ein zu großer Teil des Bacino verloren, dem Handel die Anlegestellen an der Riva, dem Militär der freie Durchmarsch vom Arsenal zur Piazza, für eine Landung von Truppen an der Piazza selbst

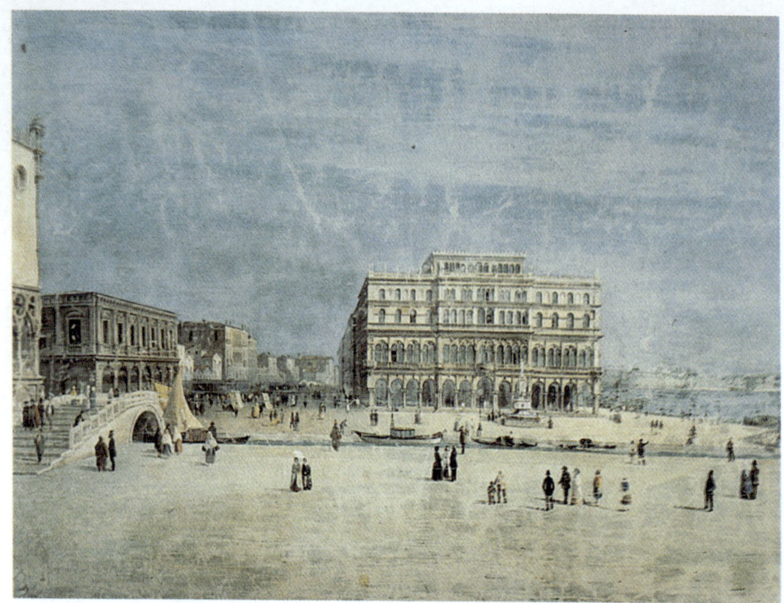

83 *Lodovico Cadorin, Hotelprojekt für die Riva degli Schiavoni*

bliebe zu wenig Platz, die hydraulische Balance der Lagune geriete in Gefahr und außerdem, so eine Bemerkung am Rande, würden durch die neue Anlage «das schönste Ufer, die schönsten historischen Monumente, wie die Prigioni und der Dogenpalast, wenn nicht verborgen, so doch für den Anblick stark verstellt.» Solche Hindernisse gab es am Lido nicht, wo der unrealisierte Großbau eine Dependance bekommen sollte, weil die Fremden – für Venezianer unverständlich – meinten, das Wasser der Lagune sei unsauber und deshalb im Meer zu baden wünschten. 1857 eröffnete der an der Riva gescheiterte Bussetto die erste Badeanstalt am Lido, die den Anfang einer nach der Jahrhundertwende kulminierenden Entwicklung markierte, die aus einer Gemüseinsel eines der Zentren des internationalen mondänen Lebens machen sollte.

VIII. Venedig und die Moderne

Vom Fin de siècle zum Faschismus: Während die Stadt sich modernisierte, lebte das Byronsche Venedig weiter, und zwar so intensiv, daß die Stadt immer mehr eine Doppelexistenz zu führen begann. Die eine in ihrer materiellen Existenz und ihren Bauten, die andere als ein Traumbild, das so stark war, daß es durch Erfahrung kaum noch modifiziert werden konnte. Henry James, der sich auch journalistisch mit Venedig beschäftigte, bemerkte in seinen *Italian Hours* von 1887, Venedig sei so oft gemalt und beschrieben worden, daß es diejenige Stadt der Welt sei, die man am besten besichtigen könne, ohne sie je besuchen zu müssen. Das venezianische Leben im weiten alten Sinne sei längst zu Ende. Und der wesentliche Charakter dieser melancholischsten aller Städte bestünde ganz einfach darin, daß sie das schönste aller Gräber sei. Nirgendwo sonst sei die Vergangenheit mit solcher Zartheit, aber auch mit so viel trauriger Resignation zu Grabe getragen worden, und nirgendwo sonst sei die Gegenwart so fremd, so diskontinuierlich. Die Venezianer selbst seien die Kustoden eines großen Museums, und in gewissem Maße auch selbst Objekte der Ausstellung. An den Palästen des Canal Grande, so James 1892, hätten die Zeitalter und die Generationen ihren Willen ausgelassen, und auch Wind und Wetter hätten ihren Teil beigetragen. Aber so entstellt und entehrt sie in ihrem ruinösen Zustand auch seien, die Welt biete doch nichts Vergleichbares, und die lange Abfolge ihrer verblichenen Gesichter mache aus dem ruhigen Wasserweg, an dem sie stehen, eine *proménade historique*, deren Lektionen der Stadt eine unvergleichliche Würde verliehen.

Henry James wohnte noch am Canal Grande, als er diese Zeilen schrieb, nach der Jahrhundertwende hätte er wohl eher am Lido Quartier genommen, der sich zu einer strahlenden eigenen Welt entwickelt hatte, der Venedig nur noch als dunkler Hintergrund diente. Privilegierte wie Gustav Aschenbach in Thomas Manns *Tod in Venedig* von 1913 gingen auf Distanz. Für sie war es selbstverständlich, daß sie sich nach der Ankunft in Venedig zum Lido bringen ließen, nicht etwa in die Altstadt. Der Schriftsteller Aschenbach, überreizt von einer schwierigen Arbeit, bedurfte der Ablenkung und Erholung. Er suchte, so heißt es bei Thomas Mann, das Fremdartige und Bezuglose, das Unvergleichliche, das märchenhaft Abweichende, und wo anders konnte er es finden als in Venedig? Sonderlich originell war diese Wendung nicht, denn das fast jeder realgeschichtlichen Bedeutung verlustig gegangene Venedig war um die Jahrhundertwende zu einem der Hauptorte der literarischen Décadence geworden. Ob Maurice Barrés, Gabriele d'Annunzio, Hugo von Hofmannsthal oder Rainer Maria Rilke, ihnen allen war Venedig Imaginationsraum und Bühne für das Rätselhafte, Labyrinthische, Unheimliche, für Thomas Mann dann sogar für Krankheit und Tod: «Das war Venedig, die schmeichlerische und verdächtige Schöne, – diese Stadt, halb Märchen, halb Fremdenfalle, in deren fauliger Luft die Kunst einst schwelgerisch aufwucherte und welche den Musikern Klänge eingab, die wiegen und buhlerisch einhüllen.»

Kunstphilosophische Überhöhung bot seit 1906 Georg Simmels Essay *Venedig*, der Venedig mit Florenz kontrastierte. Florenz, so heißt es, könne nie zur großen Maske werden, weil seine Erscheinung die unverstellte Sprache eines wirklichen Lebens sei, während Venedig, wo all das «Heitere und Helle, das Leichte und Freie» einem «finsteren, gewalttätigen, unerbittlich-zweckmäßigen Leben zur Fassade diente», nur ein entseeltes Bühnenbild, nur die lügenhafte Schönheit der Maske besitze, «als hätten alle Dinge alle Schönheit … an ihrer Oberfläche gesammelt und sich dann von ihr zurückgezogen, so daß sie nun wie erstarrt diese Schönheit hütet, die Lebendigkeit und Entwicklung des wirklichen Seins nicht mehr mitmacht». Jedes innerlich wahre Kunstwerk, so phantastisch und subjektiv es auch sein möge, spreche irgendeine Art und Weise aus, auf die das Leben möglich sei. Fahre man aber den Canal Grande entlang, so wisse man, wie das Leben auch sei, so jedenfalls könne es nicht sein: «Venedig … hat die zweideutige Schönheit des Abenteuers, das wurzellos im Leben schwimmt, wie eine losgerissene Blüte im Meere, und daß es die klassische Stadt der Aventure war und blieb, ist nur die Versinnlichung vom letzten Schicksal seines Gesamtbildes, unserer Seele keine Heimat, sondern nur ein Abenteuer sein zu dürfen».

Als Symbol des Untergangs hätte der 1902 zusammengestürzte Campanile gelten können, wäre er nicht 1906, in dem Jahr, in dem Simmel schrieb, bereits teilweise wieder aufgebaut gewesen. Schäden hatte es dort schon lange gegeben, im Juli 1902 aber spitzte sich die Situation zu, denn der Turm war in gefährliche Bewegung geraten. Am 13. Juli, einem Sonntag, war um 9.47 Uhr alles vorbei, der Turm fiel in sich zusammen und war dabei so rücksichtsvoll, daß er zwar die Loggetta unter sich begrub, Markuskirche und Dogenpalast aber unbeschädigt ließ. Noch am Abend beschloß der Stadtrat den Wiederaufbau, «dove era e come era», wo er war und wie er war, wie der Bürgermeister bei der Grundsteinlegung erklären sollte. Die Zustimmung zu dieser Entscheidung war weit verbreitet, aber auch an Gegenstimmen fehlte es nicht. Otto Wagner gab aus Wien zu bedenken, ob es nicht sinnvoller und richtiger sei, einen bedeutenden vaterländischen Künstler mit einem Neubau zu betrauen. Ein solcher wirklicher Künstler werde die Stadtsilhouette respektieren und den Turm an seine angestammte Stelle setzen. Er werde aber auch die neuen Errungenschaften in Material und Konstruktion und den veränderten Zweck des Turmes berücksichtigen. Die Anlage von Toiletten, schnell fahrenden Aufzügen und andere Dinge, wie Beleuchtungseffekte, seien zu bedenken. Der häßliche Ziegelbau des Unterteils wäre unter Beibehaltung der Vertikalgliederung aus Metallbeton neu zu errichten, die Konstruktion dann mit der in Venedig blühenden Technik des Glasmosaiks zu verzieren. Dieses Mosaik könne die Geschichte des Turmes bis zu seinem Einsturz überliefern, der Neubau das farbenprächtige Bild der Piazza durch eine neuzeitliche Schöpfung verstärken und der Symphonie von Monumentalwerken früherer Epochen ein Werk der eigenen Gegenwart hinzufügen. In Venedig hatte man für solche Ideen wenig Verständnis.

 Die offiziöse Publikation des Wiederaufbaus nennt diesen in vieler Hinsicht eine Notwendigkeit: für die Piazza, deren Gebäude die Orientierung verloren hätten und eine vertikale Bezugsachse bräuchten; für die Basilika, deren Polychromie eines Gegengewichtes bedürfe; als Zäsur zwischen Piazza und Piazetta – vor allem aber eine Notwendigkeit für Venedig, das ohne Campanile das Bild einer gedemütigten und enthaupteten Stadt böte, die sich kaum aus den Wellen heraushöbe, die sie einmal beherrscht habe.

Zum Herold derer, die ein völlig anderes Venedig wollten, hatte sich 1910 das Haupt der italienischen Futuristen, Filippo Tommaso Marinetti, aufgeworfen. Angeblich 800 000 Exemplare eines Flugblattes schüttete er vom Uhrturm aus den vom Lido heimkehrenden Venezianern entgegen: «Wir lehnen das alte Venedig ab, das entkräftet und von jahrhundertelanger Wollust geschwächt ist … wir lehnen dieses Venedig der Touristen ab, diesen Markt der Antiquitätenfälscher, diesen Magneten des Snobismus und der Dummheit aus aller Welt, dieses Bett, das Karawanen von Liebenden durchgelegen haben, dieses edelsteingeschmückte Sitzbad für kosmopolitische Kurtisanen, diese cloaca maxima des Passatismus.» Alles Neue war schon deshalb gut, weil es nicht alt war, alles Alte von vornherein verwerflich. Allem voran Venedig: «Wir wollen diese faulige Stadt heilen, diese prächtige Wunde der Vergangenheit zum Vernarben bringen, wiederbeleben und adeln wollen wir das Volk von Venedig, das seine alte Größe verloren hat, das eine ekelerregende Feigheit vergiftet und das Getriebe seiner kleinen schielenden Händler erniedrigt.» In manchem waren Marinettis Deklarationen prophetisch: «Wir wollen die Geburt eines industriellen und militärischen Venedig vorbereiten, das die Adria, dieses großitalienische Binnenmeer, beherrschen kann. Beeilen wir uns, die kleinen stinkenden Kanäle mit dem Schutt der alten einstürzenden und aussätzigen Paläste zuzuschütten. Verbrennen wir die Gondeln, diese Schaukelstühle für Idioten, und errichten wir bis zum Himmel empor die mächtige Geometrie der Metallbrücken und der rauchgekrönten Fabriken als Ersatz für die weichen Kurven der alten Bauten.» Entsprechende Planungen ließen nicht lange auf sich warten.

Ab 1916 arbeitete ein Industriellenkonsortium um Giuseppe Volpi an Plänen für eine Industriezone südlich von Mestre und einen Großhafen, der denen von Genua und Neapel ebenbürtig wäre. Das wirtschaftliche Instrument sollte die damals neue Petrochemie liefern.

Das definitive Ende der in Italien allgemein beklagten Fixierung auf die Vergangenheit, des «Passatismus», kam mit Mussolini. Zwar war Venedig in der Herrschaftstopographie des Faschismus zu unbedeutend, um allzu große planerische Energie auf sich zu ziehen, aber trotzdem war der Faschismus auch für Venedig eine Zäsur. Bemerkenswertes gab es in Bereichen wie dem Siedlungsbau. So entstanden damals die ursprünglich nach Mussolini benannten Anlagen bei S. Marta und, am anderen Ende der Stadt, das Neubauviertel von S. Elena auf einer Aufschüttung, die die Giardini mit der früheren Klosterinsel S. Elena verbindet. Eine Planung von 1911 hatte bereits den großen Park zur Lagune hin vorgesehen, für die Häuser aber strengen Zeilenbau. Die Commissione all'Ornato hatte 1923 Höheres, «Venezianischeres», im Sinn. Unregelmäßig geformte Blöcke sollten Höfe und Plätze bilden, die in Details wie den Fensterformen an das Venedig der Renaissance erinnern. Anders die Siedlung, die seit 1940 für die Sacca Fisola vorgesehen war, eine Aufschüttung, die die Giudecca nach Westen zum Festland hin fortsetzt. In der Vorbereitung des erst in den fünfziger Jahren realisierten Projektes war der Ortsbezug ein wichtiges Thema. Die Lage in einer der schönsten freien Zonen Venedigs gebe Gelegenheit, so Duilio Torres, einer der verantwortlichen Architekten, baulich und urbanistisch einen Komplex zu schaffen, in dem sich die richtige Interpretation einer modernen «venezianeità» ausdrücke. Das für diese besondere Stelle maßgebende Venedig sah Torres nicht an der Piazza oder den Bauten am Canal Grande, sondern in den Traditionen einfachen Bauens in peripheren Gebieten wie der benachbarten Giudecca. Diese wiederum waren in Bezug zu setzen zu dem unmittelbaren Gegenüber, der neuen Industriezone bei Marghera.

Sofort als «faschistisch» erkennbare Bauten sind in Venedig selten, die grobschlächtige Feuerwehrwache (Abb. 84), am Ausgang des Rio Novo und gegenüber dem gotischen Palazzo Foscari gelegen, zeigt, was

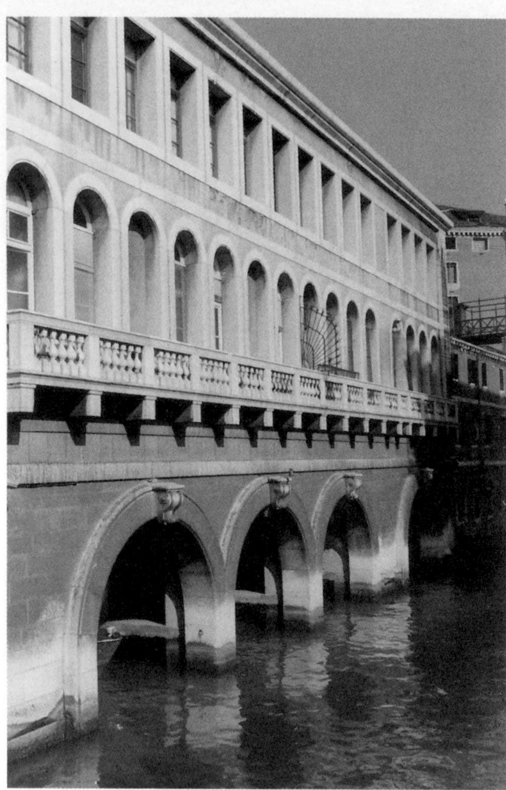

84 Feuerwehrgebäude am Rio Cà Foscari, vom Ponte Foscari aus gesehen

der Stadt erspart blieb. Die neue Garage am Piazzale Roma konnte als technisches Bauwerk den Idealen des Neuen Bauens folgen, was sich erstaunlich gut mit dem alten Venedig verträgt. Allerdings konnte auch dies die städtebauliche Wunde nicht heilen, die dieser Brückenkopf des Autoverkehrs dem Gefüge der Stadt geschlagen hat (Abb. 85). Am größten war der städtebauliche Schaden am Bacino di S. Marco, wo 1935 bis 1937 als Verlängerung der Riva degli Schiavoni zu den Giardini die Riva del Impero entstand. Erst sollte sie nach Mussolini benannt werden, nach dem erfolgreichen Kolonialkrieg in Abessinien nahm der Name das erhoffte faschistische Großreich vorweg, heute heißt sie in Erinnerung an die dort umgebrachten Kämpfer des antifaschistischen Widerstandes

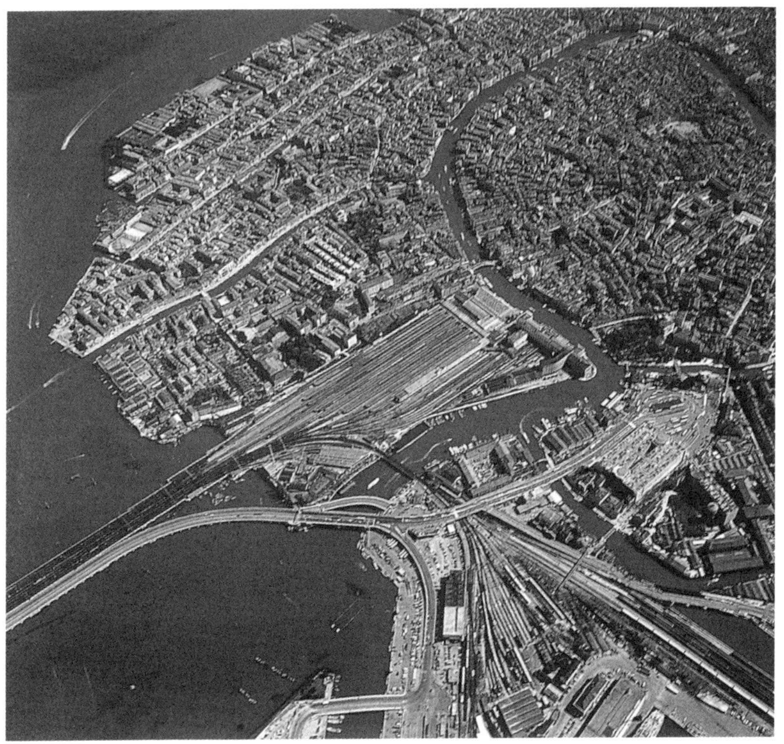

85 *Piazzale Roma und Bahnhof*

Riva dei Sette Martiri. Hier sollten einmal in Sichtweite von S. Marco die großen Schiffe aus dem ganzen Mittelmeer anlegen. Der Plan eines Fußgängerweges von S. Marco zu den Giardini war alt. Seine Realisierung brachte die Stadt um ein charakteristisches und unverwechselbares Gebiet, dessen Werften, kleinbürgerliche Wohnhäuser und Handwerksbauten ein Venedig sehen ließen, von dem im Kontrast auch das Venedig der Monumente profitierte. Heute erwartet den Stadtwanderer hier die ödeste Strecke Weges, die er in Venedig zu überwinden hat, breit und steinern, ohne jede Anbindung an die unmittelbare Nachbarschaft.

Fast alles, was urbanistisch 1921 bis 1944 geschah, war schon vorher konzipiert oder sogar begonnen worden. Spezifisch war freilich, daß den

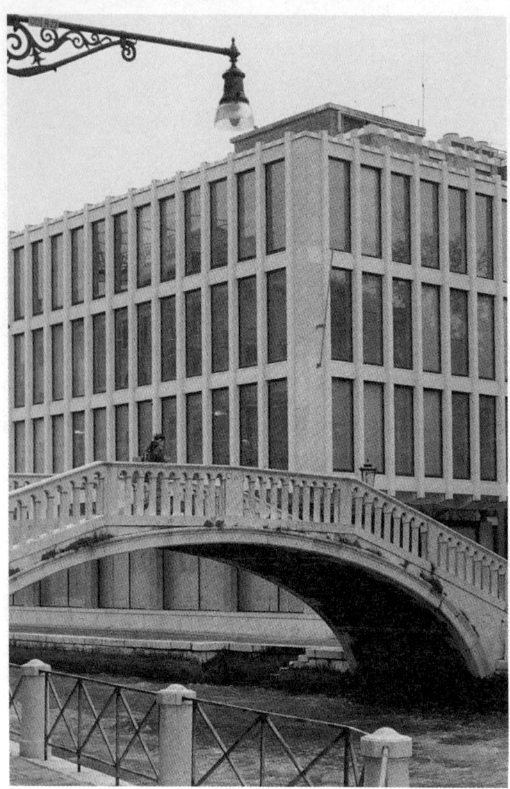

86 *Rio Novo*

Absichten auch Taten folgten. So etwa die Einrichtung des Industriegebietes von Marghera, das die *Venezia industriale* des 19. Jahrhunderts weitgehend ersetzte und mit seinen Folgen, der Vergiftung von Luft und Wasser oder den gewaltigen Kanälen, das ganze ökologische System Lagune–Stadt aus dem Gleichgewicht brachte. Sichtbarer noch sind die Konsequenzen der 1934 vollendeten Straßenbrücke, die das Automobil bis in das Weichbild der Stadt eindringen ließ. Wer am Piazzale Roma angekommen war, wollte auch weiter und dies schnell. Zum ersten Mal seit Jahrhunderten wurde deshalb ein neuer Kanal gegraben, der Rio Novo, um den herum sich ein ganz neues Stadtviertel bildete. Daß aus diesem nicht eine vollständige urbanistische Katastrophe wurde, hat damit zu tun, daß Venedig während der Faschistenzeit auch Glück im Unglück hatte, denn bei Eugenio Miozzi, der damals im venezianischen Städtebau die Regie führte, war die Stadt in eher guten Händen. Miozzi, von Haus aus Ingenieur, wollte zwar ein modernes, aber kein völlig anderes Venedig. Es ist sein Verdienst, daß der Rio Novo auf etwa einem Drittel seines Weges zwischen S. Pantalon und der Cà Foscari am Canal Grande bereits vorhandenen Kanälen folgt, die allerdings zum Teil verändert und erweitert wurden (Abb. 86). Die Schäden sind deshalb städtebaulich geringer als in früheren Entwürfen noch vorgesehen. Gebaut hat man am Rio Novo bis in die fünfziger Jahre. Die Architektur wurde dabei trotz passabler Qualität mancher Einzelbauten immer gleichgültiger gegenüber der Stadt. Vieles könnte mit gleichem Recht auch in Turin, Rom oder Palermo stehen.

Ein Positivum des Quartiers und dasjenige Element, das es doch noch zu einem Teil Venedigs werden läßt, sind die Brücken. Nicht weniger als sieben hat Miozzi im Umfeld des Rio Novo bauen können. Sie alle sind sich ähnlich wie die Brücken des alten Venedig auch, aber keine ist wie die andere. Sein Meisterstück lieferte Miozzi mit der Brücke vor dem Bahnhof, die die eiserne Ingenieursbrücke des 19. Jahrhunderts ersetzte und nicht nur mit der traditionellen Technik einen Dialog aufnahm, sondern auch mit der venezianischen Brücke schlechthin, der am Rialto. Eisen hat Miozzi verschmäht. Es schien ihm wohl der Stadt ebenso fremd wie dem eigenen Formwillen. Dem Beton wiederum traute er im venezianischen Klima nicht genug Haltbarkeit zu und zu wenig Geschmeidigkeit gegenüber dem unsicheren Grund. So blieben nur Stein und Backstein als Werkstoffe für den eleganten Bogen, den er über den Canal Grande schlug (Abb. 87). Dabei hat Miozzi vermutlich von den Ergebnissen eines kurz zuvor gescheiterten Wettbewerbes profitiert, der eine Lösung für die zweite große Brücke der Stadt, für die an der Accademia, gesucht hatte. Auch dafür hat es mehrere sehr schlank dimensionierte Entwürfe gegeben, die in weitem Bogen über den Canal Grande hinwegschwingen wollten. Sie wären aber vermutlich an den technischen Problemen gescheitert, für die erst der Ingenieur Miozzi in seiner Bahnhofsbrücke eine Lösung fand. Den Marmor für die Verkleidung holte er aus einem Stein-

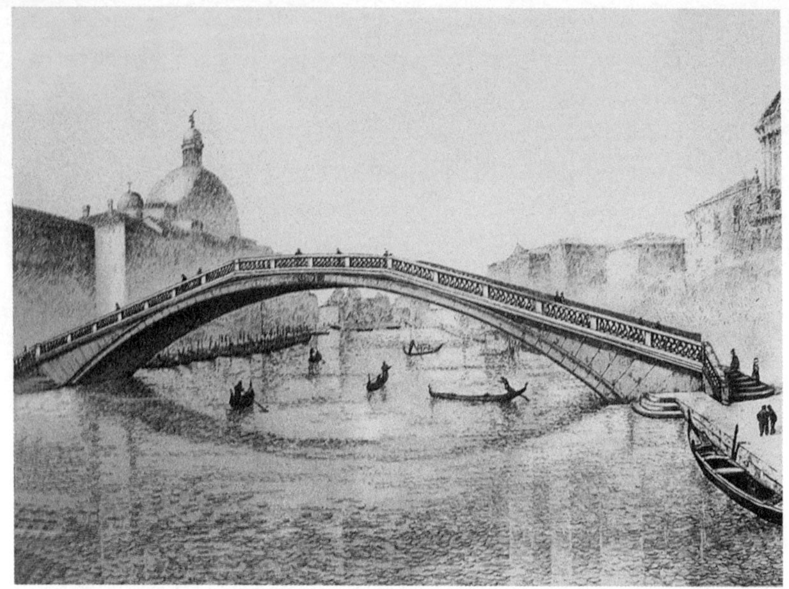

87 *Ponte degli Scalzi, beim Bahnhof*

bruch, aus dem sich schon Jacopo Sansovino bedient hatte, und in seiner eigenen, fast biedermeierlich anmutenden Darstellung hat er die Modernität seines Werkes bildlich geradezu in Abrede gestellt.

Alltag und Avantgarde nach 1945: Die Befreiung vom Faschismus brachte für Venedig architektonisch und städtebaulich zunächst keine wirkliche Zäsur. Einen deutlichen Bruch gibt es nur auf dem Gelände der Biennale, wo die wuchtigen Mauern und Säulen der dreißiger Jahre durch experimentell moderne Pavillons von Architekten wie Carlo Scarpa, Gerrit Rietveld oder Alvar Aalto ersetzt wurden. Diese Bauten aber waren eine Sonderaufgabe. Sie dienen der Selbstdarstellung anderer Staaten, und außerdem liegen sie exterritorial, da die Giardini der Biennale nur alle zwei Jahre, und dann auch nur gegen Entgelt, zugänglich sind. Für jedermann sichtbar dagegen war der neue Bahnhof. Gebaut in den fünfziger Jahren, aber hervorgegangen aus einer Planungsgeschichte, die 1934 mit einem nationalen Wettbewerb einen ersten Fixpunkt hatte, sieht er aus, als benötige man auch nach dem Faschismus am Eingang der Stadt noch Platz für Aufmärsche und Paraden. Auch anderswo gab es Kontinuitäten, so in dem Gebiet zwischen S. Pantalon und dem Piazzale Roma um den Rio Novo, wo bis in die späten fünfziger Jahre Gebäude, meist Büros, entstanden, die so auch zwanzig Jahre früher hätten gebaut werden können und ein Viertel entstehen ließen, dessen Unwirtlichkeit trotz der gelungenen Brücken jeden Passanten den Schritt beschleunigen läßt.

Die Öffentlichkeit hat von diesen Entwicklungen wenig Notiz genommen. Umso lautstarker wurde um zwei Hotelneubauten in der Altstadt gestritten, um den Erweiterungsbau des Hotel Danieli, das «Danielino» von Virgilio Vallot neben den Prigioni, und um das Hotel Bauer-Grünwald von Marino Meo bei S. Moisé. Bis nach dem Kriege war der Palazzo Dandolo, in dem sich das Danieli befindet, von den Prigioni durch vier bescheidene Häuser getrennt – die Folge eines alten Fluches, daß hier, wo im 12. Jahrhundert der Dogenmörder Marco Cassolo gewohnt hatte, kein neuer Palast entstehen dürfe. Die vier kleinen Bauten setzten zwischen den Hotels der Riva degli Schiavoni und den staatlichen Bauten um den Markusplatz eine Zäsur, die nun für den Erweiterungsbau durch einen groben Riegel aus ortsfremdem Stein aufgehoben wurde. Auch die neue Fassade des Hotel Bauer-Grünwald zum Campo S. Moisé ließ die Wellen hoch schlagen. Das Streitobjekt ist noch zu besichtigen: ein Block von plumper Modernität, der selbst in der vermeintlichen Zurückhaltung präpotent wirkt und bereits durch seine Verkleidung in römischem Travertin zu verstehen gibt, daß Bauherr und Architekt mit Venedig wenig im Sinne hatten.

Hilfe gegen solche Barbarei konnte, so schien es vor allem engagierten jüngeren Architekten, nur von ganz oben kommen, von den Meistern der zeitgenössischen Architektur. Und tatsächlich war die Faszination Venedigs stark genug, einige der Größten anzuziehen. Sie kamen alle nicht als Jünglinge. Louis Kahn war bei Beginn seiner Arbeit für Venedig achtundsechzig, Le Corbusier siebenundsiebzig und Frank Lloyd Wright, dessen Entwürfe für ein Studentenheim allerdings nie verwirklicht wur-

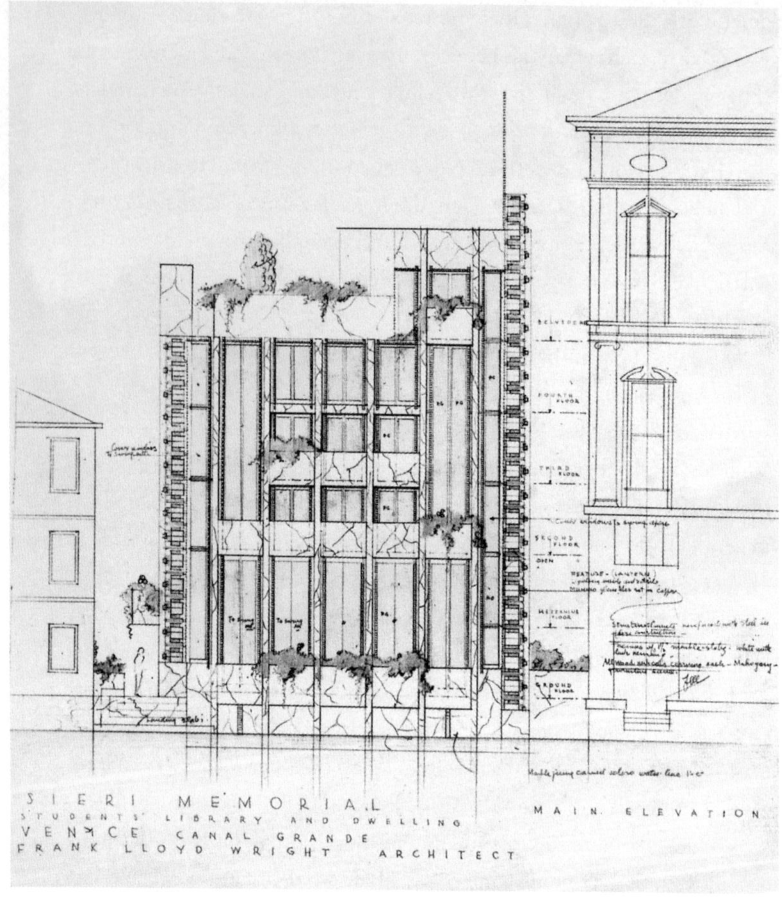

88 *Frank Lloyd Wright, Entwurf für das Haus Masieri am Canal Grande*

den, sogar über achtzig Jahre alt. Sie alle trafen auf Bauplätze und Aufgaben, deren Komplexität auch sie, die bereits ein ganzes Lebenswerk im Rücken hatten, vor ungewohnte Schwierigkeiten stellten. Als erster kam 1951 Frank Lloyd Wright (Abb. 88). Sein Bauplatz lag am Canal Grande an der Stelle, die seit Jahrhunderten als eine der spektakulärsten gilt, an der Volta del Canal neben dem Palazzo Balbi, gegenüber dem gotischen

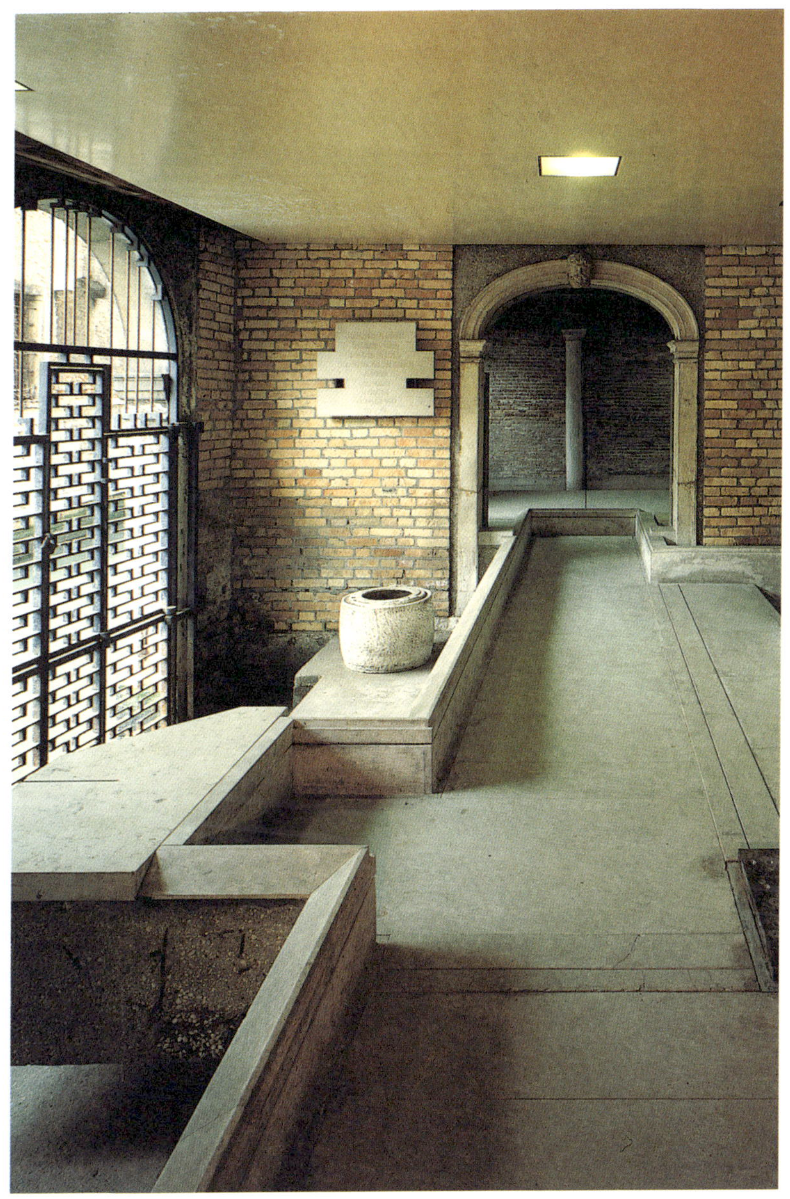

89 *Carlo Scarpa, Fondazione Querini Stampalia, Eingangsbereich*

 Palazzo Foscari. Die Grundidee von Wright bestand darin, die altvenezianische Architektur, die er definiert sah durch ihre Konstruktion, mit den Mitteln der Moderne zu beleben. Sein Projekt für ein Studentenheim, so der Architekt, reflektiere Venedig, sein Alter, seinen Stil, seine Natur. Alles sei wegzuschneiden, was sich überlebt habe, und die Fortschritte des Bauens seien zu nutzen, um die Schönheit der Stadt zu erhalten. Es gibt mehrere Varianten seines Entwurfes, aber in allen Fällen wäre der Neubau rechts beträchtlich höher geworden als links, und in allen Fällen hätte er sich nicht als Solitär präsentiert, sondern als Glied in der Kette der Paläste am Kanal; zugleich aber hätte der Verzicht auf einen geraden oberen Abschluß das Haus im Unterschied zu allen seinen Nachbarn unfertig wirken lassen. Die rahmenden Glasbänder spielten in verfremdender Paraphrase auf die Zierformen altvenezianischer Paläste an, der Mittelteil auf deren Disposition. Die traditionelle Symmetrie wird evoziert, aber sogleich auch wieder durchbrochen. Statt der Wandflächen gibt es um neunzig Grad eingewinkelte Stützen, dazwischen weit vorstoßende Balkone. Blickfänge nicht weniger als Aussichtsposten, wären sie das zentrale Motiv einer Fassade geworden, die nicht mehr als die Außenseite eines Inneren gewirkt hätte, sondern als ein Stück autonomer Architektur. Die seitlichen Schmuckbänder aus buntem Muranoglas sollten nachts von innen illuminiert werden. Eine Ironisierung herkömmlicher Erwartungen oder eine Konzession an trivialste Venedig-Klischees? Oder beides zugleich? Ernest Hemingway, damals viel in Venedig, gab den sarkastischen Rat, sobald man das Haus gebaut habe, solle man es abbrennen, «build it and burn it».

Der einzige Venezianer, der im Wettstreit der Giganten mithalten konnte, war Carlo Scarpa. Er sah Venedig nicht von außen, sondern mit dem Blick dessen, der hier aufgewachsen war. Er fühlte sich als Schüler Frank Lloyd Wrights und der Japaner, bewunderte aber gleichzeitig auch Le Corbusier. Scarpa hat das alte Venedig nicht ersetzen, sondern erhalten wollen, als er 1961–1963 einen Palazzo für die Zwecke der kulturellen Stiftung Querini Stampalia umzubauen hatte. Das Erdgeschoß (Abb. 89) nutzte er zu einer Folge architektonischer Meditationen über das Thema

Venedig, in deren Zentrum der Funktionsverlust des Überkommenen steht. Der Hauptzugang, der vom Kanal, ist vergittert, nur den Ratten des Kanals hat der Architekt – ein sehr venezianischer Sarkasmus – dauerhaften Durchlaß geschaffen. Die Portikusgestaltung legte Scarpa quer zu der funktionalen, Innen und Außen verbindenden Sequenz des traditionellen Palastes; unübersehbar ist dieser Einbau erst erfolgt, als die ursprünglichen Funktionsabläufe obsolet geworden waren. Nun geht es statt von vorne nach hinten von rechts nach links; nur durch Gitter sieht man den Kanal, die Treppenstufen sind verbaut; Hochwasserschutz im Inneren der Häuser, früher überflüssig, erinnert an das Versinken der Stadt. Die eingeschobene Brücke reicht noch in den nächsten Raum – allerdings nur ein Stück. Wie die Rampe einer Grabungsstätte gewährt sie Einblick, aber keinen Zugang. Dafür kann man an freigelegten Mauerpartien und Putzresten Spuren eines scheinbar archäologischen Umgangs mit dem Bau studieren. Daß auch dies Inszenierung ist, stellt sich erst bei genauer Analyse heraus. Nicht wenige der «Befunde» sind Inventionen von Scarpa, erhebliche Teile des konservierten baugeschichtlichen Palimpsestes stammen vom Präparator selbst. Auf der Spur des alten architekturtheoretischen Lehrsatzes, daß das Haus eine kleine Stadt sei und die Stadt ein großes Haus, verdichtete Scarpa die seit dem 19. Jahrhundert immer wieder beschworene Vision von Venedig als einer labyrinthischen Totenstadt zu einem aus Tiefsinnigem und Trivialem kunstreich gemixten modernen Environement.

Für Le Corbusier war an Venedig nicht der Verfall das Faszinierende, sondern die zivilisatorische Leistung. In vielen Schriften hat er Venedig als Vorbild für neue, strahlend moderne Städte gepriesen. Erst als er wenige Jahre vor seinem Tod für Venedig selbst zu entwerfen begann, hat sich diese Einstellung verändert (Abb. 90). Das letzte Werk des Städtebauers Le Corbusier, das er auch in der Planung nicht mehr ganz zu Ende führen konnte, hat sich nicht an den Reizen von Gustav Aschenbachs Venedig orientiert, sondern an der in Venedig über Jahrhunderte hinweg konstant gebliebenen Rationalität der Planungsziele. Anders als Wright und anders auch als Scarpa hat Le Corbusier sich dabei nicht an die heutigen Wirkungen der Stadt gehalten, sondern an die zu vermutenden Ziele ihrer Erbauer. Bei den Planern des alten Venedig, besonders denen des Mittelalters, die ihre Stadt wohl gerne sehr viel regelmäßiger gehabt hätten als sie dann geworden ist, wären die Vorstellungen Le Corbusier vermutlich auf Sympathie gestoßen.

Die Aufgabe war ein Großkrankenhaus an der Stelle des alten Schlachthofes im Sestiere Cannaregio. Dieses neue Hospital, das ungefähr die Größe des Markusplatzes gehabt hätte, wäre ein neues städtisches Quartier geworden. Angesichts der extremen Schwierigkeiten hat Le Corbusier lange gezögert, den Auftrag zu übernehmen. Er werde nur dann bauen, so ließ er die Venezianer nach einem Besuch wissen, «wenn ich den Maßstab finde». Besonders in der Erstfassung des Projektes hat der Architekt nicht für jede Einzelfunktion ein spezifisches Gehäuse gesucht, sondern eine Textur sich wiederholender Grundelemente entwickelt, in die sich die Einzelfunktionen hätten hineinfinden müssen. Die Vorbilder für diesen strukturalistischen Ansatz suchte er in der Altstadt. Aus der Fülle der Venedig städtebaulich prägenden Elemente hat Le Corbusier allerdings nur zwei herausgegriffen und damit verabsolutiert, die *calle* und den *campiello*, die Gasse also und den kleinen Platz. Ein Blick auf die

90 *Le Corbusier, Entwurf für ein Zentralkrankenhaus am Ausgang des Canale Cannaregio (Rekonstruktion)*

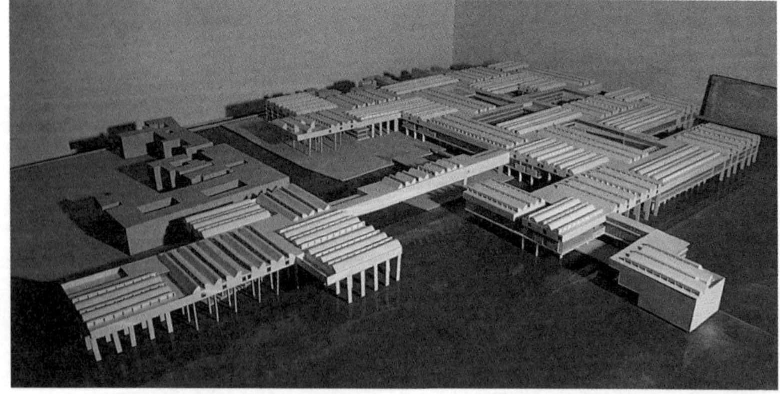

Nachbarschaft zeigt, daß die Elemente von Le Corbusiers Hospital erheblich größer sind als in der Stadt üblich, typologisch eher den monumentalen Anlagen der Klöster vergleichbar als der normalen Bebauung in den Wohnvierteln. Trotzdem ist unübersehbar, daß Le Corbusier eine unverwechselbar stadt- und ortsspezifische Lösung suchte. Als moderne Antwort auf die historische Stadtfassade zum Bacino di S. Marco hin hätte die Stadt durch das neue Zentralkrankenhaus auch im Nordwesten eine Schauseite bekommen. Vom Festland aus, heute der maßgebende Zugang zur Stadt, wäre man einem Gebäudekomplex entgegengefahren, in dem Venedig sich nicht als Denkmal früherer Zeiten präsentiert hätte, sondern als eine Stadt im Werden. Die bis zu zehn Meter aus dem Wasser herausragenden Stützen hätten jedermann ins Bewußtsein gerufen, daß die Stadt auf Pfählen steht, und den stadtgeschichtlich Kundigen hätte die extrem vorgeschobene Position der Kapelle sogar daran erinnern können, daß in der Frühzeit Venedigs Kirchengründungen am Anfang der Landnahme standen. In die Silhouette der Altstadt hätte das Hospital nicht eingegriffen, aber das tut auch der Dogenpalast nicht. Dieser, zu dem in Corbusiers Vorstellung immer auch die unsichtbaren Pfähle gehörten, taucht schon in den ersten Ideenskizzen als Bezugsbau auf und ist

91 *Louis Kahn, Entwurf für ein Kongreßzentrum*

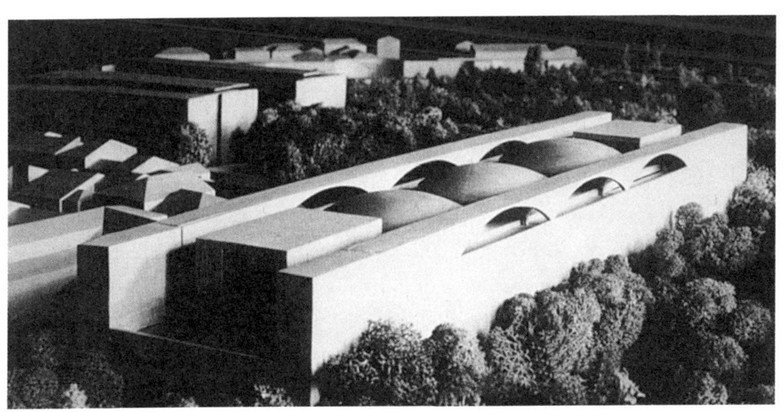

 für die Dimensionierung des Hospitals bis zum Schluß von Bedeutung gewesen.

Das Kongreßzentrum, das Louis Kahn 1968 für Venedig auf dem heutigen Biennale-Gelände plante (Abb. 91), war nicht nur eine Hommage an die Stadt, sondern auch eine an Le Corbusier. In dem reliefartigen Stadtmodell, das sich Kahn anfertigen ließ, waren neben seinem eigenen Bau nur fünf andere dreidimensional hervorgehoben: S. Pietro di Castello, die alte Bischofskirche, S. Marco, S. Maria della Salute, S. Giorgio und das Hospital von Le Corbusier. Kahn hat Stadt immer als Konfiguration von Institutionen und Monumenten begriffen, bei denen die Form den Vorrang vor den Funktionen hat. Sein Kongreßzentrum dachte er sich als einen Ort der Begegnung, die Grundform wäre einer Brücke ähnlich geworden, die Haupthalle einem griechischen Theater. Kahn selbst sprach vom Campo in Siena als einem städtebaulichen Äquivalent. Aus Bewunderung für Venedig wollte er ohne Honorar arbeiten. Er verstand seinen Bau, der, anders als der von Wright, auf den ersten Blick nicht sehr «venezianisch» ausgesehen hätte, in mehrfacher Hinsicht als Fortführung venezianischer Tradition: durch den Bezug auf den Bauplatz, den Bezug auf den Bacino di S. Marco mit seinen Kuppeln und den Bezug auf die Monumentalbauten der Stadt im ganzen. In der ersten Fassung hätte das 150 Meter lange und 20 Meter hohe Kongreßzentrum eine von Giovanni Antonio Selva in napoleonischer Zeit angelegte Allee besetzt, die heute zum Gelände der Biennale gehört. Die vorhandenen Bäume sollten in ihrem Bestand und auch in ihrer Höhe respektiert werden. Erst vom Dach aus hätte man durch riesige halbkreisförmige Öffnungen über den Garten hinweg auf den Bacino sehen können. Dort hätte man sich in der Gesellschaft mehrerer Kuppeln befunden, die mit ihrer Außenhaut aus Blei ausdrücklich an S. Marco erinnern sollten. Ihre flache Form wäre implizit auch eine Kritik der steilen Außenkuppeln gewesen, die S. Marco in der frühen Gotik bekommen hatte. Kahn hatte die flachen Kuppeln vor Augen, die das ursprüngliche S. Marco auch zur Stadt hin gezeigt hatte.

Ob das Hospital von Le Corbusier medizinisch den gleichen Rang hätte beanspruchen können wie städtebaulich, ob Kahns Kongreßhalle höheren organisatorischen Ansprüchen gerecht geworden wäre und ob die Studenten sich bei Frank Lloyd Wright wirklich wohlgefühlt hätten, steht in den Sternen. Sicher aber ist, daß sich in diesen Entwürfen ein architektonisches Gipfelgespräch über Venedig entfaltete, für das es in keiner anderen Stadt Vergleichbares gab und das den vorausgegangenen planerischen, stadtgestalterischen, literarischen, bildlichen und kulturphilosophischen Bemühungen des 20. Jahrhunderts um eine Klärung und Weiterentwicklung des *genius loci* von Venedig eine neue Dimension hinzufügt. Wären diese Projekte erfolgreich gewesen, dann hätte sich die Stadt nicht nur an drei neuralgischen Stellen verändert, sondern auch im ganzen. In jedem Fall stellen sie das bislang letzte Kapitel in der Geschichte der «Venezie possibili» dar, in deren Licht auch die Geschichte des Verwirklichten neue Prägnanz gewinnt.

Postmoderne: Le Corbusier ist mit seinem Projekt, dessen detaillierte Ausarbeitung nicht mehr zustande kam, ebenso gescheitert wie vor ihm Frank Lloyd Wright und nach ihm Louis Kahn. Vielleicht aber gehören zum Wesen einer Stadt mittelbar auch Konzepte, die zwar nicht verwirklicht werden, die aber konkrete Alternativen und Möglichkeiten aufzeigen. Die Versuche, Venedig eine neue architektonische Identität zu geben, die zugleich Ausdruck einer nicht nur oberflächlichen Stadtanalyse ist, haben auch nach dem Tod der Altmeister kein Ende gefunden. 1978, auf dem Höhepunkt der Postmoderne, gab es in Venedig ein prominent besetztes Entwurfsseminar, das Hypothesen für eine «architektonische Intervention» erarbeiten sollte. Planungsgebiet war die Industriebrache zwischen Bahnhof, Lagune und Rio di Cannaregio, die von der Streichholzfabrik Saffa hinterlassen worden war und zu der auch Teile des Gebietes gehörten, in dem Le Corbusier sein Krankenhaus geplant hatte. Im einleitenden Text zur Publikation der Ergebnisse werden Thomas Mann, Proust und Ruskin ebenso beschworen wie Hofmannsthal, Rilke und Heinrich Zille. Die Frühzeit des Gebietes wird behandelt, die Industrie aber, deren Aufstieg und Niedergang ihm das 1978 tatsächlich vorgefundene Gesicht gegeben hatte, ist gar nicht erst erwähnt. Nicht nur deshalb

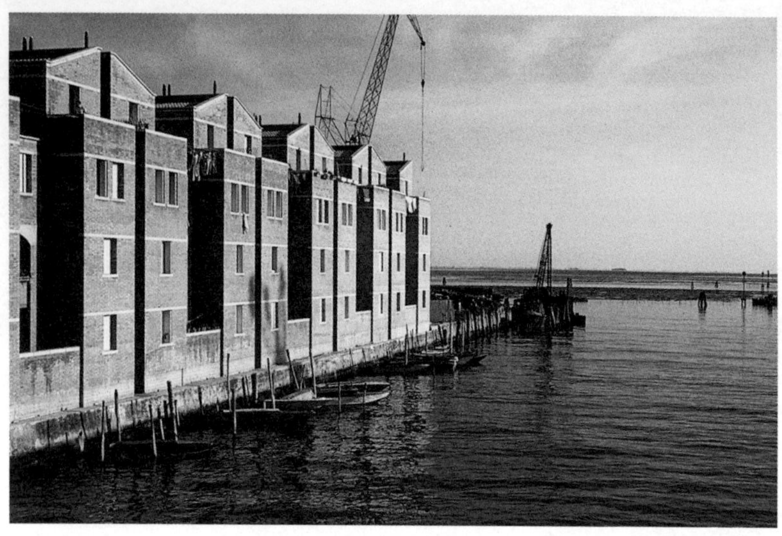

92 Gino Valle, Siedlung auf der Giudecca, vom Ponte dei Lavranieri aus gesehen

ist das Venedig der damals erarbeiteten Entwürfe meist kein wirkliches, sondern eines privater Utopien und Visionen: Ein «Forum meiner inneren Widersprüche», eine «Architektur des Pessimismus», in der auch ein «Haus für den, der sich weigerte, mitzumachen» einen angemessenen Ort gefunden hätte. Ebenso eine «Mauer der verlorenen Preise» in «einer Stadt der doppelten Wahrnehmung». Anderen erschien Venedig als das Muster einer «antikartesianischen Stadt», und nur ganz wenige haben wenigstens verbal darauf geachtet, daß sie nicht die ersten waren, die hier planten und entwarfen.

Konkrete Ergebnisse hat das Symposium nicht gebracht, im weiteren Verlauf aber entstanden drei Siedlungen, deren Architekten, Giancarlo de Carlo, Gino Valle und Vittorio Gregotti, in programmatischer Weise versuchten, in Venedig betont modern, aber auch betont venezianisch zu bauen und das bewußt im Bereich des sozialen Wohnungsbaus. Die Unterschiede sind beträchtlich, und zwar nicht nur der Temperamente und der Handschriften wegen, sondern auch wegen der sehr verschiede-

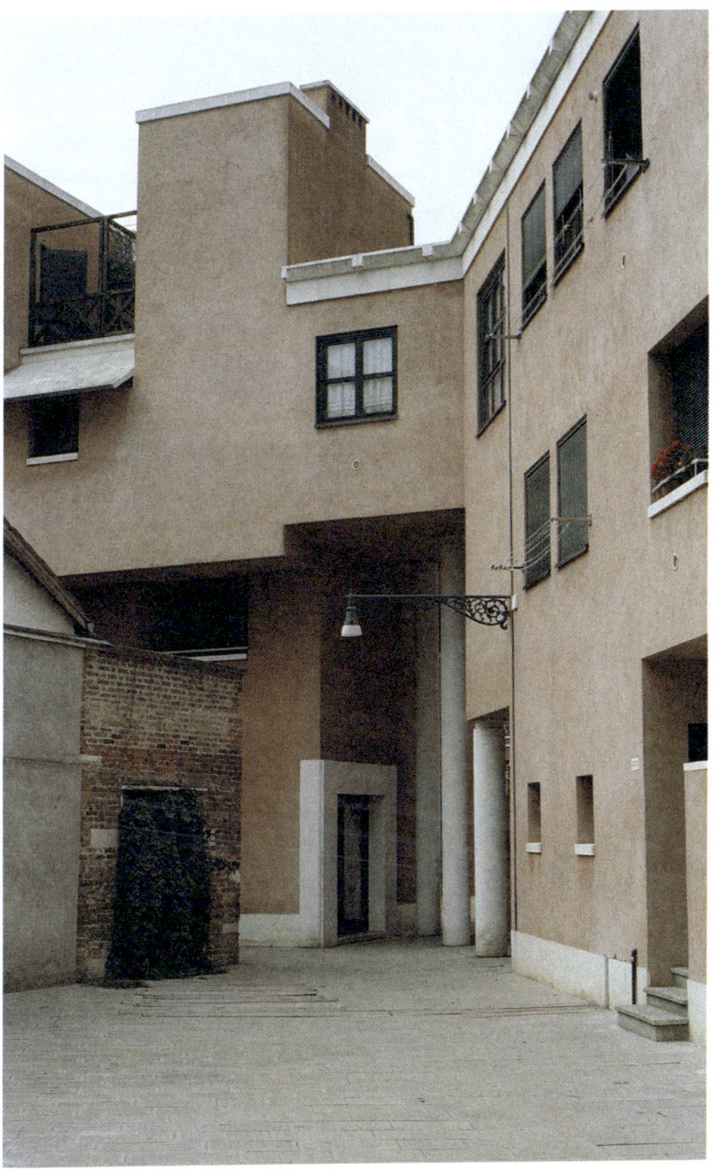

93 *Vittorio Gregotti, Wohnsiedlung, Nähe Calle della Misericordia, Calle di Riello, Sestiere Cannaregio*

 nen Vorstellungen davon, was das Venezianische an Venedig ist. Giancarlo de Carlo baute nicht im historischen Zentrum. Seine Siedlung auf der Insel Mazzorbo sollte die Raumnot im benachbarten Burano lindern. Mazzorbo selbst, früher ein blühendes Gemeinwesen, war seit langem so gut wie verlassen. Von den bescheidenen Katen, die dort noch bewohnt werden, versprach de Carlo sich offenbar wenig Anregung. Er blickte stattdessen über den Kanal, von wo auch die Menschen kamen, die sich in seinen Häusern und Gassen einrichten sollten. Schon die bunten Farben, ein Charakteristikum von Burano, erinnern an das Mutterstädtchen, ebenso die Dimensionen. Postmoderne Details wie vorgezogene Wandtafeln und demonstrative Asymmetrien bei den Fenstern machen jedoch bewußt, daß hier in den frühen achtziger Jahren des 20. Jahrhunderts gebaut wurde. Das betont Malerische der Treppentürme, Erker und Anbauten, «wie gewachsen», suggeriert dagegen geschichtliche Kontinuität. Kehrt man von Mazzorbo zurück nach Burano, dann fallen vor allem Unterschiede ins Auge, denn verglichen mit dem neuen Alten mutet das alte Alte mit seinem Verzicht auf gestalterische Spielereien und Gefälligkeiten geradezu nüchtern, ja spröde – und sehr modern – an. Gino Valles Architektur auf der Giudecca (Abb. 92) gibt sich streng. Mit ihrer unmittelbaren Umgebung, der Siedlung der fünfziger Jahre auf der Sacca Fisola oder mit der nahen Industriebrache mit ihrer höchst vitalen Spontanvegetation nimmt sie ebensowenig Kontakt auf wie mit der angrenzenden Lagune. Stattdessen werden Erfahrungen von Enge und Bedrängung evoziert, wie man sie im Inneren Venedigs immer wieder machen kann, aber im Wesentlichen eben nur dort. Der Peripherie sind solche Erfahrungen in der Regel fremd, und fremd sind sie weitgehend auch dem sozialen Wohnungsbau, dessen Traditionen in Venedig so weit zurückreichen wie nirgends sonst.

Einen Ausweg aus der Polarität Giancarlo de Carlo – Gino Valle sehen viele in dem 1986 begonnenen Wohnkomplex von Vittorio Gregotti, der sich auch um eine angemessene Form für die öffentlichen Bereiche bemüht (Abb. 93). Er errichtet auf dem Gebiet der alten Saffa-Fabriken zwischen Schlachthof und Bahnhof, dem schon der Wettbewerb von

1980 gegolten hatte. Es ist ein Gebiet, das im allgemeinen Bewußtsein nur als baubedürftige Brache existierte, obwohl die eigentümliche, heute bereits weitgehend verschwundene Koexistenz von Überresten der ungeliebten *Venezia industriale* mit einer zweiten, eben dieser Verlassenheit zu verdankenden, postindustriellen Natur von nicht geringem Wert war. In Gregottis Entwurf geht es um eine Wiederherstellung (nicht Rekonstruktion) der städtischen Grundstruktur, des «tessuto urbano». Am Bauplatz selbst freilich war diese Textur immer unterbrochen gewesen, bis zum 18. Jahrhundert durch Gärten, später durch Fabriken, und eben dies macht hier einen wesentlichen Teil des *genius loci* aus. Gregotti hat sich weniger an die Vergangenheit des konkreten Ortes gehalten als an die der Bauaufgabe. Er wollte diese aber nicht einfach fortsetzen, sondern im Dialog mit der Umgebung weiterführen, wobei er sich von der typologischen Umformung in Bezug zur Morphologie der Umgebung die Entwicklung einer Architektur versprach, «die den Wert der Differenz als das Spezifische der einzelnen Lösungen in Verbindung mit den Bedingungen des Kontextes aufzunehmen und zu vertiefen weiß». Dem Kenner der lokalen Tradition wird von Gregotti auch Distanzbewußtsein signalisiert, wenn zum Beispiel die Ecksäule der unvollendeten Cà del Duca am Canal Grande (vor 1460) zitiert wird und mit dieser eines der ehrgeizigsten unter den vielen gescheiterten Monumentalprojekten der venezianischen Architekturgeschichte. Andere Entlehnungen aus der Palastarchitektur sind wohl als Verbesserungen der *Venezia minore* gedacht. Dort gibt es in den Innenhöfen weder Gartenmauern noch Freitreppen. Die Treppen findet man vielmehr im Inneren gotischer Palasthöfe, die Gartenmauern ebenfalls bei Palästen. An dieser Stelle miteinander kombiniert, kommen sie aber um ihren ursprünglichen Sinn, denn die Treppen machen die Gärten für jedermann einsehbar, wodurch die hohen Mauern zu leeren Gesten werden. Die Massierung «typischer» Formen läßt Bauten entstehen, deren oberflächliche «venezianeità» die Andersartigkeit der authentischen Teile des alten Venedig ins Bewußtsein rückt.

Auch wenn Gregotti mehr und mehr hinter den von ihm selbst gesteckten Zielen zurückbleibt, haben diese Ziele an Bedeutung nichts verloren. Venedig, so war seine These schon 1985, sei die Stadt einer neuen Modernität, «la città della nuova modernità». Nachdem die moderne Architektur offen geworden sei für die Geschichte, könne sie in Venedig von den Wechselwirkungen von Bauplatz, Bautypus und -gestaltung lernen und von der Auseinandersetzung mit der Geschichte «oder besser mit dem Vorhandenen und seiner Geschichte». Das freilich sei schwierig, denn «notwendig sind nicht mehr die großen demonstrativen Gesten, sondern große Aufmerksamkeit und die Fähigkeit, zwischen den Dingen zu lesen». Die Aufgabe, geduldig eine neue moderne Architektur aufzubauen, verlange große Umsicht, hohen Qualitätssinn und intellektuelle Unabhängigkeit nicht nur bei den Architekten, sondern auch bei den verantwortlichen städtischen Institutionen.

IX. In Schönheit sterben?

Hoffnungsschimmer: Venedig ist auch als alte Stadt noch anders als alle anderen Städte. Gerade in diesem Anderssein liegt seine Bedeutung für Gegenwart und Zukunft. In Goethes Erfahrung ein «Denkmal geballter Menschenkraft», ist Venedig heute auch ein Denkmal seiner Beschädigungen – wie seines Sich-Behauptens. In manchem ist Venedig vielleicht eine kranke Stadt, sicherlich ist es eine hinfällige und auch ermattete, aber auch Hinfälligkeit und Ermattung sind Formen des Lebens, nicht des Todes. Daß selbst das scheinbar Moribunde längst kommerzialisiert ist und eines der Ingredienzien in dem *mixtum compositum*, das jährlich Millionen dorthin lockt, wo alles ganz anders ist als zu Hause, versteht sich im heutigen Venedig leider von selbst. Manche sehen die Stadt – ein neues Atlantis – bereits unter den Wassern der Lagune. Es gibt Venedigfreunde, die sich auf ihre ästhetische und historische Sensibilität etwas zugute halten und nur im Winter fahren, weil Venedig dann angeblich besonders venezianisch ist, und nicht wenige von ihnen reagieren geradezu mit Enttäuschung, wenn sie erfahren, daß wohl weder sie noch ihre Kinder Aussicht haben, das endgültige Versinken zu erleben.

Auch als Fluchtort aus der Moderne, gleich ob für Thomas Manns Gustav Aschenbach oder die jährlichen zehn Millionen des heutigen Massentourismus, ist Venedig ein sehr zeitgenössischer Ort. Die Präsenz des Vergangenen ist Teil der Gegenwart, als Objekt oberflächlichen Konsums ebenso wie als Thema tiefgründiger Meditationen. Teil der Gegenwart sind aber auch die Renitenz und die Resistenz der alten Strukturen, obwohl die Notwendigkeiten und Mentalitäten, die sie einmal hatten entstehen lassen, längst Vergangenheit sind.

 Wer aber soll, wer kann, wer muß die Lasten, die Verantwortungen, die riesigen Kosten tragen? Wer entscheidet im Konflikt von Prioritäten? Mit welchem Recht und nach welchen Kriterien? «Venedig selbst» ist die scheinbar offensichtliche Antwort. Aber ist Venedig dazu wirklich in der Lage? Und was ist, wenn der Gemeinderat, in dem die Vertreter des festländischen Venedig, also die von Mestre und Marghera, längst die große Mehrheit haben, eine Weltausstellung, wie die des Jahres 2000, beschließt, die die Stadt fast ruiniert hätte? Was ist, wenn auch in der Altstadt Indolenz und Raffgier die Oberhand gewinnen? Was bedeutet es, wenn 1980 von damals 77 000 Einwohnern nur 20 000 länger als dreißig Jahre in Venedig gelebt hatten? Andererseits: Wäre eine Art UNESCO-Protektorat wirklich eine Alternative? Haben sich nicht in den neunziger Jahren unter einem engagierten Bürgermeister, Massimo Cacciari, Initiativen entwickelt, die zum Teil symbolische Politik waren, die aber die Stadt aus ihrer Lethargie gelöst zu haben scheinen? Im Ghetto regt sich wieder jüdisches Leben, obwohl die frühere Casa del Fascio, heute ein Kindergarten, noch immer an finstere Zeiten erinnert. Die erhaltenen Reste der *Venezia industriale* werden wieder aktiviert: die frühere Wollfabrik bei S. Nicolò de Mendicoli oder der frühere Schlachthof am Ausgang des Canale di Cannaregio (Abb. 94) etwa, die mit sparsamen Umbauten für die Universität nutzbar gemacht wurden, oder die alte Brauerei Dreher auf der Giudecca (Abb. 95), bei der Glaspyramiden auf dem Dach anzeigen, daß hier in altem Gemäuer experimentelles Wohnen erprobt wird. Die *murazzi* sind repariert, und selbst in jahrzehntelang daniederliegenden Gebieten am Stadtrand sind bauliche Aktivitäten zu beobachten. Kanäle werden wieder ausgebaggert, und während man nach 1945 noch weitere Trockenlegungen plante, gewinnen neuerdings sogar Überlegungen an Boden, wenigstens einige der zugeschütteten Kanäle wieder zu öffnen. Man beginnt zu begreifen, daß es sich dabei nicht nur um Gedankenspiele überempfindlicher Nostalgiker handelt, sondern um ein einfaches und kostengünstiges Mittel, der heutigen Stadt etwas von den ökologischen und strukturellen Qualitäten des alten Venedig zurückzugeben. Ein Strohfeuer? Vielleicht aber auch ein Hoffnungsschimmer, daß es möglich sein könnte, eine internationale Verantwortlichkeit und Hilfe auf den Weg zu bringen, die Venedig nicht nur als Almosenempfänger erfährt und sich nicht karitativ versteht, sondern als Teil einer Partnerschaft, die als Treuhänderin dieses einzigartigen städtebaulichen Erbes handelt?

Der Zuwachs an Einsichten und Erkenntnissen in Sachen Venedig ist in den letzten Jahrzehnten wahrscheinlich sehr viel größer gewesen als in den eineinhalb Jahrhunderten zuvor. Andererseits bleibt die Praxis weit hinter dem als notwendig Erkannten zurück; der Graben zwischen beidem wird immer tiefer. Zu stark waren und sind die ökonomischen Interessen, aber auch die Indolenz wird nicht geringer. Die Anwälte der Verteidigung konnten und können oft nicht mehr als anklagen und aufrufen, aber ihrem moralisierenden Pathos fehlt allzu oft die Grundlage, denn viele der Traditionen, denen die Stadt ihre Entstehung und ihr Überleben verdankt, sind längst abgebrochen. Was Venedig helfen könnte, wäre eine Allianz von reflektierter Erinnerung und avanciertester Technologie. Die Gruppierungen und Institutionen aber, die einst Träger des kollektiven kulturellen Gedächtnisses waren, sind weitgehend verschwunden. Weite Bereiche der praktischen wie der konzeptionellen Erfahrung sind so gründlich verschüttet, daß ihr Fehlen nicht einmal mehr bemerkt wird, und die zugehörige planerische und handwerkliche Kompetenz ist in vielen Bereichen am Aussterben. Nur bei Malerei und Skulptur sieht es besser aus. Hier waren die Schäden nach der Flut von 1966 sofort sichtbar. Eine Welle der Hilfsbereitschaft ging durch die Welt, und inzwischen ist kaum ein nennenswertes Kunstwerk unberührt von dem restauratorischen Furor geblieben, der durch die Stadt ging. Allmählich werden sogar die Objekte rar, mit deren Hilfe Spender die verdiente Aufmerksamkeit in der Öffentlichkeit gewinnen können. Hier wurde tatsächlich national und international Verantwortung übernommen und zwar nicht nur deklaratorisch, sondern auch praktisch und finanziell. Die Ergebnisse sind in vielen Innenräumen zu besichtigen. Eine so vorbildliche Instandsetzung wie die unlängst abgeschlossene von S. Maria dei Miracoli setzt aber auch im Stadtraum ein Zeichen.

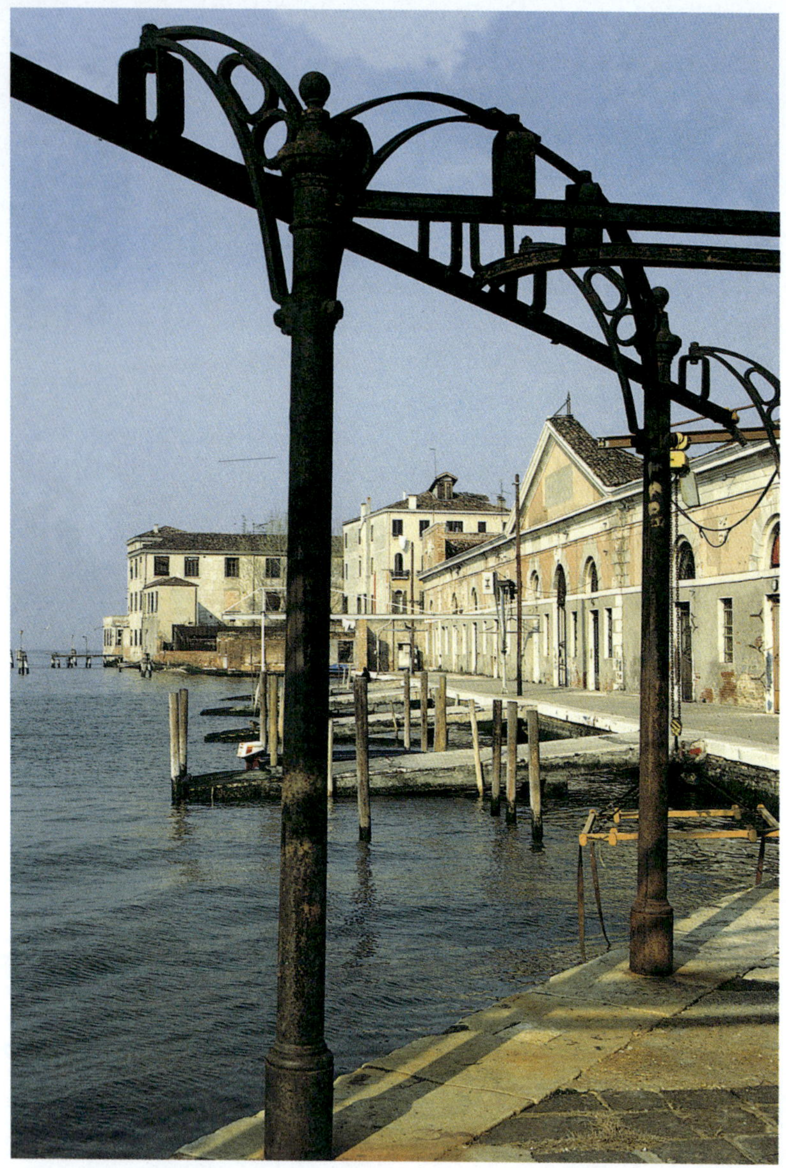

94 *Schlachthof am Rio di Cannaregio, von der Lagune aus gesehen, Zustand Anfang der 1990er Jahre, vor der Restaurierung*

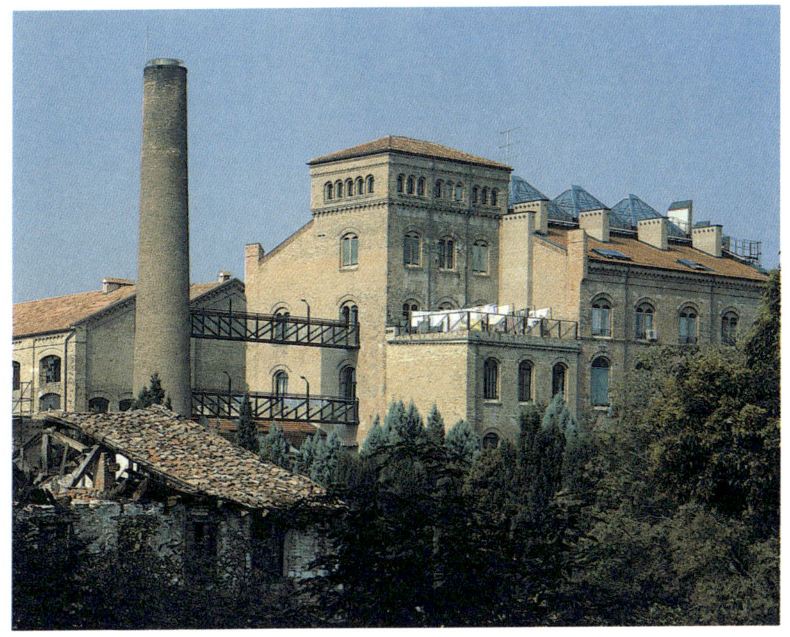

95 *Ehemalige Brauerei Dreher mit modernen Einbauten, vom Rio delle Penitenti, Giudecca, aus gesehen*

Sorgenkinder: Rhetorisch gilt all dies auch für Architektur und Städtebau: Selbstverständlich sei Venedig einer der Leuchttürme des Weltkulturerbes, selbstverständlich sei die Stadt alleine überfordert, selbstverständlich gehe es nicht nur um Solitäre, selbstverständlich sei auch hier das Ganze mehr als die Teile … In der Praxis aber ist wenig geschehen. Daß es auf keines der Probleme eine schnelle Antwort gibt, darf kein Alibi für Nichtstun sein. Zu den Problemen gehört – allzu selten benannt – nicht zuletzt die Tatsache, daß wir von vielen der komplexen inneren und äußeren Zusammenhänge, die Venedig konstituieren, keine zureichende Vorstellung haben. Die Geschichte Venedigs, so Manfredo Tafuri, der im letzten Jahrhundert die wichtigsten Beiträge zur Geschichte der venezianischen Architektur erarbeitet hat, biete sich für Schematisierung und Mythologisierung geradezu an, ihre Kenntnis aber sei von exzeptioneller Schwierigkeit. Zu sagen, Venedig sei in manchem vielleicht allzu bekannt, in vielem aber auch gänzlich unbekannt, mag provozieren und ist doch die schlichte Wahrheit in einer Stadt, für die es nicht einmal ein Inventar der Bau- und Kunstdenkmäler gibt. Dabei würde das, was dort zu verzeichnen wäre, auch nur ein Segment darstellen, denn nicht allein Kirchen, Scuole und Paläste machen die Stadt aus, sondern auch die Alltagsarchitektur, die die Verbindung zwischen ihnen herstellt und sie in den «tessuto urbano», die städtische Textur, einbindet. Außerdem geht es nicht nur um Fassaden und Kubaturen, sondern auch um Raumgefüge und Erschließungen, Fenster und Türen, Putze und Steine. Selbst die «Schattenarchitektur» des Nicht-Gebauten, Verlorenen und Unvollendeten dürfte nicht unberücksichtigt bleiben. Von raunenden Evokationen des «genius loci» ist so wenig zu erwarten wie von Beschwörungen dessen, was man heute gerne «das Venezianische» nennt, als handele es sich um eine Art Gral, eine Art Blaue Blume, die, irgendwo verborgen, nur Auserwählten zugänglich sei. Sicherlich: «alla veneziana», «al modo nostro», «more veneziano» – das sind Begriffe und Phänomene aus dem alten Venedig, nur umschreiben sie weder ein festes Regelwerk noch ein unergründliches Geheimnis. Die gängigen Venedig-Bilder sind für die Zukunft der Stadt nur bedingt eine Hilfe. Selbst wenn Venedig, wie oft gesagt wird, ein Kunstwerk wäre, stünde doch völlig offen, was für eines. Eine klassisch-akademische Komposition sicherlich nicht. Aber was dann? Eine Abfolge impressionistischer Bilder oder bedeutungsschwangerer symbolistischer Szenarien? Oder doch eher eine Collage im Sinn der klassischen Moderne? Ein Patchwork? Ein Palimpsest? Ergebnis nicht nur von souveräner Planung, sondern auch von problematischen Kompromissen, von städtebaulicher Flickschusterei, von Scheitern? Je nach der Antwort wäre Unterschiedliches zu tun, und zwar am Canal Grande anderes als auf der Giudecca, in der Nähe des Bahnhofes anderes als hinter dem Arsenal. Soll man punktuell und kasuistisch vorgehen oder grundsätzlich und großflächig? Aber bedarf nicht gerade die Offenheit für den Einzelfall der Festigkeit im Prinzipiellen? Soll man reparieren oder retuschieren? Oder abreißen und rekonstruieren? Chirurgie oder Homöopathie? Sofort die endgültige Lösung suchen oder Zeit gewinnen, vielleicht sogar dem Zufall sein Recht lassen und auf höhere Einsicht in besseren Zeiten hoffen und inzwischen mit Energie und Konsequenz die vielfach erprobten Instrumentarien der Untersuchung und Erhaltung anwenden und weiterentwickeln?

Ein Prüfstein wird das Arsenal sein, der größte Freiraum in Venedig neben der Piazza, eine Stadt in der Stadt und zugleich Europas größtes Ensemble von Industriebauten aus vorindustrieller Zeit (Abb. 96, vgl. Abb. 42, 43). Alles andere als uniform, bietet das Arsenal schon beim flüchtigsten Kennenlernen höchst unterschiedliche, immer aber intensive Erfahrungen. Große Wasserflächen wechseln mit mächtigen Backsteinkomplexen, in denen man Innenräumen begegnen kann, die monumentaler sind als die größten Säle des Dogenpalastes – im Ganzen eine Stadtlandschaft, die eines der Zentren des künftigen Venedigs werden könnte, so wie sie in anderer Weise ein Zentrum des früheren Venedig war. Vieles ist erstaunlich gut über die Zeit gekommen, anderes nur notdürftig vor weiterem Verfall gesichert. Sachgerechte Planung müßte höchsten Ansprüchen genügen, denn sie hätte davon auszugehen, daß die übliche Beweislast hier umzukehren ist, daß nämlich die Nutzung nachweisen muß, daß sie dem Denkmal zuträglich oder doch zumindest nicht schädlich ist, nicht umgekehrt. Von den Resultaten, wenn auch nicht unbedingt von den Intentionen altvenezianischen Planens, wäre dabei zu lernen, daß Dimensionen und Komplexitäten wie die des Arsenals einen langen Atem verlangen und die Lösung «ein für allemal» ausschließen. Notwendig wäre wohl auch der Mut zu zeitlich begrenzter Zwischennutzung, denn die Potentiale dieses außerordentlichen Ortes werden sich erst allmählich erschließen. Nötig wäre vermutlich außerdem, den Venezianern wie ihren Besuchern über längere Zeit Gelegenheit zu geben, sich diesem Areal erst einmal wieder zu nähern, emotional wie kognitiv. Monofunktionale Nutzungen wie ein Yachthafen wären wohl ebenso verfehlt wie die Absichten, das gedanklich bereits trockengelegte Arsenal als Dispositionsmasse und Bauerwartungsland zu behandeln, mit dem etwa die Raumnöte der Universität oder der Bedarf an

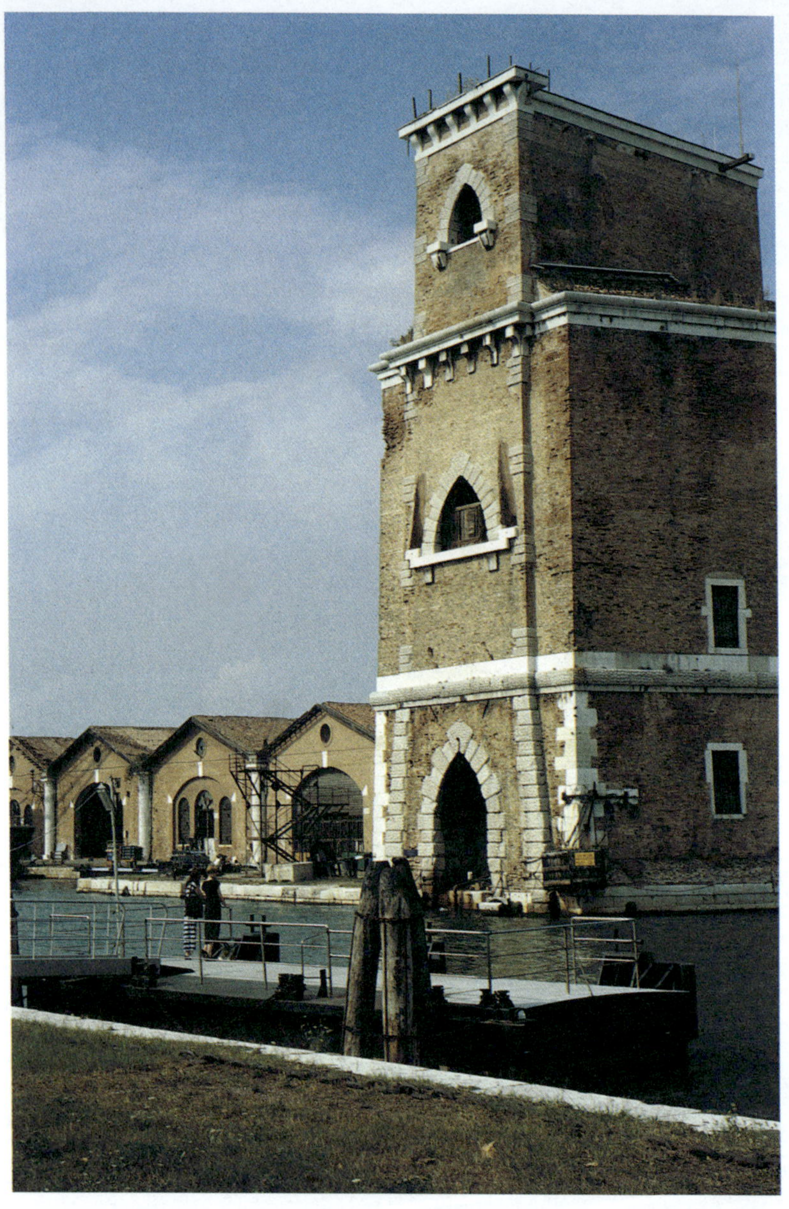

96 *Turm der Porta Nuova (Anfang 19. Jahrhundert), Arsenal*

Wohnungen behoben werden könnten. Zu diskutieren wären eher Vorschläge wie der, große Teile des Arsenals als ein Schiffahrtsmuseum zu nutzen, das es in Italien bislang nicht gibt, und andere Teile für Sport und Freizeit der umliegenden Quartiere zu öffnen.

Acqua alta: 1,94 Meter über Normalnull, das ist an vielen Küsten der Welt nichts Dramatisches. Für Venedig aber war es eine Katastrophe und ein Menetekel. Nach dem 4. November 1966 erwiesen sich nicht nur die alten Antworten als unzulänglich, ja obsolet, sondern auch die alten Fragen. Ein Zyniker könnte sagen, vielleicht sei der Zeitpunkt der Flut gar nicht so schlecht gewesen, begann sich doch um 1966 das Vertrauen in eine eindimensional verkürzte Moderne aufzulösen, wurden doch damals in der Architekturdiskussion Rufe nach Komplexität und Widerspruch laut, Gestalt und Erfahrung der Stadt neu durchdacht, und begannen sich doch damals die Anfänge eines ökologischen Denkens zu verbreiten, von dem ein tieferes Verständnis für die einzigartige Konfiguration von Geschichte und Natur, der Venedig seine Existenz verdankt, zu erwarten war.

Die immer häufiger und stärker werdenden Hochwasser sind nicht nur Vorboten des Untergangs, sondern bereits ein Teil davon. Von den zwanziger Jahren bis zum Ende des letzten Jahrhunderts hat sich die Wahrscheinlichkeit von Hochwasser über achtzig Zentimeter, bei dem die Piazza bereits überschwemmt ist, verzehnfacht. Es beschädigt die Bausubstanz und macht in den niedrigen Gebieten der Stadt die Erdgeschosse unbewohnbar – nicht der unwichtigste unter den Gründen dafür, daß immer mehr Venezianer aufs Festland flüchten. Die Lagune und mit ihr die Stadt sind nicht immun gegenüber den globalen Klimaveränderungen, die überall auf der Welt das Wasser steigen lassen. In den letzten drei Jahrzehnten sollen es in der Lagune gut zwanzig Zentimeter gewesen sein. Gleichzeitig ist die Stadt etwa zwölf Zentimeter gesunken. Dieses Sinken hat im wesentlichen wohl endogene, in Venedig entstandene und dort zu verantwortende Ursachen, denn erst durch Entscheidungen am Ort wurde die Lagune so geschädigt, daß sie beginnt, der Stadt mehr Gefahr als Schutz zu bringen. Von einer im großen und ganzen weitsichtigen Lagunenpolitik, wie es sie zur Zeit der Serenissima gegeben hat, kann seit langem nicht mehr die Rede sein. Statt dessen dominieren Einzelinteressen, etwa die des Fischfangs, der die Fischteiche, die «valli», einmauert und damit aus dem Ökosystem Lagune herauslöst, oder die einer industrialisierten Landwirtschaft, die immer größere Teile der Lagune trockenlegt und durch ihre Hinterlassenschaften die verbleibende Lagune vergiftet. Zum größten Feind der Stadt aber wurde die Großindustrie in Marghera, die einst als Instrument gerechtfertigt wurde, das alte Venedig lebensfähig zu erhalten. Toxische Abwässer, Hafenanlagen mit langen Molen, Schiffahrtskanäle für die Tanker der Petrochemie, die tiefer liegen als der Boden der Lagune und bei Hochwasser den Fluten der Adria schnellen und ungehinderten Zugang verschaffen, prägen die Situation. Unsichtbar, aber nicht minder schädlich war die Entnahme riesiger Mengen artesischen Wassers, die mit dem Grundwasserspiegel auch die Stadt sinken ließ.

Im Laufe des zwanzigsten Jahrhunderts mußte Venedig erleben, wie das Hinterland aufgrund seiner wachsenden ökonomischen Bedeutung Einfluß auf die territoriale Entwicklung gewann. Ohnmächtig, so Piero Bevilacqua, mußte die Stadt zusehen, wie sich ein jahrhundertealtes Verhältnis langsam, aber unaufhaltsam in sein Gegenteil verkehrte. Während es einstmals die Inselstadt war, die Gewässer und Ländereien der Umgebung in ihren Dienst stellte, wurde sie jetzt selbst zum Spielball äußerer Kräfte und konnte nicht umhin, sich der Logik einer vom Festland bestimmten Ökonomie zu unterwerfen. Den zehn Millionen Touristen, die jährlich nach Venedig kommen, sind die langfristigen Probleme der Stadt so gleichgültig wie den 15 000 Pendlern, die hier täglich einen langen Weg zum Arbeitsplatz auf sich nehmen müssen. Zum Wasser, dem Lebenselement der Stadt, haben sie wenig Beziehung. Aber auch die neu Zugezogenen sehen es in der Regel wohl «ausschließlich als Transportweg, als spektakuläres Element der Stadtlandschaft oder gar als Hindernis für den Verkehr im Alltagsleben unserer Tage. Unter demographischen und sozialen Gesichtspunkten ist aus der ehemaligen Insel eine Art Kunstwelt geworden», so Bevilacqua weiter: «Traditionelle Berufe und Handwerke werden nicht mehr ausgeübt und damit sind jene rührigen

Stadtbewohner unwiderruflich verschwunden, die einstmals Stadt und Lagune überwacht und für ihre Instandhaltung gesorgt haben. Die ursprünglich symbiotische Beziehung zwischen Stadt und Einwohnern, der Venedig sein wundersames Überleben verdankt, hat sich aufgelöst zu Gunsten flüchtiger und oberflächlicher Beziehungen. An ihre Stelle ist, bedingt durch die einschneidenden Veränderungen unserer heutigen Gesellschaft, eine anonyme städtische Masse getreten, für deren materielle Interessen und Geschäftigkeit die Stadt nichts weiter ist als eine prächtige Kulisse und die ihr im Grunde unbeteiligt gegenübersteht.»

«Venedig den Venezianern!» – ist eine sympathische und sicherlich auch eine richtige Forderung. Aber ist sie ausreichend? Ist Venedig nicht inzwischen auch ein Stadtdenkmal, und zwar eines, das nicht allein den Venezianern gehört und damit auch nicht ihnen allein zur Last fallen darf? Müßten nicht gerade auch hier die Grundsätze für den Umgang mit Baudenkmalen gelten, die 1964 in Venedig als international verbindlich verabredet worden sind? «Als lebendige Zeugnisse jahrhundertelanger Traditionen der Völker», hieß es damals in der Präambel, «vermitteln die Denkmäler der Gegenwart eine geistige Botschaft der Vergangenheit. Die Menschheit, die sich der universellen Geltung menschlicher Werte mehr und mehr bewußt wird, sieht in den Denkmälern ein gemeinsames Erbe und fühlt sich kommenden Generationen für ihre Bewahrung gemeinsam verantwortlich. Sie hat die Verpflichtung, ihnen die Denkmäler im ganzen Reichtum ihrer Authentizität weiterzugeben.» Die Erhaltung der Denkmäler, so mahnt die Charta von Venedig, fordere zunächst ihre dauernde Pflege, und diese werde immer begünstigt «durch eine der Gesellschaft nützlichen Funktion. Ein solcher Gebrauch ist daher wünschenswert, darf aber Struktur und Gestalt der Denkmäler nicht verändern. Nur innerhalb dieser Grenzen können durch die Entwicklung gesellschaftlicher Ansprüche und durch Nutzungsänderung bedingte Eingriffe geplant und bewilligt werden.» Gelänge dies auch in der Lagune, dann könnte ein künftiges Venedig dem alten im Prinzipiellen vielleicht sehr viel ähnlicher werden als das heutige.

Anhang

Hinweise zur Literatur

Allgemeines

Unter dem 29. September 1786 vermerkt Goethes Reisetagebuch: «Von Venedig ist alles gesagt und gedruckt worden, was man sagen kann». Seitdem ist noch so viel gesagt und gedruckt worden, daß der Einzelne nur Bruchstücke davon lesen und auch von dem Gelesenen nur Teile wirklich verarbeiten wird. Ich kann deshalb lediglich einige der Arbeiten angeben, von denen ich besonders profitiert habe. Die folgenden Angaben stellen keine Bibliographie dar, können aber vielleicht beim Erschließen und Auffinden weiterführender Literatur von Nutzen sein.

Von den alten Stadtbeschreibungen ist Sansovino, Francesco, *Venetia, città nobilissima et singolare (...) con aggiunta di tutte le cose notabili della stessa, città fatte et occorse dall'anno 1580 fino al presente 1663, da D. Giustiniano Martinioni*, Venedig 1669 bis heute die ergiebigste. Eine knappe moderne Stadtbaugeschichte bietet Bellavitis, Giorgio/Romanelli, Giandomenico, *Venezia*, Bari 1985. Wichtig sind auch die Übersichtswerke von Goy, Richard, *Stadt in der Lagune, Leben und Bauen in Venedig*, München 1998; Karbe, Lars Cassio, *Venedig oder die Macht der Phantasie. Die Serenissima – ein Modell für Europa*, München 1995 sowie Mathieu, Christian, *Inselstadt Venedig, Umweltgeschichte eines Mythos in der Frühen Neuzeit*, Köln u. a. 2007.

Überblicke zur Architekturgeschichte findet man bei Trincanato, Egle/Franzoi, Umberto, *Venise au fil du temps, Atlas historique d'urbanisme et d'architecture*, Boulogne-Billancourt 1979, Howard, Deborah, *The Architectural History of Venice*, London 1980 sowie Concina, Ennio, *Storia dell'architettura di Venezia dal VII al XX secolo*, Mailand 1995. Maretto, Paolo, *La casa veneziana nella storia della città dalle origini all'Ottocento*, Venedig 1986 führt am Beispiel des Hausbaus durch die Architekturgeschichte bis zum Ende der Republik. Eine knappe Einführung gibt Wolters in Huse, Norbert/Wolters, Wolfgang, *Venedig, Die Kunst der Renaissance*, München 1986. Sehr lesenswert sind auch die einschlägigen Kapitel bei Perocco, Guido/Salvadori, Antonio, *Civiltà di Venezia*, Venedig 1973–1976.

Von den alten Quellensammlungen bleiben Gallicciolli, Giambattista, *Delle memorie venete antiche, profane ed ecclesiastiche*, Venedig 1795, Tassini, Giuseppe, *Curiosità veneziane, Ovvero origini delle denominazioni stradali di Venezia*, Venedig 1863 und, für die Frühzeit, Cecchetti, Bartolomeo, *La vita dei veneziani nel 1300*, Bologna 1980 unverzichtbare Fundgruben.

Die Übersichten über die Stadtansichten und -pläne bei Schulz, Jürgen, *The Printed Plans and Panoramic Views of Venice (1486–1797)*, Venedig 1970 (= *Saggi e Memorie di storia dell'arte VII*) und Cassini, Giocondo, *Piante e vedute prospettiche di Venezia (1479–1855)* Venedig 1982 sind zu ergänzen durch die Publikation der Kataster von Pavanello, Italo, *I catasti storici di Venezia 1808–1913*, Rom 1981.

Die wichtigste Kulturgeschichte bleibt Molmenti, Pompeo, *La storia di Venezia nella vita privata dalle origini alla caduta della Repubblica*, 7. Aufl., Bergamo 1927–29, von den Stadtführern sind für den urbanistisch Interessierten besonders hervorzuheben: Bellavitis, Giorgio, *Venezia*, Rom 1980, Lorenzetti, Giulio, *Venezia ed il suo estuario*, 2. Aufl., Rom 1956 und Hubala, Erich, *Venedig, Reclams Kunstführer Italien II, 1*, Stuttgart 1965, 606–1006, aber auch Piamonte, Giannina, *Venezia vista dall'acqua, Guida dei rii di Venezia e delle isole*, Venedig 1967.

Detailreiche Mikrostudien zu einzelnen Bereichen der Stadt findet man bei Cristinelli, Giuseppe, *Cannaregio, Un sestiere di Venezia, La forma urbana, l'assetto edilizio, le architetture*, Rom 1987, Schulz, Jürgen, *The Houses of the Dandolo*, A *Familiy Compound in Medieval Venice*, in: *Journal of the Society of Architectural Historians*, 52, 1993, 391–415, Cavazzana Romanelli, Francesca/Piana, Mario, *Archivi monastici e archeologia urbana medioevale, La strutturazione dell'Insula di San Zaccaria fra XI e XII secolo*, in: *Venezia e l'archeologia*. Venedig 1988, 276–295, Vio, Gastone, *Una delle isole che formano Venezia: Da Palazzo Dario agli Incurabili*, in: Rosand David (Hrsg.), *Interpretazioni veneziane, Studi di storia dell'arte in onore di Michelangelo Muraro*, Venedig 1984, 89–96, Bellavitis, Giorgio, *L'isola, il mito, la scomenzera e la velma, traccie per una storia territoriale di S. Giorgio Maggiore*, in: Brusatin, Manlio/Dorigo, Wladimiro/Morelli, Giovanni (Hrsg.), *Per Giuseppe Mazzariol*, Venedig 1992, 88–94.

Eine Stadt im Wasser

Zum Barbaroplan nach wie vor unentbehrlich Schulz, Jürgen, *Jacopo dà Barbari's View of Venice: Map Making, City Views and Moralized Geography before the Year 1500*, in: *The Art Bulletin*, 110, 1978, 425–474. Neue Gesichtspunkte bringt Brunckhorst, Friedl, *Architektur im Bild, Die Darstellung der Stadt Venedig im 15. Jahrhundert*, Hildesheim 1997, deren Urteilen ich folge.

Die Kenntnis der Stadtbaugeschichte ist vor allem durch Crouzet-Pavan, Élisabeth, *Sopra le acque salse, Éspace, Pouvoir et société à la fin du Moyen Age*,

Rom 1992 auf eine neue, durch intensives Quellenstudium gestützte Grundlage gestellt worden. Auch alle anderen Arbeiten der Verfasserin verdienen größte Aufmerksamkeit.

Für die Frühzeit sind wichtig Dorigo, Wladimiro, *Venezia origini, Fondamenti, ipotesi, metodi*, Mailand 1983 und Dorigo, Wladimiro, *Venezia romanica, La formazione della città medioevale fino all'età gotica*, Venedig 2003 mit dem Versuch, auf der Basis neuer Quellen die Stadtgestalt des 13. Jahrhunderts zu rekonstruieren sowie, nach wie vor, Muratori, Saverio, *Studi per una operante storia urbana di Venezia*, Rom 1959 und Maretto, Paolo, *L'edilizia gotica veneziana*, Rom 1960. Eine zusammenfassende Darstellung des ortsspezifischen Konstruierens ist ein dringendes Desiderat. Vgl. vorerst Pavanini, Mario, *Traditional House Construction*, in: *Architectural Review*, 1971, 297–302 sowie Piana, Mario, *Accorgimenti costruttivi e sisitemi statici dell'architettura veneziana*, in: Ghianighian/Pavanini, 1984, 33–37 und Piana, Mario, *Note sulle tecniche murarie dei primi secoli dell'edilizia lagunare*, in: Valcanover, Francesco/Wolters, Wolfgang (Hrsg.), *L'architettura gotica veneziana*, Venedig 2000, 53–60. Sehr interessant ist in diesem Zusammenhang auch Steffinlongo, Giovanni Battista, *Pali e palificazioni della laguna di Venezia*, Sottomarina di Chioggia 1994.

Zur Lagune noch immer unerreicht Zendrini, Bernardino, *Memorie storiche dello stato antico e moderno della Laguna di Venezia e dei suoi fiumi*, Padua 1811. Die klassischen Texte von Cornaro und Sabbadino hat Cessi, Roberto, *A. Cornaro/C. Sabbadino, Scritture sopra la laguna. Antichi scritti di idraulica veneta, II*, Venedig 1941 herausgegeben. Zusammenfassend jetzt Caniato, Giovanni/Turri, Eugenio/Zanetti, Michele (Hrsg.), *La laguna di Venezia*, Verona 1995. Aus der inzwischen nur noch für den Spezialisten überschaubaren Literatur ist großer Gewinn zu ziehen aus: *Mostra storica della laguna Veneta*, Venedig 1970, Tiepolo, Francesca Maria (Hrsg.), *Laguna, lidi, fiumi, Cinque secoli di gestione delle acque nelle Venezie, Mostra documentaria*, Venedig 1983, Ciriacono, Salvatore, *L'idraulica veneta: scienza, agricoltura e difesa del territorio dalla prima alla seconda rivoluzione scientifica*, in: *Storia della cultura veneta 5, II, Il settecento*, Vicenza 1986, 347–378, Miozzi, Eugenio, *Venezia nei secoli*, Venedig 1957–1969, *Lagune, fiumi, lidi, Due secoli di gestione delle acque nelle Venezie*, Fiesso d'Artico 1985, und, ganz besonders, Bevilacqua, Piero, *Venedig und das Wasser. Ein Gleichnis für unseren Planeten*, Frankfurt/Main 1998. Eine neue Sichtweise bringt der interessante Aufsatz von Crouzet-Pavan, Élisabeth, *Toward an Ecological Understanding of the Myth of Venice*, in: Martin, John Jeffries (Hrsg.), *Venice Reonsidered, The History and Civilization of an Italian City State 1297–1797*, Baltimore 2000, 35–64.

Zur Fortezza Sant'Andrea vgl. Concina, Ennio, *La macchina territoriale, La progettazione della difesa nel Cinquecento Veneto*, Bari 1983.

Zu den Murazzi ist Grillo, Susanna, *Venezia, Le difese a mare, Profilo archi-*

 tettonico delle opere di difesa idraulica dei litorali di Venezia, Venedig 1989 sehr informativ.

Über die Kanäle jetzt zusammenfassend Caniato, Giovanni/Gianotti, Eugenio/Pypaert, Philippe, *Venezia, La città dei rii*, Verona 1999. Zucchetta, Gianpietro, *I rii di Venezia, la storia degli ultimi tre secoli*, Venedig 1985 und Zucchetta, Giampietro, *Venezia e i suoi canali*, Venedig, 1988, bieten zusätzliche Informationen und Materialien. Die vielen technischen Erfindungen zur Erhaltung und Sanierung der Kanäle lernt man kennen bei Berveglieri, Roberto, *Le vie di Venezia, Canali lagunari e rii a Venezia, Inventori, brevetti, tecnologia e legislazione nei secoli XIII–XVIII*, Sommacampagna 1999. Wichtig ist immer noch die konzise Darstellung bei Costantini, Massimo, *L'acqua di Venezia, L'approvigionamento idrico della Serenissima*, Venedig 1984.

Alle vorhandenen Brücken der Stadt findet man in der eindrucksvollen Dokumentation von Zucchetta, Gianpietro, *Venezia ponte per ponte. Vita, morte e miracoli dei 443 manufatti che attaraversano i canali della cittá*, Venedig 1992.

Zur Befestigung der Stadtränder: Tafuri, Manfredo, *Documenti sulle Fondamenta Nuove*, in: *Architettura, storia e documenti*, 1, 1985, 79–91 und Tortorella, Marta, *Zattere al Ponte longo: da Cá Graziabona a Palazzo Zorzi (1458–1780)*, in: *Studi veneziani, N. S.* 31, 1996, 51–110. Sehr wichtig auch Svalduz, Elena, *Nella finde della città: ampliamenti e margini urbani a Venezia in Etá moderna*, in: Folin, Marco (Hrsg.), *Sistole/Diastole, Episodi di trasformazione urbana nell'Italia delle cittá*, Venedig 2006.

Für alles, was mit dem Wasser zu tun hat, ist Bevilacqua, Piero, *Venedig und das Wasser. Ein Gleichnis für unseren Planeten*, Frankfurt/Main 1998 unersetzlich.

Wer zu den vielen in diesem Kapitel berührten Fragen Vertiefung sucht, wird auch bei den folgenden Titeln fündig werden: Avanzi, Silvano, *Il regime giuridico della Laguna di Venezia, Dalla storia all'attualità*, Venedig 1993; Bellavitis, Giorgio, *L'isola, il mito, la scomenzera e la velma, Traccie per una storia territoriale di S. Giorgio Maggiore*, in: Brusatin, Manlio/Dorigo, Wladimiro/Morelli, Giovanni (Hrsg.), *Per Giuseppe Mazzariol*, Venedig 1992, 88–94; Braunstein, Philippe, *De la montagne à Venise, Les réseaux du bois~au XVe siècle*, in: *Mélanges de L'École Française de Rome, Temps Modernes*, 100,1988, 761–799 ; Ciriacono, Salvatore, *Acque e agricoltura, Venezia, L'Olanda e la bonifica europea in età moderna*, 2. Aufl., Mailand 1996, Crouzet-Pavan, Élisabeth, *Venise triomphante, Les horizons d'un mythe*, Paris 1994; Crouzet-Pavan, Élisabeth, *Venise, Une invention de la ville, XIIIe–XVe siècle*, Seyssel 1997, Diruf, Hermann, *Paläste Venedigs vor 1500. Baugeschichtliche Untersuchungen zur venezianischen Palastarchitektur im 15. Jahrhundert*, München 1990, Dolcetti, Giovanni, *I pozzi di Venezia 1015–1906*, Venedig 1910, Ferri Cataldi, Giandomenico/Fantoni, Roberto, *La tutela e la manutenzione urbana nel periodo di*

Pietro Paleocapa a Venezia, in: *Ingegneria e politica nell'Italia dell'Ottocento*, Venedig 1990, 137–151, *Lagune, fiumi, lidi. Due secoli di gestione delle acque nelle Venezie*, Fiesso d'Artico, 1985, Marchesi, Pietro, *Il Forte di Sant'Andrea a Venezia*, Venedig 1978, Mazzi, Giuliana, *Note per una definizione della funzione viaria a Venezia*, in: Archivio Veneto, 5. ser. 1973, 5–13, Pavanini, Paola, *Venezia verso la pianificazione?*, *Bonifiche urbane nel XVI secolo a Venezia*, in: Maire Vigeuri, Jean Claude (Hrsg.), *D'une ville à l'autre: Structures matérielles et organisation de l'espace dans les villes européennes (XIIIe–XVIe siècles)*, Rom 1989, 485–492, Sammartini, Tudy/Resini, Daniele, *Die Türme von Venedig, Ansichten, Aussichten*, München 2002, Vanzani Marchini, Nelli Elena, *Venezia, Da laguna a città*, Venedig 1983, Zucchetta, Gianpietro, *Venezia e i suoi canali*, Venedig 1998 und Zucchetta, Gianpietro, *Tra due elementi sospesi, Venezia, Costruzione di un paesaggio urbano*, Venedig 2000.

Venezianische Plätze

Grundlegend ist Wichmann, Petra, *Die Campi Venedigs, Entwicklungsgeschichtliche Untersuchungen zu den venezianischen Kirch- und Quartiersplätzen*, München 1987. Einen betont ahistorischen, in sich aber stimmigen Zugang zu den venezianischen Plätzen auf phänomenologischer Grundlage bieten Janson, Alban/Bürklin, Thomas, *Auftritte, Interaktionen mit dem architektonischen Raum*, Basel u. a. 2002, dort auch entsprechende Abbildungen. Eher skizzenhaft ist Crivellari Bizio, Marina, *Campi veneziani*, Venedig 2003. Für die Frühzeit der Plätze vgl. Muratori, Saverio, *Studi per una operante storia urbana di Venezia*, Rom 1959, Maretto, Paolo, *L'edilizia gotica veneziana*, Rom 1960, und, wie immer voller Informationen, Crouzet-Pavan, Élisabeth, *Sopra le acque salse, Espace, Pouvoir et société à la fin du Moyen Age*, Rom 1992.

Den Versuch einer typologischen Ordnung findet man bei Perocco, Guido/Salvadori, Antonio, *Civiltà di Venezia*, Venedig 1973–1976.

Über die Brunnen unterrichten Ghianighian, Giorgio/Pavanini, Paola, *Il tessuto gotico*, in: Valcanover; Francesco/Wolters, Wolfgang (Hrsg.), *L'architettura gotica veneziana*, Venedig 2000, 157–173.

Die architektonischen und städtebaulichen Probleme des Ghetto sind zusammengefaßt bei Calabi, Donatella/Camerino, Ugo/Concina, Ennio, *La Città degli ebrei, Il Ghetto di Venezia: architettura e urbanistica*, Venedig 1991.

Für die sozialgeschichtlichen Aspekte bleibt Pullan, Brian, *Rich and Poor in Renaissance Venice, The Social Institutions of a Catholic State to 1621*, Cambridge (Mass.) 1971 grundlegend.

Zu den Höfen gibt es die instruktive Übersicht bei Aldegani, Gianluca/Diodati, Fabrizio, *Le corti, Spazi pubblici e privati nella città di Venezia*, Mailand 1991, zu den Freitreppen Chiminelli,Caterina, *Le scale scoperte nei palazzi veneziani*, in: *Ateneo Veneto*, 35, 1912, 209–253, zu den Fassadenmonumenten jetzt Gaier, Martin, *Facciate sacre a scopo profano, Venezia e la politica dei monumenti dal Quattrocento al Settecento*, Venedig 2002. Die komplexen Fragen des Colleoni-Monumentes beleuchtet Erben, Dietrich, *Bartolomeo Colleoni, Die künstlerische Repräsentation eines Condottiere im Quattrocento*, Sigmaringen 1996.

Nobili, Cittadini, Popolani

Zur venezianischen Zivilbaukunst der Renaissance einführend Sansovino, Francesco, *Venetia, città nobilissima et singolare (...) con aggiunta di tutte le cose notabili della stessa, città fatte et occorse dall'anno 1580 fino al presente 1663, da D. Giustiniano Martinioni (...)*, Venedig 1663 sowie Wolters in Huse, Norbert/Wolters, Wolfgang, *Venedig, Die Kunst der Renaissance*, München 1986.

Zur Bevölkerung der Stadt und ihrer sozialen Zusammensetzung bleibt das klassische Werk Beltrami, Daniele, *Storia della popolazione di Venezia dalla fine del secolo XVI alla caduta della Repubblica* , Padua 1954.

Elementar für die soziale Topographie ist Concina, Ennio, *Venezia nell'età moderna, strutture e funzioni*, Venedig 1989. Vgl. für ein begrenztes Gebiet auch Concina, Ennio, *Structure urbaine et fonctions des bâtiments du XVIe au XIXe siècle, Une recherche à Venise*, Venedig 1982.

Zu Rangone grundlegend Weddingen, Erasmus, *Thomas Philologus Ravennas, Gelehrter, Wohltäter, Mäzen*, in: *Saggi e Memorie di storia dell arte*,9, 1974, 7–76, vgl. aber auch Gaier, Martin, *Facciate sacre a scopo profano, Venezia e la politica dei monumenti dal Quattrocento al Settecento*, Venedig 2002.

Zu den Anlagen des sozialen Wohnungsbaus bahnbrechend Trincanato, Egle, *Venezia minore*, Mailand 1947. Die faktischen Grundlagen für die Analyse von Einzelbauten und Planungsgebieten bieten Ghianighian,Giorgio/Pavanini,Paola, *Dietro i palazzi: Tre secoli di architettura minore 1492–1803*, Venedig 1984. Wichtige Ergänzungen auf der methodischen Grundlage der historischen Bauforschung bei Becker, Frank, *Costruire Venezia, Cinquecento anni di tecnica edilizia in laguna, Le case a schiera*, Rom 2002.

Eine Übersicht über die Scuole, die allerdings mehr die Austattung im Blick hat, findet sich bei Pignatti, Terisio (Hrsg.), *Le Scuole di Venezia*, Mailand 1981, vgl. auch Tafuri, Manfredo, *Venezia e il Rinascimento, Religione, scienza, architettura*, Turin 1985. Die Kenntniss der sozialgeschichtlichen Grundlagen verdanken wir Pullan, Brian, *Rich and Poor in Renaissance Venice, The Social Institutions of a Catholic State to 1621*, Cambridge (Mass.) 1971. Zu den Scuole von Codussi und Sansovino geben die Architektenmonographien von Puppi, Lionello/Olivato Puppi Loredana, *Mauro Codussi*, Mailand 1977, bzw. Howard, Deborah, *Jacopo*

Sansovino, Architecture and Patronage in Renaissance Venice, New Haven und London 1975 und Morresi, Manuela, *Jacopo Sansovino*, Mailand 2000 alle Informationen. Die teilweise abenteuerliche Baugeschichte der Scuola Grande di San Rocco lernt man bei von der Malsburg, Raban, *Die Architektur der Scuola Grande di San Rocco in Venedig*, Diss. Heidelberg 1976, kennen.

Die STREITSCHRIFT VON CARAVIA ist in dem Nachdruck bei Gentili, Augusto, *Il Sogno di Caravia, Venezia 1541*, in: *Venezia Cinquecento, Studi di storia dell'arte e della cultura*, 1,1991,139ff erreichbar.

Zum PALASTBAU ist Lauritzen, Peter/Zielcke, Alexander, *Venezianische Paläste*, München 1979, wohl die beste Einführung. Viele Fakten versammelt das unübertroffene Werk von Bassi, Elena, *Palazzi di Venezia, Admiranda Urbis Venetae*, Venedig 1976. Zu den Palästen der Frühzeit und ihrer Bedeutung für das Stadtbild vgl. Schuller, Manfred, *Mittelalterliche Palastfassaden am Canal Grande, Bauforschung in Venedig*, in: *architectura*, 32, 2002, 1–35. Nicht nur für das neunzehnte Jahrhundert, sondern auch für das Mittelalter sehr erhellend ist Schulz, Juergen, *The New Palaces of Medieval Venice*, University Park 2004. Zu den Palästen von Sansovino und Sanmicheli sind die Monographien von Howard, Deborah, *Jacopo Sansovino, Architecture and Patronage in Renaissance Venice*, New Haven und London 1975 und Morresi, Manuela, *Jacopo Sansovino*, Mailand 2000 sowie Puppi, Lionello, *Michele Sanmicheli architetto di Verona*, Padua 1971, unentbehrlich. Zu Palladios Entwürfen vgl. auch Huse, Norbert, *Palladio am Canal Grande*, in: *Städel Jahrbuch*, NF,7,1979, 61–96. Vor allem auf die Fassaden konzentriert sich Lorenz, Hellmut, *Überlegungen zum venezianischen Palastbau der Renaissance*, in: *Zeitschrift für Kunstgeschichte*, 43, 1980, 33–53. Vgl. auch: Calabi, Donatella, *Le due piazze di San Marco e di Rialto: Tra eredità medievale e volontà di rinnivo*, in: Annali 4/5, 1992/93, 190–201. Zur außerdem hilfreichen Literatur zählen Chiminelli, Caterina, *Le scale scoperte nei palazzi veneziani*, in: Ateneo Veneto, 35, 1912, 209–253, Fortini Brown, Patricia, *Venetian Narrative Painting in the Age of Carpaccio*, New Haven und London 1988, Gallo, Rodolfo, *Corte Colonne a Castello e le case per la Marinarezza veneta*, in: Ateneo Veneto, 129, 1938, 5–11, Sohm, Philipp Lindsay, *The Scuola Grande di San Marco, 1437–1550, The Architecture of a Venetian Lay Confraternity*, London 1982.

Das Thema der MAGNIFICENZA findet man jetzt bei Imesch, Cornelia, *Magnificenza als architektonische Kategorie, Individuelle Selbstdarstellung versus ästhetischer Verwirklichung von Gemeinschaft in den venezianischen Villen Palladios und Scamozzis*, Oberhausen 2003 behandelt.

Im Arsenal und am Rialto

Die grundlegende Arbeit zum Rialto bleibt Cessi Roberto/Alberti, Annibale, *Rialto, L'isola, il ponte, il mercato*, Bologna 1934, für die Bauten ist aber auch Calabi, Donatella/Morachiello, Paolo, *Rialto, Le fabbriche e il ponte 1514–1591*, Turin 1987 unentbehrlich.

Zum Palazzo dei Camerlenghi vgl. Hamilton , Paul C., *The Palazzo dei Camerlenghi in Venice*, in: *Journal of the Society of Architectural Historians*, 42, 1983, 258–271, zu den Getreidespeichern bei S. Marco Agazzi, Michela, *I granai della Repubblica*, in: *Venezia arti*, 7, 1993, 51–62, zu den Fondaci Concina, Ennio, *Fondaci, Arte e mercatura tra Levante , Venezia e Allemagna*, Venezia 1997.

Für die Nutzbauten Sansovinos sehr nützlich die Monographien von Howard, Deborah, *Jacopo Sansovino, Architecture and Patronage in Renaissance Venice*, New Haven und London 1975 und Morresi, Manuela, *Jacopo Sansovino*, Mailand 2000.

Die maßgebenden Werke zum Arsenal sind Bellavitis, Giorgio, *L'Arsenale di Venezia, Storia di una grande struttura urbana*, Venedig 1983 und Concina, Ennio, *L'Arsenale della Repubblica di Venezia, Tecniche e istituzioni dal medioevo all'età moderna*, Mailand 1984. Zum Hauptportal vgl. auch Lieberman, Ralph, *Real Architecture, Imaginary History: The Arsenal Gate as Venetian Mythology*, in: *Journal of the Warburg and Courtauld Institutes*, 54, 1991, 117–124 und Breuning, Rudolf, *Enrico Meyring 1628–1723, Ein Bildhauer aus Westfalen in Venedig*, Rheine 1997. Großen Nutzen kann man zusätzlich aus dem Studium der folgenden Werke ziehen: Agazzi, Michela, *Edilizia funzionale veneziana del XIV secolo*, in: Valcanover, Francesco/Wolters, Wolfgang (Hrsg.), *L'architettura gotica veneziana*, Venedig 2000, 139–156, Breuning, Rudolf, *Enrico Meyring 1628–1723, Ein Bildhauer aus Westfalen in Venedig*, Rheine 1997, Concina, Ennio (Hrsg.), *Arsenali e città nell'Occidente europeo*, Rom 1987, sowie Howard, Deborah, *Jacopo Sansovino, Architecture and Patronage in Renaissance Venice*, New Haven und London 1975.

Piazza und Bacino di S. Marco

Die beste Einführung ist auch hier Sansovino, Francesco, *Venetia, città nobilissima et singolare (…) con aggiunta di tutte le cose notabili della stessa, città fatte et occorse dall'anno 1580 fino al presente 1663, da D. Giustiniano Martinioni (…)*, Venedig 1663. Einen Überblick über die Bauten gibt Samonà, Giuseppe/Franzoi, Umberto u. a. (Hrsg.), *Piazza San Marco, L'architettura, la storia, le funzioni*, Venedig 1970. Zur Frühzeit der Piazza vgl. Dorigo, Wladimiro, *Venezia origini, Fondamenti, ipotesi, metodi*, Mailand 1983 und besonders Agazzi, Michela, *Platea Sancti Marci, I luoghi marciani dal XI al XIII secolo e la formazione della Piazza*,

Venedig 1991. Die schlüssigste Interpretation gibt m. E. Schulz, Jürgen, *La piazza medioevale di San Marco*, in: *Annali di architettura*, 4/5, 1992/93, 134–156. Das grundlegende Buch zu den Werken der gotischen Bildhauer am Dogenpalast ist Wolters, Wolfgang, *La scultura veneziana gotica (1300–1460)*, Venedig 1976.

Zu den Einzelbauten von Codussi und Sansovino vgl.die einschlägigen Monographien von Puppi, Lionello/Olivato Puppi Loredana, *Mauro Codussi*, Mailand 1977, Howard, Deborah, *Jacopo Sansovino, Architecture and Patronage in Renaissance Venice*, New Haven und London 1975 und Morresi, Manuela, *Jacopo Sansovino*, Mailand 2000. Die heute schon fast kanonische Interpretation der Maßnahmen Sansovinos durch Lotz, Wolfgang, *Sansovinos Bibliothek von San Marco und die Stadtbaukunst der Renaissance*, in: *Kunst des Mittelalters in Sachsen, Festschrift für Wolf Schubert*, Weimar 1967, 336–343 scheint mir zu einseitig das Römische zu betonen. Wichtig sind die beiden Arbeiten von Hirthe, Thomas, *Die Libreria des Jacopo Sansovino; Studien zur Architektur und Ausstattung eines öffentlichen Gebäudes in Venedig*, in: *Münchner Jahrbuch der Bildenden Kunst*, 3. Folge, 37, 1986, 131–176 und Hirthe, Thomas, *Il «Foro all'antica» di Venezia. La Trasformazione di Piazza San Marco nel Cinquecento*, Venedig 1986.

Die architektonischen Auswirkungen des Konfliktes verschiedener staatlicher Institutionen an der Piazza hat Morresi, Manuela, *Piazza San Marco, Istituzioni,poteri e architettura a Venezia nel primo Cinquecento*, Milano 1999 anschaulich herausgearbeitet.

Zum Abschluss der Arbeiten an der Piazza im späten 16. Jahrhundert grundlegend Tafuri, Manfredo, *Ricerca del Rinascimento, Principi, città, architettura*, Turin 1992.

Über die Gefängnisse unterrichtet Franzoi, Umberto, *Le prigioni della Repubblica di Venezia*, Venedig 1966.

Die beste Zusammenfassung der Entwicklung der Piazza in der Ära Sansovino findet man bei Tafuri, Manfredo, *La «renovatio» della platea marciana*, in: *Storia di Venezia IV, Dal Rinascimento al Barocco*, Rom 1994, 396–439.

Zum Bacino di S. Marco Huse, Norbert, *Palladio am Canal Grande*, in: *Städel Jahrbuch*, NF, 7, 1979, 61–96 und Tafuri , Manfredo, *Alvise Cornaro, Palladio e Leonardo Donà, Un dibattito sul bacino* marciano, in: Puppi, Lionello (Hrsg.), *Palladioe Venezia*, Florenz 1982, 9–27, aber auch Bellavitis, Giorgio, *L'isola,il mito,la scomenzera e la velma,Traccie per una storia territoriale di S. Giorgio Maggiore*, in: Brusatin, Manlio/Dorigo, Wladimiro/Morelli, Giovanni (Hrsg.), *Per Giuseppe Mazzariol*,Venedig 1992, 88–94 . Die höchst anregenden Arbeiten von Wittkower, Rudolf, *Santa Maria della Salute*, in: *Saggi e Memorie die storia dell'arte* 3 , 1963, 33–54 und Gemin, Massimo, *La Chiesa di Santa Maria della Salute e la cabala di Paolo Sarpi*, Abano Terme 1982 sind durch die zusammenfassende Darstellung von Hopkins, Andrew, *Santa Maria della Salute, Architecture and Ceremony in Baroque Venice*, Cambridge 2000 nicht überholt.

Besondere Aufmerksamkeit unter den vielen Arbeiten zur Piazza verdienen auch: *Architettura e utopia nella Venezia del Cinquecento*, Mailand 1980, Barbieri, Franco/Beltramini, Guido, *Vincenzo Scamozzi 1548–1616*, Venedig 2003, Perry, Marilyn, *St. Mark's Trophies, Legend, Superstition and Archeology in Renaissance Venice*, in: *Journal of the Warburg and Courtauld Institutes*, 41, 1977, 27–49 und Schuller, Manfred/Suckale, Robert, *Der Dogenpalast in Venedig*, in: *Forschungsforum, Berichte aus der Otto-Friedrichs-Universität Bamberg*, 1, 1989, 103–117.

Von den Vedutisten zu Byron und Ruskin

Zu den Venedig-Darstellungen der Zeit um 1500 vgl. Brunckhorst, Friedl, *Architektur im Bild, die Darstellung der Stadt Venedig im 15. Jahrhundert*, Hildesheim 1997 und Fortini Brown, Patricia, *Venetian Narrative Painting in the Age of Carpaccio*, New Haven und London 1988.

Zum Venedig des 18. Jahrhunderts ist Molmenti, Pompeo, *La storia di Venezia nella vita privata dalle origini alla caduta della Repubblica*, 7. Aufl., Bergamo 1927–1929 der klassische Text. Eine zusammenfassende Darstellung gibt Brusatin, Manlio, *Venezia nel Settecento, Stato, architettura, territorio*, Turin 1980. Vgl. jetzt auch Benvenuti, Feliciano, La città dei «piasieri», in: *Storia di Venezia, VIII, L'ultima fase della Serenissima*, Rom 1998, 705–744. Zu Memmo vgl. Torcellan, Gianfranco, *Andrea Memmo, Una figura della Venezia settecentesca*, Venedig und Rom 1963.

Aus der Canaletto-Literatur ragt Corboz, André, *Canaletto, Una Venezia immaginaria*, Mailand 1985 durch eine neue Blickweise heraus, vgl. dazu auch Corboz, André, *Die Schwierigkeit, Venedig zu sehen*, in: *Venezianische Kunst in der Schweiz und in Liechtenstein*, Mailand 1978, 33–51.

Unter den zahllosen Guardi-Monographien erscheint mir die interessanteste die von Succi, Dario, *Francesco Guardi, Itinnerario dell'avventura artistica*, Mailand 1993. Unübertroffen sind für den Vergleich der beiden Maler die knappen Bemerkungen von Hetzer, Theodor, *Canaletto und Guardi*, in ders.: *Aufsätze und Vorträge*, I, Leipzig 1957, 137–145.

Zur literarischen Venedig-Rezeption gibt es mit Dieterle, Bernard, *Die versunkene Stadt, Sechs Kapitel zum literarischen Venedig-Mythos*, Frankfurt/Main u. a. 1995 und besonders Corbineau-Hoffmann, Angelika, *Paradoxie der Fiktion, Venedig-Bilder 1797–1984*, Berlin 1993 zwei instruktive moderne Untersuchungen.

Eine Kulturgeschichte des 19. und 20. Jahrhunderts bietet Plant, Margret, *Venice, Fragile City 1797–1997*, New Haven und London 2002.

Zu den napoleonischen Aktivitäten sind Romanelli, Giandomenico, *Venezia Ottocento, L'architettura, l'urbanistica*, 2. Aufl. Venedig 1988, sowie *Vene-*

zia nell età di Canova 1780–1830, Venedig 1978 die grundlegenden Literatur. Zu den Grünanlagen vgl. auch Appelshäuser, Kerstin, *Die öffentlichen Grünanlagen im Städtebau Napoleons in Italien als politische Aussage*, Diss. Frankfurt/Main 1994.

Eine angemessene Darstellung des komplexen Verhältnisses von Ruskin zu Venedig steht aus. Vgl. Clegg, Jeanne, *Ruskin and Venice*, London 1981, Hewison, Robert, *Ruskin in Venice*, London 1978 und Hewison, John, *Forse nessuno si è mai dato la pena di guardare: la ricerca di John Ruskin sull'architettura veneziana*, in: Valcanover, Francesco/Wolters, Wolfgang, 243–215, zur Fotografie Kemp, Wolfgang, *Architektur-Aufnahme am Übergang von der Zeichnung zur Fotografie, Das Beispiel Ruskin*, in: *Marburger Jahrbuch für Kunstwissenschaft*, 20, N.F. 1981, 55–62.

Eine Stadt wie jede andere?

Die Ereignisse nach dem Ende der Serenissima beschreibt Plant, Margret, *Venice, Fragile City 1797–1997*, New Haven und London 2002, sehr aufschlußreich ist auch der Sammelband Calabi, Donatella (Hrsg.), *Dopo la Serenissima, Società, amministrazione e cultura nell'Ottocento Veneto*, Venedig 2001. Eine der frühesten Untersuchungen war Forssmann, Erik, *Venedig in der Kunst und im Kunsturteil des 19. Jahrhunderts*, Stockholm 1971.

Zur Kunst des 19. Jahrhunderts in Venedig allgemein *Venezia Ottocento*, Mailand 1983. Bahnbrechend und grundlegend für Architektur und Städtebau der Zeit bis zum Anschluß Venedigs an das Königreich Italien: Romanelli, Giandomenico, *Venezia Ottocento, L'architettura, l'urbanistica*, 2. Aufl. Venedig 1988 mit allen im Text erwähnten Projekten, ergänzt für die Jahre danach durch die Materialsammlung Romanelli, Giandomenico, *Dalla storia alla modernità, Materiali per un secolo di architettura veneziana: L'Ottocento*, in: Bollettino dei Musei Civici Veneziani, 31, 1987, 5–83. Für die späteren Jahrzehnte des 19. Jahrhunderts und die ersten des 20. Jahrhunderts gründlich und höchst informativ ist Schrammel, Stefan, *Architektur und Farbe in Venedig 1866–1914*, Berlin 1998.

Zu den Verkehrsprojekten vgl. auch *Le Venezie possibili, Da Palladio a Le Corbusier*, Mailand 1985 und zum Venedig der Ingenieure *L'Ingegneria a Venezia dell'ultimo ventennio, Pubblicazione degli Ingegneri veneziani in omaggio agli colleghi del VI Congresso*, Venedig 1887.

Das Venedig der Industrie erschloß erstmals der Katalog *Venezia, città industriale, Gli insediamenti primitivi*, Venedig 1980, unverzichtbar sind die einschlägigen Partien bei Mancusa, Franco (Hrsg.), *Archeologia industriale nel Veneto*, Venedig 1990.

Die Entwicklung der Giudecca lernt man bei Bonfanti, Sicinio, *La Giudecca nella storia, nell'arte, nella vita*, Venedig 1930 und Balsadella, Francesca,

 Giudecca, Storia e testimonianze, Venedig 1989 kennen, das MULINO STUCKY bei Julier, Jürgen, *Il Mulino Stucky a Venezia*, Venedig 1978, Giuseppetti, Raffaela, *Un castello in laguna, Storia dei Mulini Stucky*, Venedig 1995 und Amendolagine, Francesco (Hrsg.), *Mulino Stucky, Ricerche storiche e ipotesi di restauro*, Venedig 1995.

Daß das 19. Jahrhundert auch ein Jahrhundert großer Zerstörungen war, lehrt, komplementär zu Romanelli, die Lektüre von Zorzi, Alvise, *Venezia scomparsa, Storia di una secolare degradazione*, Mailand 1972, wo teilweise auch die RESTAURIERUNGEN behandelt werden, denen die Arbeiten von Pertot, Gianfranco, *Venezia restaurata, Centosettanta anni di intervento di restauro sugli edifici veneziani*, Mailand 1988 und Dalla Costa, Mario, *La Basilica di San Marco e i restauri dell'Ottocento*, Venedig 1983 gelten. Vorbildlich ist die exemplarische Studie von Schulz, Jürgen, *The Restauration of the Fondaco dei Turchi*, in: *Annali di architettura*, 7, 1995, 19–38. Unter den Stimmen des Widerstands gegen den Vandalismus waren die von Molmenti, Pompeo, *I nemici di Venezia, polemiche raccolte ed annotate da Elio Zorzi*, Bologna 1924 und Zorzi, Alvise Piero, die deutlichsten. Vgl. dazu jetzt auch die wichtige Arbeit von Favilla, Massimo, *«Delendae Venetiae», La cittá e le sue trasformazioni dal XIX al XX secolo*, in: Pavanello, Giuseppe (Hrsg.), *Utopia della modernitá, Venezia nell'etá di Pompeo Molmenti*, Venedig 2006.

Über die LAGUNE ist viel von Ciriacono, Salvatore, *L'idraulica veneta: scienza, agricoltura e difesa del territorio dalla prima alla seconda rivoluzione scientifica*, in: *Storia della cultura veneta 5, II, Il settecento*, Vicenza 1986, 347–378 zu lernen. Ein wichtiges Sonderproblem behandelt Zuccetta, Gianpietro, *Una fognatura per Venezia, Due secoli di progetti*, Venedig 1986, wo auch der auf S. 172 angesprochene Text von Paleocapa abgedruckt ist.

Die Liste der Arbeiten, die sich mit den in diesem Kapitel berührten Problemen beschäftigen, ist besonders lang. Ich kann nur einige nennen: Barbiani, Elia, *Edilizia popolare a Venezia, Storia, politiche, realizzazioni dell'Istituto Autonomo per le Case Popolari della Provincia di Venezia*, Mailand 1983, Calabi, Donatella (Hrsg.), *Dopo la Serenissima, Società, amministrazione e cultura nell'Ottocento Veneto*, Venedig 2001, Campostrini, Tullio (Hrsg.), *Costruire a Venezia, Trent'anni di edilizia residenziale pubblica a Venezia*, Venedig 1993, Ciriacono, Salvatore, *L'idraulica veneta: scienza, agricoltura e difesa del territorio dalla prima alla seconda rivoluzione scientifica*, in: *Storia della cultura veneta 5, II, Il settecento*, Vicenza 1986, 347–378, Cosmai, Franca/Sorteni, Stefano (Hrsg.), *L'ingegneria civile a Venezia da Napoleone al fascismo*, Venedig 2001, Dalla Costa, Mario, *La Basilica di San Marco e i restauri dell'Ottocento*, Venedig 1983, Facchinelli, Laura, *Il ponte ferroviario in Laguna*, Venedig 1987 und Zucconi, Guido, *La cultura degli ingeneri: Acque e strade ferrate all'indomani dell'annessione*, in: *Storia della cultura veneta, 6, Dall'età napoleonica alla Prima Guerra Mondiale*, Vicenza 1986, 625–650.

Zur Kulturgeschichte höchst informativ ist Plant, Margret, *Venice, Fragile City 1797–1997*, New Haven und London 2002, zu den Verlusten und einigen Gegeninitiativen bleibt unentbehrlich Zorzi, Alvise, *Venezia scomparsa, Storia di una secolare degradazione*, Mailand 1972.

Viele unausgeführte Pläne werden diskutiert in dem Katalog *Le Venezie possibili, Da Palladio a Le Corbusier*, Mailand 1985 .

Zum Campanile vgl. Fradeletto, Antonio, *Il Campanile di S. Marco riedificato, Studi ricerche, relazioni*, Venedig 1912 und *Il Campanile di San Marco, Il crollo e la ricostruzione*, Venedig 1992 sowie Wagner, Otto, *Die Qualität des Baukünstlers* (1912), in: Graf, Otto Antonia, *Otto Wagner, II, Das Werk des Architekten 1903–1918*, 2. Aufl. Wien u. a.1985, 651–657.

Über den Lido informiert *Lido e lidi, Società, moda, architetture e cultura balneare tra passato e futuro*, Venedig 1989, über die auf Venedig bezügliche Literatur der Jahrhundertewende Corbineau-Hoffmann, Angelika, *Paradoxie der Fiktion, Venedig-Bilder 1797–1984*, Berlin 1993 und Dieterle, Bernard, *Die versunkene Stadt, Sechs Kapitel zum literarischen Venedig-Mythos*, Frankfurt/Main u. a. 1995. Eine knappe, aber dank ihrer dezidierten Urteile sehr wertvolle Übersicht über die Architektur des 20. Jahrhunderts in Venedig ist Maretto, Paolo, *Venezia*, (= Architettura del XX secolo in Italia), Genua 1969.

Zu Marinetti vgl. Baumgarth, Christa, *Geschichte des Futurismus*, Reinbek 1966, zu Miozzi die Dokumentation von Farinati, Valeria, *Eugenio Miozzi 1889–1979, Inventario analitico dell'archivio*, Venedig 1997.

Über den Wohnungsbau berichten Barbiani, Elia, *Edilizia popolare a Venezia, Storia,politiche, realizzazioni dell'Istituto Autonomo per le Case Popolari della Provincia di Venezia*, Mailand 1983, Campostrini, Tullio (Hrsg.), *Costruire a Venezia, Trent'anni dj edilizia residenziale pubblica a Venezia*, Venedig 1993, Donatelli, Plinio, *La colonizzazione di S. Elena, L'opera del Comune*,in: *Rivista di Venezia*, 5/6,1926/7, 330–375, über die Biennale-Pavillons Mulazzani, Marco, *I Padiglioni della Biennale a Venezia 1887–1988*, Mailand 1988.

Zu den Projekten der Nachkriegszeit vgl. auch Huse, Norbert, *Venedig-Entwürfe, Moderne Architektur in einem Stadtdenkmal*, in: *Beiträge zur Denkmalkunde, Tilmann Breuer zum 60. Geburtstag*, München 1991 (= Arbeitshefte des Bayerischen Landesamtes für Denkmalpflege 56), 247–261.

Eine Übersicht über die neueste Architektur gibt De Michelis, Marco, *Venezia, La Nuova Architettura*, Mailand 1999. Aus der Scarpa-Literatur sei Hoh-Slodczyk, Christine, *Carlo Scarpa und das Museum*, Berlin 1987 hervorgehoben. Von den Nachkriegsprojekten hat Le Corbusiers Krankenhaus die meiste Aufmerksamkeit gefunden: Vgl. Mazzariol, Giuseppe, *Le Corbusier a Venezia*, in: *Quaderni di S. Giorgio*, 31/32, 1971, 503–14, Fuchs, Wolfram/Wischer, Robert, *H*

 VEN LC, *Le Corbusiers Krankenhausprojekt für Venedig*, Berlin 1985 und Farinati, Valeria, *HVE*, *Hôpital de Venise*, *Le Corbusier 1969–70*, *Inventario analitico degli atti Nuovo Ospedale*, Venedig 1999. Zu Kahn vgl. Ronner, Heinz/Jhaveri, Sharad, *Louis Kahn* , *Complete Work 1935–1974*, 2. Aufl. Basel und Boston 1987. Wichtig sind einige Sonderhefte von Zeitschriften, so *Rassegna*, 22 (*Venezia città del Moderno*), Juni 1985, archis, April 1987 oder process: Architecture 75 (*Venice*, *Its Real and Imaginary Place*), Oktober 1987.

Zu den bislang vergeblichen Bemühungen um einen tauglichen Generalregulierungsplan vgl. Dorigo, Wladimiro, *Una legge contro Venezia*, *Natura*, *storia*, *interessi nella questione della città e della laguna*, Rom 1973, Fontana, Vincenzo, *Il Piano Regolatore di Venezia del 1961 e i suoi precedenti storici*, in: Concina, Ennio/ Trovabene, Giordana/Agazzi, Michela (Hrsg,), *Hadriatica*, *Attorno a Venezia e al Medioevo tra arti*, *storia e storiografia*, *Scritti in onore di Wladimiro Dorigo*, Padua 2002 und Benevolo, Leonardo,Venezia, *II nuovo piano urbanistico*, Bari 1996, zu den Entwürfen von 1978 Dal Co, Francesco, *10 Immagini per Venezia*, Venedig 1980.

In Schönheit sterben?

Besonders hilfreich waren mir Buchwald, Konrad, *Konfliktraum nordwestliche Adriaküste/Lagune von Venedig Nutzungskonflikte/Belastungen/umweltpolitische Konsequenzen*, in: *Schriftenreihe des Deutschen Rates für Landespflege*, *Natur- und Umweltschutz in Italien*, 60, 1991, 81–115, Caniato, Giovanni/Turri, Eugenio Zanetti, Michele (Hrsg.), *La laguna di Venezia*, Verona 1997 und Caniani, Giovanni/Gianotti, Vincenzo/Pypaert, Philippe, *Venezia*, *La città dei rii*, Verona 1999 sowie Costa, Paolo, *Venezia*, *Economia e analisi urbana*, Mailand 1993, auf deren Fakten ich mich weitgehend stütze.

Zu erwähnen sind auch Miozzi, Eugenio, *Venezia*, *I suoi dolori e le sue speranze*, Venedig 1975, und dessen vierter Band, den der greise Autor ausschließlich Überlegungen zur Rettung von Stadt und Lagune gewidmet hat.

Von den eher kämpferischen Schriften nenne ich Benevolo, Leonardo, *Città in discussione*, *Venezia e Roma*, Bari 1979, Obici, Giulio, *Venezia fino a quando*? Padua 1967, Scano, Luigi, *Venezia*, *Terra e acqua*, Rom 1985 und Mencini, Giannandrea, Venezia, *Acqua e fuoco*, *La politica della salvaguardia dall' alluvione del 1966 al rogo della Fenice*,Venedig 1996.

Für den Versuch, während der Amtszeit des Bürgermeisters Massimo Cacciari die Identität der Stadt nicht nur passiv zu definieren, stehen die in *Idea di Venezia* (= Quaderni della Fondazione Istituto Gramsci Veneto 3/4), Venedig 1988 abgedruckten Vorträge.

Eine kritische Bilanz der Restaurierungspraxis in den ersten Jahrzehnten nach der Flut 1966 zogen Piana, Mario, *Restaurare l'architettura*, *Scelte ed espe-*

rienze a Venezia, in: Gaethgens, Thomas (Hrsg.), *Künstlerischer Austausch/Artistic Exchange, Akten des 28. Internationalen Kongresses für Kunstgeschichte*, Berlin 1993, 372–377 und Wolters, Wolfgang, *Bausanierung in Venedig, Eine Bilanz*, in: Gaethgens, Thomas (Hrsg.), *Künstlerischer Austausch/Artistic Exchange, Akten des 28. Internationalen Kongresses für Kunstgeschichte*, Berlin 1993, 365–372.

Die Instandsetzung von S. Maria dei Miracoli dokumentiert Piana, Mario/Wolters, Wolfgang (Hrsg.), *Santa Maria dei Miracoli a Venezia, La storia, la fabbrica, i restauri*, Venedig 2003.

Auch für die aktuellen Fragen ist Bevilacqua, Piero, *Venedig und das Wasser. Ein Gleichnis für unseren Planeten*, Frankfurt/Main 1998 die beste Problemskizze.

Weitere Gesichtspunkte bringen: Amorosino, Sandro, *La salvaguardia di Venezia, Leggi speciali e programmi di intervento*, Padua 1996, Avanzi, Silvano, *Il regime giuridico della Laguna di Venezia, Dalla storia all'attualità*, Venedig 1993, Benevolo, Leonardo, Venezia, *Il nuovo piano urbanistico*, Bari 1996, Zucchetta, Gianpietro, *Un'altra Venezia, Immagini e storia degli antichi canali scomparsi*, Venedig 1995 und Zucchetta, Gianpietro, *Storia dell'acqua alta a Venezia dal Medioevo all'Ottocento*, Venedig 2000.

Abbildungsnachweis

Berlin, Staatliche Museen Preußischer Kulturbesitz 46, 72
Cambridge, Fitzwilliam Museum of Art 66
London, National Gallery of Art 65
München, Irene Ring 20, 21, 23; Jan Rössler 57; Gerhard Weiß 4, 13–15, 17, 25, 26, 28, 32–34, 36, 49, 74, 84, 89
Washington, National Gallery of Art 71

Alle übrigen Aufnahmen stammen vom Verfasser oder aus seinem Archiv.

Register

Personen

Orte

Kunst und Kultur bei C.H.Beck

Oskar Bätschmann
Giovanni Bellini
Meister der venezianischen Malerei
2008. 255 Seiten mit 186 Abbildungen, davon 82 in Farbe. Leinen

Sybille Ebert-Schifferer
Caravaggio
Sehen – Staunen – Glauben
Der Maler und sein Werk
3. Auflage. 2012. 327 Seiten mit 195 Abbildungen, davon 166 in Farbe. Gebunden

Arne Karsten
Kleine Geschichte Venedigs
2008. 272 Seiten mit 81 Abbildungen, davon 43 in Farbe, und 4 Karten. Gebunden

Ingeborg Walter
Der Prächtige
Lorenzo de' Medici und seine Zeit
2009. 336 Seiten mit 28 Abbildungen. Paperback
Beck'sche Reihe Band 1907

Ulrich Pfisterer (Hrsg.)
Klassiker der Kunstgeschichte
Band 1: Von Winckelmann bis Warburg
2007. 245 Seiten mit 10 Abbildungen. Paperback
Beck'sche Reihe Band 1782
Band 2: Von Panofsky bis Greenberg
2008. 256 Seiten mit 10 Abbildungen. Paperback
Beck'sche Reihe Band 1783

Susanna Partsch
Wer hat Angst vor Rot, Blau, Gelb?
Die moderne Kunst erklärt von Susanna Partsch
2012. 206 Seiten mit 96 Abbildungen und 3 Karten. Flexcover

Verlag C. H. Beck München

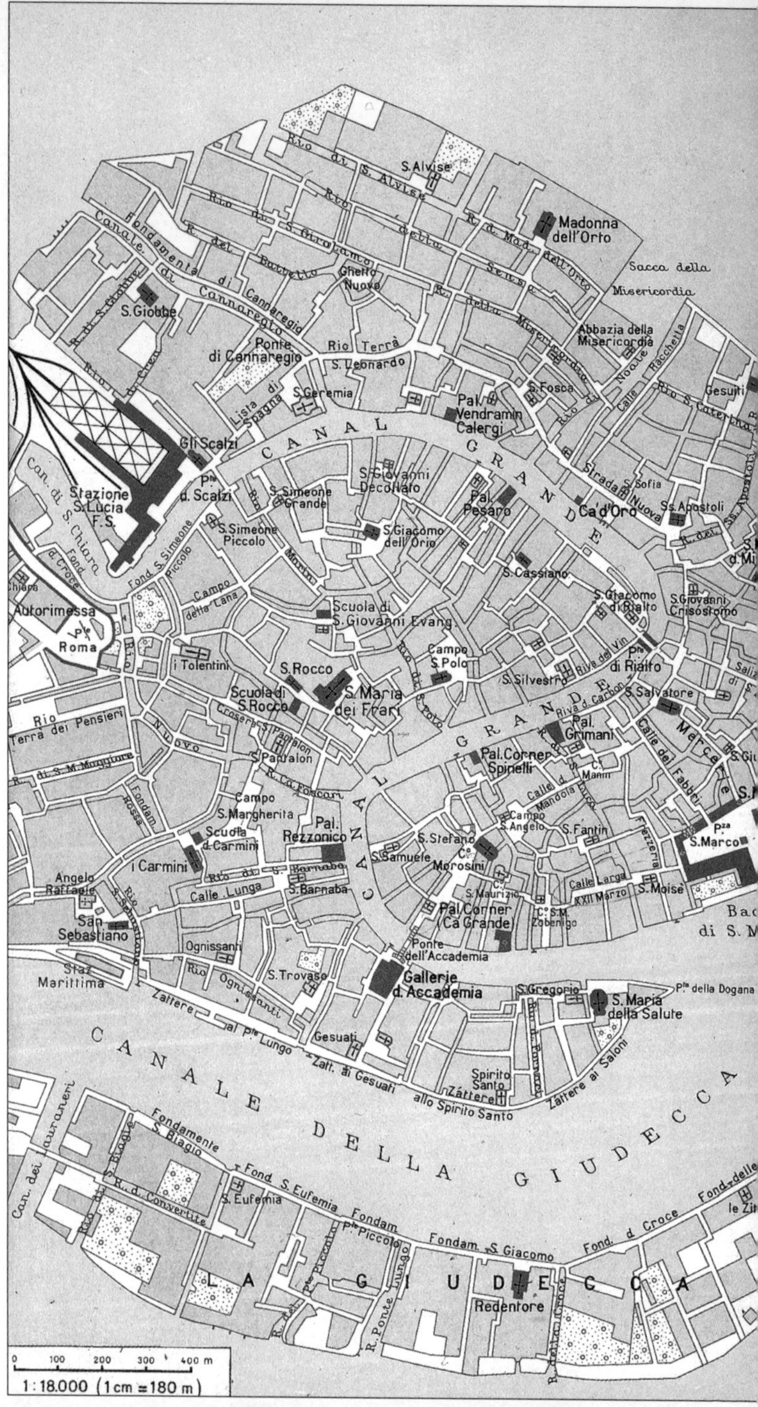

Rio di S. Alvise
S. Alvise
Rio della Sensa
R. d. Mad. dell'Orto
Madonna dell'Orto
Sacca della Misericordia
Rio di S. Girolamo
R. del Battello
Ghetto Nuovo
Canale di Cannaregio
Fondamenta di Cannaregio
R. di S. Giobbe
S. Giobbe
Rio della Crea
Ponte di Cannaregio
Rio Terrà S. Leonardo
R. della Misericordia
Abbazia della Misericordia
Calle Racchetta
Rio S. Caterina
Gesuiti
Lista di Spagna
S. Geremia
Pal. Vendramin Calergi
S. Fosca
Rio di Noale
Gli Scalzi
CANAL GRANDE
Stazione S. Lucia F. S.
Pte d. Scalzi
Can. di S. Chiara
Fond. d. Croce
S. Giovanni Decollato
S. Simeone Grande
Pal. Pesaro
Strada Nuova
S. Sofia
Ca d'Oro
Ss. Apostoli
S. Simeone Piccolo
Fond. S. Simeone Piccolo
S. Giacomo dell'Orio
S. Cassiano
Autorimessa
Campo della Lana
Scuola di S. Giovanni Evang.
S. Giacomo di Rialto
S. Giovanni Crisostomo
Ple Roma
i Tolentini
Campo S. Polo
Riva del Vin
Pte di Rialto
S. Rocco
Scuola di S. Rocco
S. Maria dei Frari
Rio di S. Polo
S. Silvestro
S. Salvatore
Riva d. Carbon
Rio Terrà dei Pensieri
Rio Nuovo
Crosera S. Pantalon
S. Pantalon
Pal. Grimani
Pal. Corner Spinelli
Calle dei Fabbri
Merceria
R. di S. M. Maggiore
Fondam. Rossa
R. Ca Foscari
Co Manin
Calle d. Mandola
Campo S. Margherita
Pal. Rezzonico
Scuola d. Carmini
Campo S. Angelo
S. Fantin
Frezzeria
Pza S. Marco
S. Stefano
S. Samuele
Co Morosini
i Carmini
Rio di S. Barnaba
S. Barnaba
Calle Lunga
S. Maurizio
Calle Larga XXII Marzo
S. Moisè
Angelo Raffaele
Rio S. Sebastiano
San Sebastiano
Pal. Corner (Ca Grande)
Co S. M. Zobenigo
Ponte dell'Accademia
Ognissanti
Rio Ognissanti
S. Trovaso
Gallerie d. Accademia
S. Gregorio
S. Maria della Salute
Pta della Dogana
Staz. Marittima
Zattere al Pte Lungo
Gesuati
Zatt. ai Gesuati
Spirito Santo
Zattere allo Spirito Santo
Zattere ai Saloni
Rio d. Fornace
CANALE DELLA GIUDECCA
Can. dei Lauraneri
Fondamente S. Biagio
Rio di S. Biagio
R. d. Convertite
Fond. S. Eufemia
S. Eufemia
Fondam. Ple Piccolo
Fondam. S. Giacomo
Fond. d. Croce
R. Ponte Lungo
LA GIUDECCA
Redentore
R. della Croce
le Zitelle
0 100 200 300 400 m
1:18.000 (1 cm = 180 m)